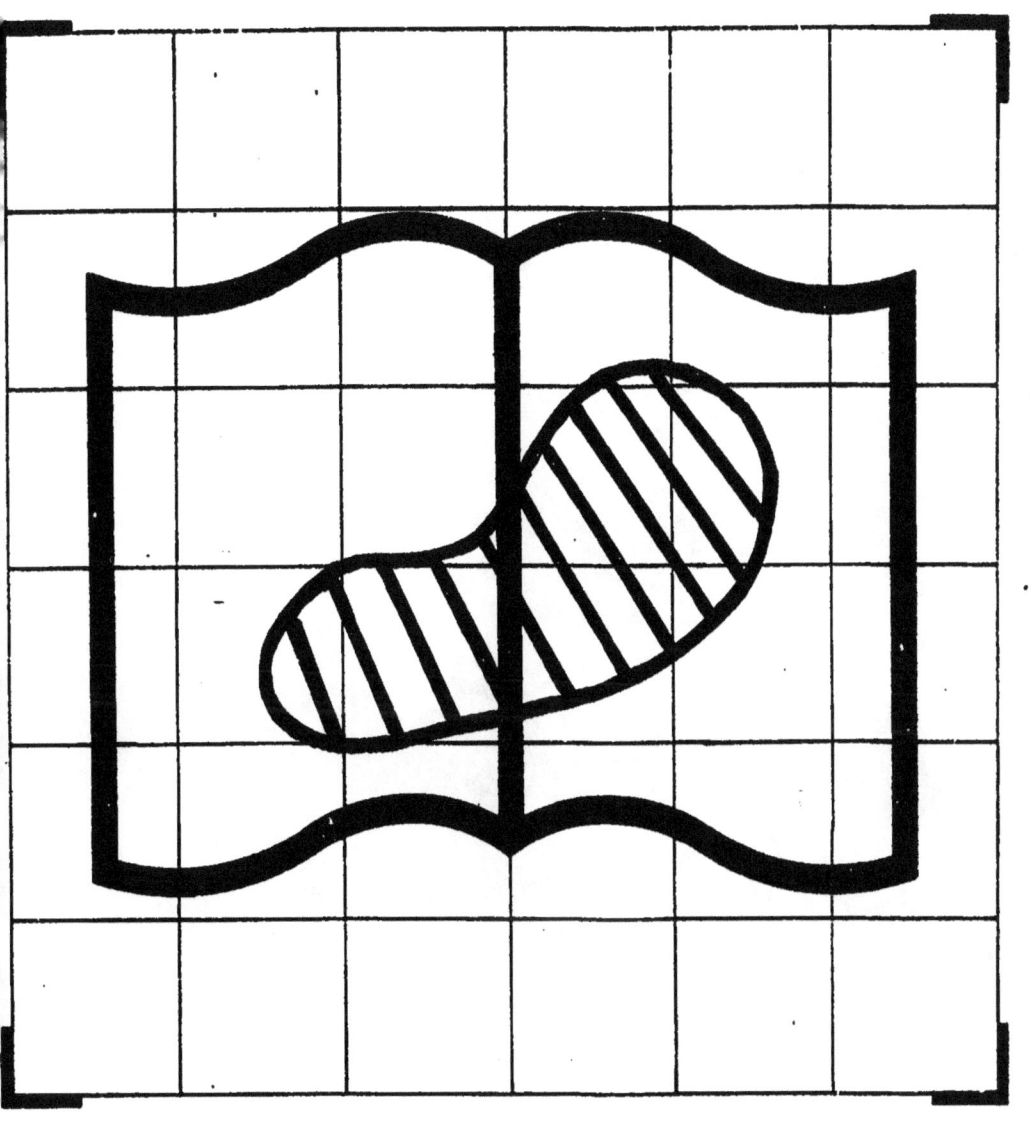

DARWINISME & SPIRITUALISME

5854. — ABBEVILLE, TYP. ET STÉR. A. RETAUX. — 1891.

DARWINISME
ET
SPIRITUALISME

PAR LE

DOCTEUR G. GAILHARD

> Si c'est un sujet que je n'entende point, à cela même je m'essaie, sondant le gué de bien loin, et puis, le trouvant trop profond pour ma taille, je me tiens à la rive.
>
> (*Essais* de MONTAIGNE.)

PARIS

LIBRAIRIE ACADÉMIQUE DIDIER

PERRIN ET C¹ᵉ, LIBRAIRES-ÉDITEURS

35, QUAI DES GRANDS-AUGUSTINS, 35

—

1891

Tous droits réservés.

PRÉFACE

Quand on examine avec quelque soin la disposition des diverses couches dont se compose la masse terrestre, on acquiert bien vite la conviction que notre globe a été soumis à de grandes révolutions, qu'il a été, à diverses époques, profondément bouleversé. On découvre aussi qu'il a été habité par des espèces animales qui n'existent plus aujourd'hui, espèces dont la paléontologie détermine et classe les débris. Enfin, l'observation des couches profondes nous amène à retrouver les traces d'une sculpture grossière dont l'étude fait l'objet de l'archéologie préhistorique et qui démontrent, d'une façon indubitable, la haute antiquité de l'homme.

Ces découvertes, de date récente, ont été le point de départ d'une campagne acharnée contre les idées spiritualistes et les enseignements bibliques. On a exploité les millions d'années que comporte l'histoire de la terre : on a dit que, dans ce laps de temps, l'animalité avait pu subir une série de métamorphoses suffisante pour expliquer des modifications graduelles aboutissant à des formes nouvelles. Ainsi est né le système de la progression physique et morale des êtres, ainsi est né le principe fondamental qui a conduit à la descendance animale, principe connu sous le nom de *transformation des espèces*.

Le mécanisme suivant lequel se serait effectuée cette opération n'était pas d'une explication facile. Aussi vîmes-nous les précurseurs de Darwin échouer dans leurs tentatives, et ces avortements successifs eurent pour effet immédiat de consolider la doctrine qu'on prétendait renverser. Le philosophe anglais reprit l'œuvre et développa un système qui a pris le nom de *darwinisme*. Pour lui, la nature fait tous les frais : on admet un fonds indestructible de matière et de force; cette matière subit, dans la série des siècles, des modifications qui aboutissent à des formes nouvelles. Celles-ci, sous l'influence d'une sélection à laquelle préside la nature, progressent d'une manière incessante. L'homme fermerait cette marche évolutive de l'animalité : il en serait actuellement le terme le plus élevé.

Jusque là le système du naturaliste anglais n'excluait pas l'idée de création divine : le spiritualisme n'était pas encore absolument rayé du programme. Il était réservé aux disciples de Darwin de faire éclore ces doctrines dissolvantes qui sont une menace sérieuse pour nos mœurs et nos croyances : c'est à eux que nous devons le dogme matérialiste en vertu duquel le monde organisé serait issu du monde inorganique.

Nous avons voulu combattre cette doctrine en démontrant qu'elle n'avait pour elle ni la rigueur des principes, ni l'autorité des faits. Nous avons essayé d'établir que, en dépit des affirmations de Carl Vogt, *le flambeau de l'investigation n'a pas encore forcé et éclairé les retraites obscures de la force vitale*, que le spiritualisme n'a pas été mortellement atteint par les flèches du positivisme, que le monde n'est pas un édifice sans architecte, une œuvre sans ouvrier et que l'homme n'est pas un corps sans âme. Puissions-nous avoir fait quelque chose pour la défense des grands principes sur lesquels repose tout ordre social !

DARWINISME & SPIRITUALISME

CHAPITRE PREMIER

> Si c'est un sujet que je n'entende point,
> à cela même je m'essaie, sondant le gué de
> bien loin, et puis, le trouvant trop profond
> pour ma taille, je me tiens à la rive.
>
> (*Essais* de Montaigne.)

Considérations générales d'ordre biologique. — Expériences fondamentales. — Le darwinisme et le transformisme. — Matière et mouvement. — La vie. — La génération spontanée. — Le monisme.

I. — Considérations générales.

Il faudrait absolument fermer les yeux à la lumière pour ne pas voir le mouvement considérable qui s'accomplit, depuis quelques années, dans les diverses branches des connaissances humaines. L'esprit d'examen affirme partout ses droits. Que ce soit la religion, la politique, la philosophie, la littérature ou la science proprement dite, rien n'échappe à ce courant bien marqué de liberté, d'affranchissement et d'indépendance. Une lutte incessante contre l'autorité et la croyance transmise agite le monde et tient les esprits en éveil. Est-ce un bien ? Est-ce un mal ? On n'admet presque plus aujourd'hui que la science reconnaisse son impuissance : on ne veut plus croire à l'insuffisance des conceptions de l'esprit humain.

Les sciences biologiques ont pris part à ce mouvement. Fidèle à ses principes, la philosophie positive a cherché à les rendre justiciables des expériences et de l'observation : en d'autres termes, on a voulu qu'elles n'aient plus de secrets pour la raison de l'homme. Dans ce but, qu'a-t-on fait ? On a tout simplement supprimé la force vitale qui, jusqu'à présent, dominait les phénomènes organiques. On ne tient plus pour un axiome l'idée d'un principe immatériel de la vie qui n'est combiné avec le corps que temporairement et qui a besoin de cet organisme pour se manifester ! On procède à l'analyse du corps organisé et de ses fonctions comme on procèderait à celle d'une machine très compliquée, mais dans laquelle il n'y a aucune force occulte, aucun effet sans cause démontrable. On part, en un mot, de ce principe : que force et matière ne sont qu'un, que le monde et la vie sont d'une seule pièce ; que tout, dans les corps organiques, comme inorganiques, n'est que transformations et transpositions incessantes, compensations perpétuelles. En appliquant ce principe à l'étude des corps organisés, on est conduit à la conception d'expériences et d'observations qui auraient été impossibles, inimaginables à l'époque où tout était dominé par l'idée d'une force vitale particulière. Dans ces temps-là, un mouvement était le résultat d'une volonté dictée par cette force vitale : aujourd'hui il est la conséquence nécessaire d'une irritation du système nerveux, et, pour le produire, l'organisme ne dépense pas de la force vitale, mais une quantité parfaitement déternée et mesurable de chaleur, laquelle chaleur est engendrée par la combustion d'une quantité aussi déterminée de combustible que nous introduisons sous forme d'aliments. La physique n'a plus qu'à nous démontrer que chaleur et mouvement ne sont qu'une seule et même force, que la chaleur se transforme en mouvement et *vice versa*.

II. — Expériences fondamentales.

Avant tout, signalons quelques-unes des expériences sur lesquelles on a voulu étayer ce système. On a pris un muscle de grenouille vivante, on l'a mis dans les conditions nécessaires pour sa conservation, en empêchant sa dessiccation et sa décomposition : on lui a donné de temps en temps le sang nécessaire pour remplacer la matière brûlée par l'oxygène de l'air. Ce muscle isolé, sous cloche, séparé de l'organisme depuis des jours, des semaines même, ce muscle travaille sur chaque irritation qu'on lui transmet par l'électricité aussi exactement qu'un spiral de montre dès qu'il est monté. — On a décapité un animal : après la mort on a injecté dans cette tête du sang d'un autre animal de même espèce, battu et chauffé au degré convenable. On a vu les yeux se rouvrir et la tête effectuer des mouvements.

En somme, que prouvent ces expériences ? Peut-on bien les interpréter au profit de vos doctrines ? A l'aide d'un courant voltaïque vous faites contracter le muscle conservé d'une grenouille, par la transfusion du sang vous mettez en mouvement la tête d'un animal préalablement décapité. C'est fort bien : mais rendez-vous à ces animaux la vie avec ses divers attributs ? Vous faites contracter une partie de leur corps : mais le stimulus que vous employez, fait-il revivre bien exactement la contractilité qui constitue la propriété vitale du tissu musculaire ? Le phénomène qui se produit sous l'action de la pile ressemble-t-il à celui qui naît de la seule influence de ma volonté ? Réintégrez-vous, enfin, cette partie dans les fonctions spéciales qui lui incombaient ? Cet œil qui s'ouvre est-il, par ce seul fait, dans les conditions voulues pour percevoir la forme et la couleur des corps ? Avez-vous démontré la réceptivité de cette rétine et pouvez-vous affirmer que dans ce cadavre soumis à vos expériences vous avez produit le réveil de ce travail mental qui transforme l'impression en sensation ? Avez-vous mis en évidence ces énergies spéciales qui forment les propriétés vitales des nerfs sensoriels ? L'électricité mise en jeu par vous aura-t-elle pour résultat que le nerf optique réagisse lumière, le nerf acoustique, son, le nerf olfactif, odeur ?

Vous avez pu faire que ce corps inerte obéisse

aux incitations d'un agent extérieur et qu'il exécute, en dehors de toute initiative physiologique, des mouvements automatiques parfaitement inconscients. Mais prenez la tête d'Ampère et celle de Victor Hugo : pratiquez la transfusion du sang avec tout le soin possible ; soumettez-les à l'action de la pile la mieux agencée et demandez-leur, à la première une *théorie des phénomènes électro-dynamiques*, à la seconde, un chef-d'œuvre littéraire.

En un mot, vous avez fait renaître le mouvement, avez-vous fait renaître le sentiment ? Vous avez obtenu l'être se mouvant, avez-vous obtenu l'être pensant ?

Dans toutes ces expériences vous développez certaines forces dont vous interprétez faussement l'action : vous les considérez comme une cause *immédiate* de la vie, alors qu'elles n'en sont qu'une cause *médiate*. Leur effet ne se produit ici que par l'action insaisissable d'une propriété spéciale de l'organisme : elles ne sont pas ce par quoi la vie existe, mais ce à la suite de quoi la vie se manifeste. Car nous ne prétendons pas que les propriétés spéciales en vertu desquelles s'accomplissent les phénomènes de la vie soient inconditionnelles : nous reconnaissons qu'il leur faut le concours de certains agents extérieurs, tels que le calorique, l'eau, l'air atmosphérique, etc. Mais ces stimulants vitaux ne font que mettre en jeu les rouages de la machine organisée. En d'autres termes, la force créatrice du mécanisme de la vie est impuissante à entrer en action sans l'impulsion extérieure que ces stimulants lui communiquent.

Vous affirmez que le mouvement qui était autrefois attribué à la seule force vitale est dû exclusivement à l'irritation du système nerveux. D'abord il y a là une erreur : et les magnifiques expériences de Claude Bernard prouvent péremptoirement que les courants voltaïques produisent la contraction des muscles, alors même que ceux-ci sont dépourvus de leurs filets nerveux. Ces expériences se trouvent confirmées par l'action d'une substance dont la matière médicale s'est tout récemment enrichie. La *spartéine* développe une telle suractivité de la fibre musculaire que le cœur d'une grenouille bat avec force et régularité trois jours après la mort, alors que le corps de cet animal est complètement desséché. On ne peut évidemment pas invoquer ici l'intervention du système nerveux. Il y a là une continuité d'action qui n'a rien de physiologique : on ne peut pas plus suspendre instantanément le mouvement de la fibre musculaire qu'on ne peut arrêter brusquement celui d'un train dont la marche est rapide. Le train soustrait à toute puissance motrice se meut encore en vertu de la vitesse acquise; le muscle obéit à ce que l'on peut appeler la *contraction acquise*. Ainsi chez un décapité les ventricules du cœur battent rythmiquement et énergiquement vingt-cinq minutes après la mort : l'oreillette se contracte pendant une heure et quart. Ces faits résultent des observations recueillies tout récemment à Amiens par MM. Reynard et Loye. Et cependant il a été établi qu'après la décollation il n'y a pas eu de mouvements spontanés : il a été mis hors de doute par ces savants que la vie consciente s'était éteinte chez le décapité avec la rapidité de l'éclair.

En outre, les expériences faites dans le domaine matériel vous autorisent-elles à conclure que les choses se passent de même dans le domaine psychique ? Dans le monde inorganique vous mesurez le mouvement des corps, vous en déterminez la vitesse, vous calculez la chaleur produite ; vous saisissez en quelque sorte cette force que vous voudriez substituer à la force vitale. Mais avez-vous un procédé bien sûr pour mesurer le mouvement de la pensée, pour en préciser la vitesse ? Avez-vous trouvé le moyen d'apprécier la quantité de chaleur dégagée dans le cerveau par le mouvement ? Est-il certain que le mouvement cérébral soit pour quelque chose dans la production de la pensée ?

Examinons cette question de plus près et demandons-nous si les enseignements qui découleraient d'une semblable théorie sont en parfaite harmonie avec les idées reçues, avec les doctrines admises. On s'accorde généralement à reconnaître que l'intelligence est proportionnelle au volume du cerveau. Mais si le mouvement est à l'origine de tous les phénomènes constitutifs de la vie, si la chaleur produite dans la masse cérébrale préside d'une manière exclusive aux fonctions du cerveau et au développement des facultés mentales, qu'on cesse de nous représenter l'intelligence comme étant en raison directe de la matière encéphalique. Qu'on prenne pour base de la puissance intellectuelle, non plus le volume de l'organe, mais l'étendue ou la rapidité de ses mouvements. Du reste, il nous semble qu'en cette matière il serait prudent de ne pas poser de lois : car nos calculs sont à tout instant renversés. Ainsi nul ne conteste que l'homme soit, au point de vue de l'intelligence, infiniment supérieur à tous les animaux ; et chacun sait que le cerveau du dauphin, celui de la baleine et celui de l'éléphant l'emportent, en poids absolu, sur celui de l'espèce humaine.

Si la force vitale supprimée eût été remplacée par une force déterminée dans sa nature et dans son effectivité, si la science expérimentale avait trouvé le moyen de convertir en énergies d'ordre vital les activités physico-chimiques, tout eût été pour le mieux : nous avions le secret de la vie. Mais il n'en est rien. Vainement les systèmes en vogue ont tenté de faire revivre les idées de Descartes ; vainement ils ont cherché à identifier la vie avec le mouvement et à rattacher les phénomènes organiques aux lois de la mécanique et de la physique. Et s'il est prouvé que le mouvement soit une des conditions essentielles de la stabilité dans l'élément matériel de l'être organisé, il n'est certes pas démontré qu'il soit indispensable à l'accomplissement et à la réalisation des actes intellectuels. Ces systèmes substituent donc, quoi qu'on en dise, à une inconnue une autre inconnue, ce qui n'avance pas beaucoup leurs affaires et ne garantit pas leur avenir.

III. — Le transformisme et le darwinisme.

Ces premières considérations posées, abordons l'étude du transformisme qui a manifestement servi la cause du matérialisme le plus grossier. Recherchons si, dans le domaine biologique, en ouvrant des horizons nouveaux à l'homme qui recherche les lois de la vie, il a bien réellement restreint le champ de l'inexplicable.

Quel est son point de départ ? Il considère les organismes comme des manifestations enchaînées entre elles d'une seule et même force et non comme des forces indépendantes. — A chaque molécule, à chaque quantité appréciable de matière est liée, d'une manière impérissable et éternelle, une quantité correspondante de force.

Quel est son but ? Il tend à démontrer que les formes si innombrables de la nature organisée ne sont que des mutations d'un fonds impérissable d'une quantité déterminée de matière et de force ; que chaque forme organique est la résultante nécessaire de toutes les manifestations organiques qui l'ont précédée et la base nécessaire de toutes celles qui vont la suivre ; que, conséquemment, toutes les formes actuelles sont liées ensemble par les racines depuis lesquelles elles se sont élevées dans l'histoire de la terre et dans les différentes périodes d'évolution que notre planète a parcourues ; enfin que les forces qui se manifestent dans l'apparition de ces formes sont toujours restées les mêmes et qu'il n'y a plus de place dans le monde inorganique ni dans le monde organique pour une tierce force indépendante de la matière et pouvant façonner celle-ci suivant son gré ou son caprice. L'héritage physiologique et la transmission des caractères sont, dans le monde organique, ce qui, dans le monde inorganique, est la continuation de cette force. Dès lors chaque être est le résultat nécessaire de tous les ancêtres qui l'ont précédé ; et, pour comprendre son organisation, il faut tenir compte de toutes les modifications, de toutes les formes passées qui, par héritage, ont apporté leur contingent dans la combinaison existante. Et ce résultat de l'héritage peut être influencé par les conditions extérieures et en recevoir des variations, des changements qui se transmettent à leur tour.

Enfin comment procède-t-il ? Il prend l'homme tel qu'il existe aujourd'hui ; il examine sa constitution physique, intellectuelle et morale ; il recherche les causes qui ont présidé à la formation de ses qualités si variées et si complexes. Il se livre à la même étude en ce qui concerne les divers animaux, et, de l'analogie, de la similitude qu'il a cru découvrir il tire une conséquence, et cette conséquence est que l'homme actuel est le résultat d'une série de transformations accomplies pendant les dernières époques géologiques.

Voilà bien l'essence du transformisme ou du darwinisme; car nous emploierons indistinctement ces deux mots bien qu'ils n'expriment pas absolument la même chose. D'après le transformisme les formes organiques subissent une sorte de remaniement incessant produit par les causes modificatrices extérieures du milieu ambiant. De sorte que telle espèce vivant aujourd'hui n'est plus ce qu'elle était il y a quelques siècles, et qu'elle est aussi tout différente de ce qu'elle sera dans un avenir plus ou moins éloigné. Quant au mécanisme à l'aide duquel s'opèrent ces transformations il constitue une méthode, et de toutes ces méthodes celle qui a le plus de vogue est incontestablement le *darwinisme*. En deux mots voici en quoi il consiste : Un sujet apportera, en naissant, des variations qui pourront constituer pour lui un avantage, soit qu'il s'agisse de rechercher plus efficacement la nourriture, de se dérober plus facilement à ses ennemis, de lutter contre eux avec avantage, de résister aux conditions climatériques, etc. Grâce à ces variations le sujet pourra donc, plus aisément que ceux qui en sont privés, vivre, lutter pour l'existence et se reproduire. Parmi ses descendants, ceux qui présenteront ces caractères seront plus aptes à vivre et à se propager, leurs frères moins favorisés disparaissant peu à peu. Or cette transmission amènera, à la longue, chez les individus, des modifications assez profondes pour faire disparaître les caractères d'une espèce et créer une espèce nouvelle, en d'autres termes, pour transformer les espèces. On le voit, c'est la transformation lente par voie héréditaire.

Les partisans de ce système ne s'entendent pas très bien sur la façon dont se produit ce travail d'adaptation aux milieux, aux conditions d'existence. Pour M. Duval (1) il y a passivité de l'organisme ; l'organisme subit ce travail lent et prolongé d'accommodation, mais il ne le réalise pas, il n'est pour rien dans son accomplissement. Cette opinion nous paraît très contestable. En effet, en admettant même comme un effet du hasard l'origine de ces caractères avantageux qui doivent se perpétuer et amener la transformation des espèces, il faut bien reconnaître que, dans le développement et la fixation de ces caractères, l'organisme devrait jouer un rôle actif. Lamarck ne croit pas, non plus, à la passivité de l'organisme : pour lui, celui-ci intervient d'une manière active même dans la naissance de ces caractères. Ecoutons-le dans l'explication qu'il donne de la formation des tentacules de l'escargot et des gastéropodes en général : « Je conçois qu'un de ces animaux éprouve, en se traînant, le besoin de palper les corps qui sont devant lui. Il fait des efforts pour toucher ces corps avec quelques-uns des points antérieurs de sa tête et y envoie, à tout moment, des masses de fluides nerveux, des sucs nourriciers. Je conçois qu'il doit résulter de ces affluences réitérées qu'elles étendront peu à peu les nerfs qui s'y

(1) *Le darwinisme*, leçons professées à l'Ecole d'anthropologie.

rendent. Il doit s'en suivre que deux ou quatre tentacules naîtront et se formeront insensiblement sur les points dont il s'agit. C'est ce qui est arrivé sans doute à toutes les races de gastéropodes à qui des besoins ont fait prendre l'habitude de toucher les corps avec des parties de leur tête. » Il est aisé de voir là l'action effective de l'organisme. L'animal ferait des efforts incessants et il les ferait en vertu de certains besoins qu'il éprouverait. De sorte que ces efforts devenus une habitude constitueraient le mécanisme modificateur, tandis que les besoins préliminaires représenteraient la cause de la mise en jeu de ce mécanisme. Les conditions d'existence agiraient sur les êtres vivants en provoquant la naissance de ces besoins et les habitudes viendraient de la nécessité de satisfaire ces' besoins. On voit que l'accord n'est pas toujours parfait dans la maison des transformistes, mais on voit aussi que, tout en demeurant séparés sur la question de détails, ils s'entendent sur la question de principes et qu'ils cherchent, les uns et les autres, à expliquer, par des hypothèses, souvent peu admissibles, la formation des êtres sans intervention directe d'une puissance surnaturelle.

Les variations, les modifications vont-elles, en se perpétuant, jusqu'à transformer l'espèce-mère? Gardons-nous de le croire. Sans doute les individus peuvent se différencier de leurs premiers parents et acquérir, à la longue, des propriétés physiologiques que ceux-là ne possèdent point. Ainsi le couple de lapins domestiques dont parle M. Duval, qui fût abandonné, au quinzième siècle dans l'île de Porto-Santo aurait donné naissance à une race sauvage qui ne contracterait plus avec nos lapins domestiques que des unions infécondes. Or, pour certains naturalistes, il y aurait dans ce fait tout ce qu'il faut pour caractériser une espèce nouvelle. Mais viendra-t-il donc à la pensée de quelqu'un de considérer comme une espèce nouvelle les lapins qui peuplent aujourd'hui l'île de Porto-Santo ? Ces lapins cesseront-ils d'être des lapins, et pourra-t-on songer à voir en eux des animaux ayant perdu cet ensemble de caractères, ce génie particulier qui distingue l'espèce-lapin ? Non certes : la puissance de la sélection naturelle ne va pas jusque-là.

Quoi qu'il en soit, le philosophe anglais rallia bientôt autour de son drapeau des disciples ardents qui, comme nous aurons occasion de le voir, sont allés beaucoup plus loin que le maître et ont, selon leur expression même, *perfectionné le système*. Nous devons ajouter que Darwin n'est pas responsable des exagérations qui distinguent le transformisme perfectionné et que, dans les premiers temps, les propagateurs de la doctrine ne furent ni matérialistes ni monistes. Ainsi la véritable créateur du système, Lamarck, chercha bien à saisir le *secret de l'œuvre;* mais il respecta *la main de l'ouvrier;* et dans son *Histoire naturelle des animaux sans vertèbres*, il exprime très nettement une pensée qui décèle ses tendances : « Les lois de la nature, dit-il, ne sont que l'expression de la volonté de celui qui les a établies. » Darwin lui-même n'a pas certainement entendu faire le jeu du matérialisme : il n'y a, pour s'en convaincre, qu'à lire les quelques lignes indignées que lui a suggérées une traduction de ses œuvres, traduction dans laquelle on fait de lui le coryphée de cette doctrine. Et ne reconnaît-il pas très explicitement qu'il y a *une certaine grandeur à considérer la vie, avec ses diverses propriétés, comme ayant été donnée à son origine par le créateur*. Enfin un transformiste éminent, M. Gaudry, de l'Institut, dans les *Enchaînements du monde animal*, ne professe pas, non plus, des idées de cet ordre : « Si petits que nous soyons, dit-il, c'est un plaisir, c'est même un devoir pour nous de scruter la nature ; car la nature est un pur miroir où se réfléchit la beauté divine. »

Il est hors de doute que l'école matérialiste a confisqué le darwinisme au profit de ses tendances, et Strauss est un de ceux qui ont mené la campagne avec le plus d'ardeur. Tel que l'entendent aujourd'hui les disciples de Darwin, le transformisme est une doctrine qui prend son point de départ dans le monisme et qui fait dériver de la *monère* les organismes les plus infimes. On ne nous dit pas, par exemple, comment put se produire cette transition : on ne tente pas d'expliquer l'origine de la vie. Le plus hardi parmi ces innovateurs, Hœckel, émet, à ce sujet, une opinion que nous discuterons plus loin. Dès que l'être a été doué de vie, on l'a soumis à un travail de progression et de transformation. Seulement le procédé suivi dans cette dernière opération fut, pendant bien longtemps, un embarras sensible : les théories transformistes avaient à peine vu le jour qu'elles étaient renversées. Aussi l'enthousiasme fut-il immense lorsque les prodiges de la sélection accumulés par Darwin leur ouvrirent des horizons nouveaux. Constatons cette joie par quelques lignes de Strauss avant d'examiner jusqu'à quel point elle se légitime : « Aujourd'hui, dit-il, grâce au darwinisme, le tourment de l'intelligence méditant sur le monde et forcée d'admettre la finalité est adouci : les aspirations vers les causes premières sont calmées. La sélection naturelle a changé tout cela : elle permet de concevoir un but inconsciemment déterminé, infailliblement atteint : elle remplacera Dieu pour une postérité plus heureuse (1). »

Ces élans du théologien critique sont empreints d'une exagération manifeste. Quoi qu'il en puisse dire, la constitution du monde et la connaissance des lois qui la régissent font encore et feront sans doute toujours le tourment de l'intelligence humaine. Celle-ci continuera d'admettre les causes premières trouvant dans leur existence cette satisfaction que ne saurait lui donner le système de l'adaptation des organes. La sélection ne permet de concevoir un but *inconsciemment déterminé, infailliblement*

---

(1) *L'ancienne et la nouvelle foi.*

atteint que pour les hommes dévoyés par l'esprit de système, pour ceux qui se complaisent dans l'incrédulité et qui seraient tout heureux de pouvoir se passer de l'initiative divine.

Mais, en dehors de tout sentimentalisme, demandons nous de quelle utilité peut bien être le darwinisme dans la constitution du monde. Qu'on nous dise comment la sélection naturelle a pu s'exercer dans ce monde azoïque dont l'existence est scientifiquement démontrée ? Quel est le rôle qu'ont pu jouer le combat pour la vie, la différenciation, l'hérédité, l'atavisme dans cet univers primitif où pas une molécule animée n'existait, pas un phénomène vital ne se produisait, pas un acte réfléchi ne se réalisait ?

Sur quoi se basent donc nos adversaires pour nous donner l'évolution comme un fait général, universel qui se retrouverait même dans le domaine inorganique ? Sur quoi s'appuient-ils pour avancer que la théorie du développement cosmique des corps célestes est une solennelle confirmation de ce principe ? Sans doute sur les divers états par lesquels passent successivement ces corps : car on admet généralement aujourd'hui, en cosmographie, que les nébuleuses gazéiformes et brillantes marquent la période d'enfance des corps célestes, que les soleils incandescents en sont la période adulte et, enfin, que les planètes glacées sont ces mêmes corps à leur âge de déclin et de vieillesse. Mais quelle peut bien être l'application de ce principe au cas qui nous occupe ? La loi du développement de tout être organisé comporte trois époques distinctes : l'animal, comme le végétal, croît et progresse d'abord ; à cette période succède la période d'état qui est, à son tour, remplacée par la période de déclin. Or, cette marche évolutive implique-t-elle, en quoi que ce soit, la progression des espèces ? Y a-t-il donc une connexion quelconque entre ces deux ordres de phénomènes ? Personne n'oserait soutenir une semblable opinion. De quel droit, dès lors, donne-t-on comme synonimes les deux mots *évolution* et *transformation* ? Est-ce que la constitution intime des corps célestes est différente selon qu'on le prend à l'un ou à l'autre des trois états qu'il revêt, par lesquels il passe ? Est-ce que la chimie découvre des éléments différents selon qu'elle procède à l'analyse de la nébuleuse, du soleil ou de la planète refroidie ? Peut-on voir là autre chose que les trois âges d'un corps absolument identique ?

IV. — Matière et mouvement.

Il est certain qu'en développant sa théorie cosmogonique, Laplace est remonté jusqu'à l'état initial des atomes matériels, et l'argumentation qu'il lui consacre a atteint, on peut le dire, les limites extrêmes de l'induction légitime. Nul doute que ce savant n'eût été désireux d'aller plus loin. Mais il s'est heurté à une impossibilité : il s'est arrêté là et s'est trouvé en face de la *suprême intelligence* qu'il a hautement reconnue. Le positivisme n'a pas cru devoir imiter sa réserve ; il n'admet pas que l'univers ait commencé : il n'admet pas qu'il doive finir. C'est tout simplement la proclamation de l'éternité de la matière et de l'éternité du mouvement. Tel est, en effet, l'axiome fondamental de cette doctrine.

L'éternité de la molécule infinitésimale, de l'atome initial renouvelée de Platon et d'Aristote est absolument inadmissible. En effet, si cette molécule existe par elle-même elle est nécessairement éternelle et infinie. Mais si la matière est infinie, Dieu n'est pas infini, ou plutôt ni la matière ni Dieu ne sont infinis. Car l'un limite fatalement l'autre, et, comme le dit très judicieusement M. de Saint-Projet, « toute la réalité que l'on accorde à l'un est enlevée à la réalité de l'autre. Et comme l'infini est un et indivisible, il s'en suit que leur réunion ne saurait avoir, non plus, le caractère d'infini : n'étant pas l'expression d'une quantité, l'infini ne peut être constitué par une collection de quantités diverses. »

Ce qui a donné naissance, sans doute, à l'idée d'éternité des atomes, c'est leur indestructibilité par l'effet des forces qui existent dans le monde. Mais il y a là une déduction absolument erronée : l'indestructibilité des molécules élémentaires provenant de la décomposition des corps n'implique pas leur éternité. Car si les atomes étaient infinis en durée, ils auraient une infinité absolue, c'est-à-dire qu'ils seraient infinis en liberté, en intelligence, en puissance, en d'autres termes, ils jouiraient de tous les attributs de la divinité elle-même.

De l'argumentation à laquelle nous venons de nous livrer il résulte que si la matière est incréée, si elle existe par elle-même, l'infini ne se peut plus concevoir. Mais la conception du fini implique celle de l'infini, comme celle du relatif implique celle de l'absolu, comme celle du contingent implique celle du nécessaire. Donc, anéantir la réalité de l'infini, la réalité de Dieu, c'est anéantir du même coup la réalité du monde, la réalité de la matière : système dont l'absurdité n'a pas besoin de démonstration.

Cette réfutation de l'éternité des atomes n'a de valeur, il est vrai, que pour ceux qui admettent l'existence de Dieu. Nous la formulons néanmoins parce que nous ne croyons pas à la sincérité de ce sourire d'incrédulité que nous avons vu quelquefois sur les lèvres de nos adversaires, parce que nous pensons que l'athéisme est une fanfaronnade plutôt qu'une conviction.

En second lieu, il est facile de reconnaître une aptitude, une direction, une finalité à chacune de ces molécules, à chacun de ces atomes qui s'attirent et se groupent de manière à former des corps, des mondes et des systèmes de mondes. Or cette aptitude, ces lois fatales, cette finalité impliquent une cause substantielle, intelligente et consciente.

Écoutons là-dessus M. Clerck-Maxwell : « Toutes les molécules de l'univers portent en elles un cachet très appréciable ; elles conservent le caractère essentiel *d'articles manufacturés* ; elles excluent l'idée d'une existence éternelle, d'une entité existant par elle-même. » Les belles recherches de Claude Bernard l'ont conduit aux mêmes inductions. Il reconnaît, lui aussi, dans toute parcelle de matière vivante un *article façonné*. « L'élément primordial de tout *article façonné* devient seul l'être vivant, réel : le protoplasme amorphe ne peut constituer qu'un être vivant idéal. La molécule brute ne devient molécule vivante qu'à la condition de prendre une forme, une structure spéciales : et cette forme, cette structure, elle ne les prend que par l'intervention d'une main ouvrière, d'une force extérieure. Mais le premier organisme vivant ayant été un protoplasme(1) *façonné* cesse, par cela seul, d'être un fait de génération spontanée. Car l'une de ces expressions est incompatible avec l'autre : ce sont deux idées qui s'excluent absolument. »

Les philosophes anciens, Aristote entre autres, considéraient la matière comme éternelle, incréée et éternellement inséparable de la forme et de l'organisation. Pour eux, le monde organisé existait de toute éternité, avec ses lois et les êtres qu'il renferme. Mais du moins faisaient-ils intervenir Dieu

(1) Le mot protoplasma désigne le liquide contenu dans l'intérieur des cellules végétales embryonnaires : comme le plasma du sang, il fournit des matériaux pour la naissance d'autres éléments anatomiques.

comme cause absolue du mouvement régulier. Pareille origine du mouvement ne pouvait convenir aux positivistes : et il n'est pas besoin de dire qu'ils ont cherché avec ardeur la solution de ce gros problème qui s'est toujours posé comme un défi en face du génie de l'homme. Ont-ils trouvé cette solution ? A-t-elle répondu à leurs désirs et aux besoins de leur cause ? Nous allons voir que non : nous démontrerons même que notre raison est impuissante à la découvrir et qu'il faut bien avoir recours encore ici à l'action créatrice, à l'intervention divine.

L'étude du mouvement envisagé au point de vue causal ferait naître une double hypothèse : ou bien la matière devait être supposée primitivement en repos ; ou bien le mouvement était éternel, incréé comme la matière elle-même. Dans le premier cas, il fallait en expliquer la naissance et la chose n'était pas facile. Diverses théories, toutes insuffisantes ou ridicules, ont vu le jour. Nous en citerons une seule : elle est de M. Renan : « Le commencement du mouvement dans l'univers, dit-il, fut une rupture d'équilibre née elle-même d'une non-homogénéité, car un monde homogène n'aurait jamais bougé : il se serait reposé éternellement, sans développement, sans progrès. Pourquoi l'univers ne se tint-il pas tranquille ? Pourquoi voulut-il courir les aventures au lieu de dormir au sein de l'éternité absolue ? C'est qu'un aiguillon le poussa : une inquiétude secrète lui donna le tressaillement ; un vague intérieur amena des nuages sur la morne sérénité de son azur. Ce qui fait la vie est toujours une sortie brusque de l'apathie, un désir, un mouvement dont personne n'a l'initiative, quelque chose qui dit : en avant! » Quand des hommes de la valeur de M. Renan en sont réduits à fournir des théories aussi singulières, des explications aussi vaporeuses, nous sommes autorisé à considérer la tâche comme fort ingrate et la difficulté comme insurmontable. Reste l'éternité du mouvement : mais cette doctrine est une utopie; car admettre le mouvement éternel c'est proclamer le mouvement sans moteur, c'est écarter le principe de causalité, c'est annihiler le rôle de l'intelligence humaine dans les questions de cet ordre. Du reste, il faut opter entre deux opinions : ou le mouvement ainsi conçu est purement mécanique, ou il est l'effet d'une impulsion primitive, l'effet des lois existantes et connues. Dans le premier cas, comme il n'appartient pas à une molécule de modifier son mouvement initial dans sa nature ou dans sa direction il faut admettre que l'univers a toujours été et sera toujours ce qu'il est. Or cela constitue l'invariabilité absolue, la négation formelle du progrès, système qui est en contradiction manifeste avec le principe fondamental du transformisme. Dans le second cas, on adhère à nos doctrines, on reconnaît la nécessité d'un directeur, d'un législateur, condition qui n'est pas de nature à sourire aux positivistes.

D'ailleurs la matière est mobile ; l'univers est soumis au changement. Or, comme le dit M. Fabred'Envieu, « nous sommes forcés de reconnaître que la notion du changement suffit à la raison pour prouver la durée finie de tout objet compris sous cette notion. Nous ne pouvons pas nous empêcher de déclarer que tout ce qui change n'est pas éternel. La logique nous force de raisonner ainsi : tout ce qui change a une existence successive; tout ce qui se succède se compte; tout ce qui se compte augmente ou diminue; tout ce qui augmente ou diminue s'exprime par un nombre; tout nombre aboutit à un premier terme, à un commencement. Le monde qui se compose d'une série de changements est donc fini en durée (1). »

V. — La vie.

Ceux qui croient à l'éternité du mouvement n'ont peut-être pas suffisamment calculé les inconvénients de leur croyance. Car, pour être conséquents avec eux-mêmes, ils seraient contraints d'admettre l'éternité de la vie, c'est-à-dire de heurter des faits d'observation sensible, de violenter les données les plus positives de la géogénie et de la paléontologie. Ces sciences démontrent, en effet, avec une certitude absolue, qu'il a existé des temps azoïques et que la vie était impossible à l'époque des micaschistes et des granites gneissiques.

On croirait peut-être que l'origine de la vie a causé

(1) *Les origines de la terre et de l'homme.*

quelque embarras aux adeptes de Darwin. Mais point. Il est vrai qu'il faut du bon vouloir pour accepter leurs explications : « La géologie, dit M. Schmidt, depuis plus de quarante ans a trouvé la bonne voie. Il est maintenant acquis que la terre ne s'est pas formée par saccades, mais par des transformations et des progrès continus. Nous osons donc et nous devons conclure qu'à une certaine époque du refroidissement la vie est éclose d'un épanouissement naturel, c'est-à-dire sans un acte incompréhensible de création ; et nous voyons peu à peu pendant cette transformation de l'écorce terrestre, les êtres animés croître, se spécifier et se perfectionner (1). » On serait vraiment tenté de sourire à semblable lecture si ces frivolités n'émanaient d'hommes occupant dans le monde scientifique une place incontestée. Tant il est vrai de dire que le parti pris enfante l'aberration et que le sérieux subit parfois des éclipses totales dans les régions intellectuelles les plus élevées. Que M. Schmidt refuse de croire à l'acte de création, qu'il repousse l'origine providentielle de la vie, c'est son affaire. Mais, du moins, qu'il renonce à nous leurrer de ces *épanouissements naturels* dont la sonorité d'expression constitue tout le mérite. Quoi qu'il en puisse dire, les investigations naturelles n'ont pas encore fait rentrer la vie et les phénomènes vitaux dans le domaine de l'intelligible. On n'est pas parvenu à comprendre,

---

(1) *Darwinisme et descendance.*

ainsi que le déclare Dubois-Reymond, la nature de la matière et de la force qui lui est inhérente ; pas plus que l'on n'a expliqué la conscience, même sous sa forme la plus simple, la sensation du plaisir et de la douleur. Les théories actuelles des biologistes et des physiciens ne nous dévoilent pas l'origine de la sensation : elles ne nous démontrent pas comment des molécules d'azote, d'oxygène, d'hydrogène, de carbone, de phosphore peuvent être affectées par tel ou tel de leurs divers modes d'agrégation stable ou de mouvement.

D'après un des plus grands physiologistes modernes, Claude Bernard, la vie est *scientifiquement caractérisée par un phénomène d'organisation continuelle accompagnant le phénomène d'incessante destruction*. Or la destruction s'explique par les forces physico-chimiques : mais celles-ci sont impuissantes à rendre compte de l'évolution organisatrice, c'est-à-dire de la vie. En d'autres termes la décomposition de l'organisme corporel est une chose *naturelle*, mais la vie ne l'est point.

Sur ce même sujet M. de Quatrefages s'exprime ainsi : « *J'admets que les êtres organisés doivent leurs caractères distinctifs à une cause spéciale, à une force propre, à la vie qui s'associe, chez eux, aux forces inorganiques.* »

Il nous paraît impossible de nier la proposition suivante : la vie qui se manifeste implique un double fait, un fait d'activité et un fait de passivité dont la combinaison détermine un produit. La matière est simplement la suprématie de la passivité comme la force est celle de l'activité. Bien qu'elle ne tombe pas sous nos perceptions sensorielles cette force existe tout aussi réellement que la matière elle-même. Mais quelle est son origine, quelle est l'origine de la vie? Le désir de résoudre cette question a provoqué bien des controverses et donné naissance à bien des systèmes dont la plupart se rattachent, de près ou de loin, à la génération spontanée, doctrine à laquelle nous devons nous arrêter un instant.

VI. — La génération spontanée.

D'après Hœckell, la génération spontanée est la *production d'un être organique sans parents, c'est-à-dire un corps brut pour antécédent et, pour conséquent, un être doué de vie.*

L'idée de génération spontanée n'exclut, en aucune façon, l'idée de Dieu, l'idée de cause première. Seulement il y a là une distinction qu'il importe d'établir : ce qui sera, pour certains hommes, un acte de génération spontanée sera, pour nous, un acte insaisissable, incompréhensible, mais un acte créateur. La puissance créatrice peut aller jusqu'à la production d'un être organique sans parents ; et telle est bien notre opinion sur l'origine du monde qui serait éternel s'il n'eût pas été créé de rien. Je ne suis donc pas surpris que bon nombre de philosophes de diverses époques et que certains Pères de l'Église, certains théologiens d'une rigoureuse orthodoxie, aient admis ce que nous appelons la génération spontanée.

Cette doctrine remonte à une haute antiquité : elle était même généralement professée par les philosophes anciens. Ceux-ci, se fondant sur le grand nombre d'animaux qui apparaissent dans les substances en putréfaction, et croyant que ces nombreux organismes se formaient aux dépens des éléments de ces substances, avaient formulé le principe suivant : *corruptio unius, generatio alterius :* tout être qui se décompose en produit un autre. Mais des recherches plus attentives ont mis en évidence que ces animaux proviennent toujours de germes déposés par des êtres de même espèce et inspiré aux modernes cet autre axiome physiologique : *omne vivum ex ovo :* tout ce qui a vie provient d'un germe.

Au dix-septième siècle, on admettait la génération spontanée pour les abeilles, les grenouilles, les souris et même certains oiseaux. A mesure que l'expérimentation se perfectionna et donna des résultats plus positifs, son domaine se rétrécit et bientôt on ne l'admit plus que pour les animaux les plus inférieurs, ceux qui occupent les derniers degrés de l'échelle organique. C'était encore trop ; car il y avait dans cette restriction même une dérogation à cette grande règle unitaire qui préside à la production de l'immense quantité d'êtres que nous connaissons. Les philosophes de cette époque ne se rendirent pas compte d'un fait pourtant bien positif, à savoir que tout concourt à nous démontrer l'unité des lois naturelles. Aujourd'hui ses partisans n'admettent plus que la production autogone (1) d'un simple mucus amorphe, matière primordiale dépourvue de structure et d'organes. Mais ceux qui cherchent la transition entre l'évolution cosmique de Laplace et l'évolution biologique de Darwin pouvaient encore invoquer cette doctrine et, à l'aide de raisonnements spécieux ou de sophismes, en tirer de fausses interprétations, des inductions erronées. Il était donc désirable que cette question fût épuisée et définitivement tranchée. Les belles expériences de M. Pasteur consacrées par l'Académie des sciences, celles du professeur Béchamp et du docteur Tyndall étaient bien de nature à clore le débat. Aussi n'est-ce pas sans une certaine surprise que nous avons vu récemment Buchner s'exprimer ainsi dans son ouvrage *Force et matière :* « Les connaissances que nous avons suffisent pour nous donner au moins la probabilité, je dis même la certitude subjective de la naissance spontanée des êtres organiques. » A quoi Vogt, un positiviste pourtant, répond : « Chaque être naît de parents qui sont eux-mêmes le produit d'autres parents. Nulle part on n'a jamais vu d'interruption dans cette série continue, et la formation d'êtres organiques aux dépens d'une matière primitive est encore aujourd'hui en dehors

---

(1) *Autogone* signifie né sans parents.

du domaine de l'observation et de l'expérience (1). »

Nous pouvons aller plus loin et affirmer que la génération spontanée ne résiste pas à l'observation attentive, à l'examen scientifique de l'atome organique. Consultons, en effet, la biologie cellulaire et la chimie organique sur les tendances qu'ont naturellement les atomes dans les organismes vivants. Nous ne tardons pas à reconnaître, avec les princes de la science, que, loin d'avoir une tendance organisatrice, loin d'être doués de spontanéité vers le groupement les atomes sont instables et tendent naturellement à la désagrégation, à la dissociation. Admettre l'organisation et l'association spontanées serait donc admettre des phénomènes contre nature et supposer aux molécules des aptitudes qu'elles n'ont ni de par l'observation ni de par la science.

VII. — Le monisme.

Non contents de rechercher et d'expliquer l'action des causes secondes, de remonter aux lois par l'observation des faits et par leurs relations immédiates les *monistes* affichent la prétention d'expliquer l'origine de la vie sans Dieu, par la seule action des forces inhérentes à la matière. Pour eux, *l'atome vivant est une résultante de l'évolution fatale de l'atome éternel. C'est la création naturelle des êtres vivants.* — Donnez-nous des atomes, s'écrient les

---

(1) Vogt, *Leçons sur l'homme.*

monistes, *nous voulons expliquer l'univers.* Et, pour arriver à une démonstration, le monisme s'évertue avec une ardeur fébrile à convertir les activités physico-chimiques en énergies vitales. Dans ce but, il interroge, avec Huxley, les profondeurs de l'Océan et il y trouve un mucus amorphe, un produit gélatineux qui pourrait bien avoir été spontanément engendré par le protoplasme. Mais ce *Bathybius* (c'est le nom qu'on lui donna), examiné de près, renversa cet échafaudage d'illusions qu'il avait fait naître : il fut solennellement désavoué comme tel par Huxley lui-même. Milne-Edwards lui porta le coup de grâce en prouvant qu'il n'était autre chose qu'un amas de mucosités que laissaient échapper les éponges et les zoophytes.

S'il faut en croire les transformistes, tous les êtres organisés, animaux ou végétaux, proviendraient d'une même cellule que la nature aurait formée au début. Quelques-uns d'entre eux cherchent à nous faire assister aux diverses phases de ce travail primitif, et il n'est pas sans intérêt de consigner ici les prétentions de l'un des plus autorisés, M. Ch. Martins. Tout d'abord il reconnaît son ignorance absolue des origines de la vie : « Comment se sont produits, dans l'origine, les êtres organisés les plus élémentaires? Est-ce par la combinaison de quelques corps simples, tels que l'oxygène, l'hydrogène, l'acide carbonique et l'azote, par voie de génération spontanée? On l'ignore encore, mais on peut étudier les organismes les moins compliqués et les suivre dans leur développement. » Bientôt il désavoue cette déclaration et, chose étrange, il identifie les forces vitales et les forces physiques : « La botanique, la zoologie, la paléontologie, l'embryogénie ne sont qu'une seule et même science dont la conclusion générale aboutit à l'unité originelle des êtres vivants et à leurs transformations successives dans le temps et dans l'espace. Nous voyons ainsi apparaître dans les sciences naturelles l'unité qui règne déjà dans les sciences physiques. Il y a plus : les forces dites vitales ou zoologiques n'étant que des forces physiques transformées au sein de l'organisme, l'abîme qui existait entre le règne organique et le règne inorganique, entre les corps bruts et les êtres vivants est définitivement comblé. Une seule science, celle de la nature, embrasse maintenant dans sa majestueuse unité toutes les sciences partielles que la division nécessaire du travail scientifique et l'horizon limité de l'intelligence humaine avaient distinguées jusqu'ici. » Plus loin, il entreprend de nous faire contempler le développement des organismes élémentaires : « La géologie, dit-il, nous enseigne que ces êtres inférieurs ont apparu les premiers à la surface du globe. Les couches les plus anciennes en ont conservé quelques traces : c'étaient des animaux marins placés sur les derniers gradins de la série animale : c'est par eux que la création a commencé. D'un autre côté, des sondes faites à de grandes profondeurs dans les mers actuelles ont amené récemment la découverte d'un être vivant dont la structure est encore plus simple que tout ce que l'on connaissait antérieurement. Hœckell, près de Nice, Huxley, dans les mers du Nord, ont retiré de quatre mille et même de huit mille mètres des êtres qu'ils ont appelés *monères* ou *protistes*. » — « Elevons-nous d'un degré. Au lieu d'un simple flocon d'albumine nous trouvons la cellule : elle se compose d'un noyau solide d'albumine entouré d'albumine moins compacte qui a sécrété une enveloppe extérieure : c'est la cellule, base et origine de l'organisation de tous les végétaux et animaux. Elle peut vivre isolée. Constatons immédiatement que tous les végétaux et tous les animaux, y compris l'homme, proviennent invariablement d'un œuf. A son apparition, cet œuf n'est qu'une cellule, une *amœbe* qui se développe dans un être vivant au lieu de se développer isolément. Déjà nous entrevoyons ce fait capital que l'origine de chaque être en particulier est identique à celle du règne organisé tout entier. Au moment de la conception toute plante, tout animal naissant est donc un protiste élémentaire. D'un autre côté, si la terre avait pu conserver les traces des premiers êtres qui ont apparu à sa surface, nous verrions que ce sont des protistes identiques à l'œuf des animaux et des végétaux actuels. La mollesse de leur tissu a entraîné leur perte; mais l'induction la plus légitime nous permet de conclure à leur existence (1). »

(1) *Revue des Deux-Mondes*, 15 décembre 1871.

Après avoir lu ces quelques lignes pouvons-nous bien nous tenir pour satisfaits? Notre esprit en conserve-t-il quelque notion précise? Pour comprendre le passage d'un flocon d'albumine à l'état de cellule, il faut, nous dit-on, *s'élever d'un degré*. Ne nous payons pas de mots : rien ne démontre que toute cellule soit primitivement un protiste : car l'ascension proposée par Ch. Martins ne nous explique pas la filiation. La rigueur des conclusions formulées au cours du raisonnement de ce savant naturaliste ne nous subjugue pas non plus : car de ce que tous les animaux commencent par l'ovule est-on autorisé à conclure que les ovules de tous les animaux son identiques? Nous aurons à revenir sur cette question.

Allons plus loin, et faisons au monisme une concession dont il devra nous savoir gré : tenons pour très authentiques l'existence du *Bathybius* et sa nature : supposons que cette *colonne de la théorie moderne de l'évolution* ait une inconstestable réalité. En quoi cela profitera-t-il au monisme s'il ne parvient pas à sortir du domaine hypothétique et à établir que la *monère*, que ce descendant direct du protoplasme est un produit de la génération spontanée?

Or telle est l'alternative dans laquelle se trouve placé le monisme : qu'il faut que la matière inorganique puisse s'organiser d'elle-même, tout naturellement, ou qu'il faut admettre l'intervention divine et proclamer l'acte de création. Eh bien, voici comment s'exprime, à ce sujet, un savant dont l'opinion a dû singulièrement ébranler les convictions de Hœckell : « On ne connaît pas, dit le professeur Wirchow, un seul fait positif qui établisse qu'une masse inorganique, même de la société Carbone et Cⁱᵉ, se soit jamais transformée en masse organique. Et pourtant, si je ne veux pas croire qu'il y ait un créateur spécial, je dois recourir à la génération spontanée... Mais personne n'a vu une production spontanée de matière organique. Ce ne sont pas les théologiens, mais les savants qui repoussent la génération spontanée... Il faut opter entre la création et la génération spontanée. A parler franchement, nous, savants, nous aurions une petite préférence pour la génération spontanée. Ah ! si une démonstration quelconque pouvait surgir ! Mais je pense que nous avons encore le temps d'attendre : avec le Bathybius a disparu, une fois de plus, l'espoir d'une démonstration (1). »

Il est un argument auquel le monisme ne résiste pas : comment la cellule organique née spontanément pourrait-elle évoluer ? Car si elle n'a pas de parents, d'où tirerait-elle sa tendance à l'évolution, d'où lui viendrait cette propension originelle ? A notre tour, nous avons donc le droit de dire aux partisans de ce système : nous vous donnons des atomes, et nous vous mettons au défi d'expliquer l'univers.

(1) *Revue Scientifique*, décembre 1877.

Et, en fait, la science positive affirme qu'il a été un moment où la vie était impossible : elle consacre, par cela seul, que les premiers organismes n'ont pas eu de parents et, dès lors, qu'ils se sont produits en dehors des règles que nous tenons pour normales, des lois que nous considérons comme naturelles. D'un autre côté, elle avoue, par l'organe de ses représentants les plus autorisés, que jamais on n'a constaté l'existence d'un être organique relevant directement de la génération spontanée. Mais si la vie a commencé sur le globe, ce qui n'est pas douteux, et si la science ne démontre pas la transition de l'être inorganique à l'être organisé, c'est-à-dire la génération spontanée, ce qui est certain, elle s'accule à la nécessité de reconnaître l'acte de création divine.

Hœckell et ses disciples ne se tiennent pas pour battus sur la question d'hétérogénie. Ils savent bien que la génération spontanée ne se démontre pas, qu'elle est en contradiction avec les faits bien établis ; ils savent que l'apparition, dans un milieu purement minéral, d'un composé albuminoïde, d'une petite masse de protoplasma, d'un petit organisme monocellulaire est une conception absolument chimérique. Mais alors ils nous disent que si, dans les conditions actuelles, la génération spontanée n'est pas réalisable, il est permis de croire que, à une certaine époque, les conditions de milieu étant autres, *une semblable agrégation a pu se faire dans des particules inertes et le monde organique sortir brusquement du monde minéral.* Voilà le pivot sur lequel on prétend établir des systèmes sérieux. Hœckell devrait véritablement traiter avec moins de désinvolture le discernement de ses adversaires. Il devrait comprendre que nous ne pouvons accepter de semblables allégations; il devrait avouer que la cellule n'est l'élément originel de l'être organisé qu'autant que cet être émane, par voie de reproduction, d'un être semblable; en un mot, que cette cellule n'a rien de commun avec l'acte d'origine première de la vie.

CHAPITRE II

LES FORCES. — FORCE VITALE. — CORPS INORGANIQUES ET CORPS ORGANISÉS. — NÉCESSITÉ D'UNE CRÉATION DIVINE.

I. — Les forces. Force vitale.

Après avoir posé ses premiers principes, principes dont la discussion devait nous entraîner à l'examen de certains systèmes qui ont avec le transformisme une connexion manifeste, Darwin s'élève contre la prétention de ceux qui voudraient que l'homme ne soit pas soumis à ces grandes lois naturelles, qu'il fût le seul, parmi les êtres organisés, ayant une origine spéciale et différente de la leur, que, seul, il n'eût ni formes parentes, ni prédécesseur dans l'histoire de la terre, et que son existence fût indépendante de toute autre.

La réserve que nous faisons d'une création spéciale ne vise pas seulement l'homme : elle concerne toutes les espèces ; et, pour nous, l'amphioxus n'est pas plus l'ancêtre du cheval ou du chien qu'il n'est celui de l'homme.

Le progrès accompli dans les sciences physiques, chimiques et biologiques a renversé définitivement le système qui refusait toute activité à la matière. Seulement l'activité dont elle est douée n'est point une activité interne, indépendante, originelle, mais bien une activité acquise résultant d'une impulsion première. C'est ainsi que l'entendent les philosophes qui reconnaissent des forces agissantes, effectives à l'action desquelles est soumise la matière organique tout aussi bien que la matière inorganique. Il y a plus : la conception de l'inertie de la matière, pour qu'elle ait une signification, doit s'entendre de l'état d'équilibre des forces qui la sollicitent, forces qui ne sont autre chose que la permanence du mouvement primitivement reçu. Mais si nous étudions ces forces dans les phénomènes auxquels elles donnent naissance, nous sommes contraints de reconnaître que les deux sortes de matière obéissent à des forces différentes.

Les doctrines matérialistes ont singulièrement abusé de ces forces dont la réalité n'est pas, le moins du monde, exclusive de l'idée de création. Que Dieu, après avoir créé la matière, la soumette à certaines lois; qu'après avoir créé les êtres, il leur attribue une activité désormais inhérente à leur nature et présidant à leur développement, rien de plus rationnel. Que cette activité se continue après le décret duquel elle émane, rien de plus admissible. Vous ne voulez pas de la force vitale parce que son essence vous échappe, parce que vous êtes dans l'impossibilité d'établir les lois qui président à ses manifestations? Et connaissez-vous donc mieux la nature de la force par laquelle vous voulez la remplacer? Vous nous parlez de chaleur et de mouvement : mais nous avons vu que ces deux modalités d'une même force sont impuissantes à donner la vie. Le mouvement, en effet, ne peut être considéré comme un élément de vie, comme une qualité propre, comme un caractère distinctif de l'animalité qu'autant qu'il est l'effet d'une volonté, qu'autant qu'il se produit dans un organisme où il trouve sa raison d'être, où il puise son efficacité. Car ce muscle qui se contracte, ces yeux qui s'ouvrent, cette tête qui entre en mouvement sous l'influence de l'électricité, ce sont des phénomènes dus à une propriété commune à tous les corps organisés, la propriété de ressentir l'impression de certains stimulus qui déterminent une réaction de la part de la partie stimulée : c'est *l'irritabilité* que vous confondriez volontiers, pour les besoins de la cause, avec la *sensibilité*, mais qui n'a rien de commun avec elle.

Cette force vitale, cette ouvrière des corps animés qui fait le désespoir du positivisme, on ne peut la nier, ce nous semble, sans tomber dans l'absurde. Comment ne pas reconnaître en nous une force mystérieuse qui, au moment de la conception, s'empare du germe, le développe, aux dépens de la substance maternelle, le nourrit, l'achève, le conserve jusqu'à la mort avec une énergie réglée et infaillible, avec un art incomparable et conformément à un plan, à un ordre, à une loi dont l'esprit le plus simple aperçoit l'invariable constance ? Cette force est une : cela découle de l'unité et de la parfaite harmonie de ses œuvres. Par le seul fait qu'elle est une et indivisible elle est immatérielle. A cet égard, le doute ne nous semble pas possible. Mais quelle est sa nature ? La force vitale appelée aussi principe vital ou âme végétative, est-elle substantiellement identique à l'âme intelligente, sensible et libre ? Ou bien est-elle simplement une faculté de cette âme ? La science n'a pas encore dit son dernier mot sur cette question. Nous pensons cependant, avec la plupart des philosophes, que le principe vital ne se distingue pas de l'âme pensante : l'existence simultanée de deux principes immatériels nous paraît sans utilité et ne pourrait, d'ailleurs, que compliquer un problème déjà fort obscur. Quoi qu'il en soit, tous les philosophes sont d'accord sur ce point : que le corps est l'œuvre d'une force et que cette force est immatérielle. Voilà une vérité dont chacun de nous a le témoignage dans sa conscience et la mesure dans sa raison.

Cette force vitale, nos adversaires l'admettraient, disent-ils, s'ils pouvaient comprendre que deux substances mutuellement différentes, comme le corps et l'esprit, agissent l'une sur l'autre, s'ils pouvaient comprendre comment une communication s'établit entre elles. Il est évident que la difficulté qu'ils signalent est sérieuse : les rapports entre l'esprit et le corps ne s'expliquent pas aisément. Mais les positivistes expliquent-ils donc mieux les rapports entre deux corps quels qu'ils soient? Nous ont-ils jamais fourni la cause première des phénomènes d'attraction et de répulsion qui s'exercent entre les molécules d'un même corps? Les sciences physiques ont-elles jamais mis en lumière la cause génératrice de la gravitation. Nous expliquent-elles la force de projection imprimée à chaque globe planétaire et le mouvement giratoire des corps célestes? Evidemment non. En chimie, nous constatons, tous les jours, l'action des éléments matériels les uns sur les autres ; mais le comment de cette action nous échappe. Et nous acquérons, à chaque instant, la certitude que partout « l'inexplicable est le terme de toutes nos explications. »

Il existe des forces générales dont la science a étudié les effets et dont elle a pu formuler les lois : nous voulons parler de la gravitation et des forces moléculaires attractives ou répulsives. Certainement l'analyse des corps organiques comme inorganiques nous met en présence de mouvements d'atomes régis par des forces déterminées. Qu'on attribue à ces forces un rôle considérable dans la théorie cosmogonique de Laplace, dans la formation du monde inorganique ou même dans la constitution des éléments matériels d'un être organisé, cela se conçoit. Mais quel secours la doctrine transformiste peut-elle attendre de ces forces pour expliquer le travail fonctionnel de cet être organisé, pour rendre compte du mécanisme de la vie?

Au dire de nos adversaires, comme nous l'avons déjà fait remarquer, la nature aurait formé, dans l'origine, une cellule primordiale de laquelle seraient issus le monde végétal et le monde animal. Pour démontrer cette thèse ils partent de ce principe : que chaque organisme végétal ou animal provient d'une cellule ou d'un ovule. Ils affirment, sans preuves à l'appui, l'identité de ces cellules et « le tour est fait ». Nous voulons bien que celui qui se borne aux apparences trouve identiques toutes les cellules originelles. Mais celui qui va au fond des choses est obligé d'avouer que ces cellules sont différenciées par la nature des forces qui leur sont propres. Ces cellules sont le réceptacle de forces essentiellement distinctes Car nos organes, et jusqu'à la dernière de nos cellules, sont doubles : il y a la substance qui se voit, qui se touche, qui se pèse, qui est la manifestation passive ou négative de l'unité vitale; et puis il y a la force qui pénètre la substance, la force qui ne se voit pas, qui ne se touche pas, qui ne se pèse pas et qui représente la manifestation active ou positive de la même unité vitale. C'est comme le signe et l'idée, le livre matériel et la manifestation spirituelle qu'il renferme.

Ainsi aucun ovule ne donne naissance à un organisme différent de celui qui lui est destiné. La cellule du chien n'est pas la même que celle du bœuf; la fourmi et le lion ne proviennent pas de cellules identiques. On nous dit que le microscope atteste cette identité. Nous contestons l'exactitude de cette assertion et nous verrons, plus loin, que la cellule primitive porte dans sa constitution embryologique le type de l'ordre comme élément immanent d'un type de genre ou d'espèce. Mais la puissance de l'instrument d'optique va-t-elle donc jusqu'à nous rendre compte des forces inhérentes à ces cellules ? Et quelqu'un oserait-il prétendre que la force qui aboutit à des résultats absolument disparates soit une seule et même force ?

II. — Corps inorganiques et corps organisés.

Il nous paraît donc insensé de prétendre qu'il n'existe pas de lois spéciales propres à la matière organique vivante ; il nous paraît déraisonnable de contester la nécessité d'associer, dans le domaine de cette dernière, aux lois mécaniques le concours d'autres lois organiques de formation et d'évolution. Pour nous, cette évolution est due à un principe métaphysique agissant concurremment avec les forces matérielles, atomiques et produisant les diverses parties du corps en vue du tout, de manière que chacune d'elles soit en harmonie parfaite avec l'ensemble de l'être individuel. Je ne veux pas étudier ici le mode de formation des corps et faire ressortir la différence qui existe, au point de vue de leur origine première, entre les corps bruts et les corps organisés. Mais je puis, sans sortir du cadre de mon travail, mettre en évidence quelques-unes de leurs différences essentielles. Ainsi les corps bruts n'ont jamais une forme définie : ils constituent une masse homogène dont aucune des parties n'a un rôle spécial. L'attraction moléculaire suffira certainement pour produire ces agrégats : nous savons que l'acide carbonique mis en présence de la chaux formera, dans des conditions déterminées, le carbonate de chaux ou le calcaire que chacun connaît. Mais que l'on mette en présence les unes des autres les substances élémentaires que la chimie retrouve dans nos tissus, ces substances, sous la seule action des forces moléculaires, produiront-elles ces parties invariables dans leur forme qui donnent elles-même naissance à des organes, assureront-elles la corrélation de ces parties, l'agencement de ces organes, leur conservation et l'accomplissement des fonctions qui sont dévolues à chacun d'eux ? Il serait déraisonnable de le prétendre. Et, quoi qu'on en dise, les productions inorganiques sont le champ unique où s'exerce l'activité moléculaire : la vie moléculaire est radicalement impuissante à produire naturellement la vie organique.

Est-ce à dire que cette *tierce force indépendante de la matière puisse façonner celle-ci à son gré et suivant son caprice ?* Assurément non : et sur ce point nous sommes d'accord avec le fondateur du darwinisme. Pour nous, cette force que nous continuerons d'appeler force vitale est bien à la fois principe moteur et principe formateur : c'est cette force qui préside à la constitution des parties nécessaires au tout; c'est cette force formatrice qui développe la série de ses effets dans chaque être de façon à atteindre, sans les dépasser, les limites que lui assigne la classe à laquelle cet être doit appartenir. Seulement, dans l'accomplissement de sa tâche, la force vitale se conforme à un plan sans le comprendre, sans avoir conscience du but qu'elle poursuit et des moyens qu'elle emploie : elle obéit à une nécessité aveugle, ou plutôt elle obéit aux règles formulées par le créateur.

Et ce n'est pas seulement dans le mode de formation que les corps inorganiques diffèrent des corps organisés. Ainsi, un être vivant est composé de parties hétérogènes entre elles et douées de propriétés spéciales qui sont essentielles au tout. Cet être, dès lors, ne peut être divisé sans que l'anéantissement de la vie en résulte. Ou, tout au moins, si les parties détachées du tronc ne sont pas essentielles au tout, la vie peut se continuer, mais la force organique disparaît dans les segments détachés. Qu'on divise au contraire, un corps inorganique : tous les fragments posséderont les propriétés chimiques de la masse première. En d'autres termes, tandis que les combinaisons inorganiques sont déterminées par les propriétés intrinsèques et l'affinité des substances qui s'unissent pour former ces composés, dans les corps organisés, au contraire, la force qui unit leurs éléments primitifs et maintient les diverses combinaisons est tout à fait distincte des propriétés même de ces éléments. En outre, un corps inorganique, qu'il soit formé d'une substance indécomposable, ou qu'il résulte de la combinaison d'éléments divers, est ou tout solide, ou tout liquide, ou tout gazeux. Dans un corps vivant, au contraire, nous trouvons à la fois des solides, des liquides et des gaz, c'est-à-dire la matière sous les trois états qu'elle peut revêtir. On ne saurait méconnaître l'importance de ce caractère. « En effet, dit Béclard, de la réunion en un même système des solides et des fluides résultent des parties contenantes et des parties contenues. Le mouvement de composition et de décomposition ou le double courant du dehors au dedans et du dedans au dehors, qui résume la vie dans sa plus simple expression, n'est possible qu'à cette condition. C'est aussi cette diversité dans la nature des éléments qui établit entre les différentes parties un concours réciproque et fait de ces parties un tout, une individualité, en un mot, un *organisme*. L'organisme, c'est-à-dire le siège des phénomènes de la vie, peut être lui-même divisé en un certain nombre de départements ou d'organes, d'où il résulte que l'expression d'organes entraîne nécessairement l'idée d'une matière complexe et que le jeu d'un organe est inséparable de l'idée de diversité dans les éléments qui le composent » (1). Enfin la matière organique vivante ne présente jamais la forme cristalline. Et si les phénomènes de cristalli-

(1) *T. ailé de physiologie.*

sation se constatent quelquefois dans les corps vivants ce n'est jamais que dans les produits d'excrétion, c'est-à-dire dans ceux qui ont cessé d'être soumis à l'empire de la vie.

III. — Nécessité d'une création divine.

Je sais bien que l'intervention divine n'est pas un moyen de résoudre, à la satisfaction de tous, les questions biogénésiques : je sais qu'en pareille matière il y a dans l'expression de nos opinions plus de sentiment que de rigueur scientifique. Mais de même que dans l'ordre des vérités démonstratives la science remonte et s'arrête à des premiers principes indémontrables, de même dans l'ordre des vérités empiriques on doit admettre des faits simples et primitifs qui, tout en servant à expliquer les autres, ne sont pourtant pas eux-mêmes susceptibles d'explication. Je sais aussi que cette intervention n'est pas du goût de l'école dont je combats les enseignements. Mais je crois que, sous peine d'infliger à l'idée de Dieu la plus profonde dégradation, sous peine de faire de ce Dieu, dont l'existence s'impose à Darwin lui-même, une momie, un fétiche, on doit admettre son intervention directe et efficace dans le double phénomène de la création et de la conservation des espèces. Car si l'on écarte Dieu de ces œuvres, si on ne lui attribue pas ces grands actes de la nature, qu'on nous dise quel est son rôle, quelles sont ses attributions ? Qu'on nous indique quelles sont les applications qu'il a faites de son intelligence supérieure, de sa toute-puissance ? On avance que l'homme est, sous tous les rapports, le chef-d'œuvre de la nature : pourquoi n'aurait-il pas une origine propre, pourquoi n'aurait-il pas été l'objet d'un acte spécial de création ? Mais non ; le transformisme veut à tout prix que nous ne soyons qu'un anneau de la longue chaîne formée par les animaux qui se sont succédé sur le globe. Voyons si cette opinion est en parfait accord avec leurs idées sur la classification.

Par l'organe de Darwin, on déclare que, de l'avis unanime des naturalistes, il doit exister un système naturel de classification et que ce système doit suivre, autant que possible, un arrangement généalogique : ce qui revient à dire que les co-descendants du même type doivent être réunis dans un groupe séparé des co-descendants de tout autre type. En vérité, voilà une première déclaration qui est de nature à nous surprendre. Car si, comme le veut Darwin, les vertébrés descendent tous d'un poisson pourquoi les diviser en cinq groupes ? Pourquoi des mammifères, des oiseaux, des reptiles, des amphibies et des poissons ? Mais Darwin ajoute : « Si les formes parentes ont eu des relations de parenté, il en est de même de leurs descendants et les deux groupes doivent constituer un groupe plus considérable. L'étendue des différences existant entre les divers groupes, c'est-à-dire la somme des modifications que chacun d'eux aura éprouvées, s'exprimera par des termes tels que genres, familles, ordres et classes. » Tout cela, certes, est bien agencé : les conditions de la classification naturelle et généalogique sont bien présentées. Malheureusement pour ce système on n'a pas la moindre donnée sur les lignes de descendance qui en doivent cependant constituer la base.

Darwin lui-même est obligé de signaler comme insoluble la difficulté de savoir « quelle portée nous devons attribuer, dans nos classifications, aux différences très marquées qui peuvent exister sur quelques points, c'est-à-dire à la somme des modifications éprouvées, et quelle part il convient d'attribuer à une exacte ressemblance sur une foule de points insignifiants comme indication des lignes de descendance et de généalogie. » Du reste, parce que certains types se prêtent à une classification naturelle on voit tout de suite entre eux un lien généalogique. Mais verra-t-on un lien de ce genre entre des minéraux qui cristallisent de la même façon, à un ou à trois axes, obéissant évidemment ainsi à une loi immanente en chacun d'eux ? Ce serait insensé. Il y a mieux : une ressemblance fût-elle typique ne suffirait pas à établir un lien génétique. Ainsi l'homme descendra-t-il du gorille parce qu'il lui ressemble par la forme du pied, ou de l'orang-outang duquel il se rapproche par le cerveau, ou du chimpanzé dont la structure du corps a une grande analogie avec celle du corps humain ?

Quand on étudie les idées émises sur cet important sujet par les transformistes les plus ardents,

on ne tarde pas à se rendre compte de l'embarras
que leur cause, malgré tout, la classification de
l'homme. Dans son *Introduction à la classification
des animaux*, Huxley propose de ne point faire de
l'homme un simple primate et de créer, pour lui,
un sous-ordre spécial. Il divise donc les Primates
en trois sous-ordres : les *Anthropidés* comprenant
l'homme seul ; les *Simiadés* comprenant les diverses
espèces de singes ; et les *Lémuridés* comprenant les
divers genres de lémures. Darwin reconnaît la
justesse de cette opinion. Il déclare qu'en se plaçant
au point de vue des différences établies par certains
points de conformation, l'homme peut, sans aucun
doute, prétendre au rang de sous-ordre : il ajoute
que, si l'on envisage ses facultés mentales, ce rang
est encore trop inférieur. « Mais au point de vue
généalogique, dit-il, ce rang serait trop élevé, et
l'homme devrait représenter simplement une sous-
famille. » Pour justifier ce sentiment il examine la
classification des Simiadés comprenant le groupe
catarrhinin ou singes de l'ancien monde, et le
groupe *platyrrhinin* ou singes du nouveau monde.
L'homme se rapprochant par sa dentition et la forme
de son nez beaucoup plus des premiers que des
seconds, Darwin n'hésite pas à dire que nous
descendons certainement des singes de l'ancien
monde. Mais il est hors de doute que, par d'autres
points, l'homme se rapproche beaucoup du groupe
platyrrhinin. Alors, pourquoi ne pas admettre que
quelque ancienne espèce du nouveau-monde a subi

des variations et, par suite, a produit un être à l'aspect humain, en perdant ses propres caractères et en revêtant les caractères distinctifs de la division de l'ancien monde. Cette interprétation serait conforme aux idées évolutionnistes. Avons-nous besoin de dire que la concession qui nous est faite par Huxley est absolument insuffisante et que l'homme doit, à tous les points de vue, constituer un genre spécial?

Du reste, il ne faut pas s'y tromper, quand ils veulent établir la descendance de l'homme les transformistes cherchent vainement à se soustraire à l'idée de création. Sans cesse ils invoquent l'action des forces, comme si les forces étaient des agents incréés trouvant en eux-mêmes leur raison d'exister; sans cesse ils font intervenir les lois naturelles, comme si toute loi n'impliquait pas un législateur. N'est-il pas aisé de comprendre, n'est-il pas naturel d'admettre que ces forces, ces lois font partie intégrante de la création, qu'elles en sont le complément logique et que Dieu, après avoir créé la machine, devait créer les conditions nécessaires à sa mise en mouvement? Les transformistes ne résolvent donc pas le problème; ils ne font que le reculer, et, pour eux, comme pour le patriarche de Ferney, le moment arrive où il faut s'écrier:

> L'univers m'embarrasse et je ne puis songer.
> Que cette horloge existe et n'ait point d'horloger

Darwin croit en Dieu: il le confesse sans

ambages. Strauss et les positivistes de son école feignent d'y croire aussi, tout en calculant presque le jour où leurs adeptes, débarrassés de cette foi importune, trouveront dans les petits miracles de la sélection de quoi combler toutes leurs aspirations. Mais du moins auraient-ils dû, les uns et les autres, nous dire quel est le Dieu de leur croyance. Car, pour nous, Dieu n'est pas le soliveau de la fable : il n'est pas un être inerte ; il n'est pas, non plus, une force aveugle, une force fatale qui *se déploie dans le monde, s'étend dans l'espace, s'écoule dans les fluides, se dilate dans les gaz*, se solidifie *dans le minéral, végète dans la plante*, sent dans *l'animal et pense dans l'homme* (1).

Il existe un argument inflexible aux rigueurs duquel nul ne saurait échapper : c'est l'argument banal de la poule et de l'œuf poussé jusqu'à l'ovule, jusqu'à la cellule primordiale. Les darwinistes sont bien obligés de reconnaître une première création. Si pénible qu'il puisse être, cet aveu s'impose. Maintenant, qu'ils ne comprennent pas cette opération, je le veux ; qu'ils regrettent de ne pouvoir pénétrer dans le foyer de la conscience divine pour se rendre un compte exact de l'origine de la vie, je le conçois. Mais l'œuvre a été accomplie, et à qui pourraient-ils l'attribuer ? A nul autre qu'à Dieu. Dieu est donc plus que l'organisateur, le moteur, l'architecte de l'être et, par suite, de l'espèce que

(1) Dr Maret, *Essai sur le panthéisme.*

cet être caractérise : il est ici cause première, efficiente et conséquemment créatrice. Mais s'il a créé une espèce, pourquoi n'en aurait-il pas créé plusieurs ? Pourquoi, surtout, lui refuseriez-vous la création par excellence, la création, de toutes la plus admirable, celle de l'homme ? Supposeriez-vous l'œuvre au-dessus de son intelligence et de sa puissance ? Mais alors quelle idée vous faites-vous de Dieu ? Quels sont les attributs que vous lui concédez ? Véritablement votre conception de la divinité échappe au domaine sérieux et votre croyance en Dieu est de celles qui font sourire. Renoncez donc à faire prévaloir les discussions subtiles d'une philosophie systématiquement incrédule ; reconnaissez à Dieu des caractères sans lesquels son existence ne saurait être comprise : dites qu'il est tout-intelligent et tout-puissant, ou dites qu'il n'est pas.

En procédant de la sorte, en renonçant à leurs théories relatives à l'origine de l'homme les transformistes éviteraient de tomber dans l'absurde. Quelques-uns d'entre eux, en effet, ont imaginé un système qui a tout à fait ce caractère, c'est celui de l'homme *autochtone* ou *spontané*. En vertu de ce système la création de l'homme aurait été l'effet *des forces spontanées de la nature qui, jadis, aurait eu des lois différentes des lois actuelles*. Il serait sorti des particules inorganiques qui constituaient le sol. Mais où donc nos adversaires ont-ils trouvé la preuve des modifications survenues dans les lois de la nature ? Dans quel recueil ont-ils découvert ces mutations que nous avons le droit de considérer, jusqu'à preuve contraire, comme extraordinaires, comme fantastiques ? Ce n'est pas tout : la logique souffre du raisonnement des transformistes ; car l'inorganique ne peut pas, par lui-même, produire l'organique, le moins ne peut pas le plus ; la cause, ici, est insuffisante à engendrer l'effet.

Si nous demandons à nos adversaires comment, à défaut de l'Être-créateur, ils expliquent l'origine des animaux et celle de l'homme ils nous répondent par des assertions bizarres, par des hypothèsse chimériques. Ecoutons Zimmermann : « Nous ne saurons jamais d'où viennent les animaux : faute de mieux nous affirmons que les animaux et les plantes sont le produit de la *force spontanée de la nature.* » Ces mots *force spontanée* nous apprennent-ils quelque chose ? Donnent-ils à notre esprit une satisfaction quelconque ? Sommes-nous plus obligés d'admettre une force spontanée de la nature que nos adversaires ne le sont d'admettre une force créatrice ? Si nous demandons où réside cette force spontanée, si nous cherchons à surprendre son action l'auteur du *Monde primitif* nous répond : « Cette force n'existe plus parce que les êtres organisés sont pourvus des moyens de se régénérer et que l'ensemble des lois de la nature n'admet que le nécessaire et laisse de côté le superflu. Peut-être aussi la *matière organique est-elle épuisée* et est-elle déposée toute entière dans les êtres organisés. » Cet *épuisement de la matière,* cette *spontanéité des forces de la nature,* voilà des mots sonores dont quelques esprits superficiels peuvent se contenter, mais au fond desquels un homme sérieux ne trouvera rien.

La doctrine transformiste n'a pas aujourd'hui d'autre but que de rayer Dieu du programme, en tant, du moins, que créateur des êtres organisés. Vogt s'explique sur ce point d'une façon très catégorique : « Je dois avouer, dit-il, que la simplicité, la clarté et, si je puis m'exprimer ainsi, la précision mathématique de la théorie des créations successives défendue par des esprits distingués m'avaient moi-même ébloui dans mes jeunes années : à part, il est vrai, le créateur personnel que je n'ai jamais pu mettre d'accord avec les règles d'une saine logique (1). »

Décidément dans la bouche des transformistes la logique menace de devenir affaire de convention. N'en déplaise à Vogt, il faut se rallier à la thèse des créations successives et admettre, par suite, un Dieu créateur, ou bien il faut renier les faits les mieux établis, il faut jeter un voile sur l'histoire de la terre. Car, comme le dit très justement Agassiz, « les produits de ce qu'on appelle communément les agents physiques sont partout les mêmes, sur toute la surface du globe et ont toujours été les mêmes durant toutes les périodes géologiques. Au contraire, les êtres organisés sont partout différents et ont toujours différé à tous les âges. Entre deux

---

(1) Vogt, *Leçons sur l'homme.*

séries de phénomènes aussi caractérisés il ne peut y avoir ni lien de causalité, ni lien de filiation. (1) »

Le système de Darwin n'expliquant pas, comme nous aurons à le démontrer, la permutation des espèces n'a pu venir à bout de prouver la filiation directe de deux types et a été, par suite, impuissant à faire admettre la descendance de l'homme, son origine bestiale. Cette dernière question a été reprise par un philosophe allemand, Ed. Hartmann, qui repousse le transformisme tel que l'entendent les darwiniens, mais qui fait de la descendance de l'homme une hypothèse absolument inattaquable. Les raisons qu'il invoque se réduisent aux simples conséquences de deux propositions indestructibles : *omne vivum ex ovo; omne ovum ex ovario*. La maxime sur laquelle Hartmann base son argumentation est incontestable : dans l'état actuel des choses tout animal provient d'un œuf, et tout œuf provient d'un ovaire. Mais c'est là tout simplement une loi posée par le créateur, et les choses ne se sont pas toujours passées de la sorte. Car il y a eu un premier œuf ou un premier ovaire dont l'existence ne saurait être attribuée aux seules forces de la nature. Quand l'acte créateur a été accompli, Dieu a réglé les conditions dans lesquelles chaque espèce devait se reproduire et se propager, et c'est à partir de ce moment seulement que l'aphorisme invoqué trouve son application.

(1) Agassiz, *De l'espèce et de la classification en zoologie.*

CHAPITRE III

Sélection naturelle : Ses trois facteurs : Lutte pour l'existence : Variabilité : Hérédité. — Principes auxiliaires invoqués par Darwin ; milieux ambiants, sélection sexuelle. — Loi de corrélation de croissance et des modifications sympathiques. — Usage et non usage. — Atavisme. — La sélection et M. Henri Fabre.

I. — La sélection naturelle : ses trois facteurs : combat pour l'existence.

Le système de Darwin repose sur la transformation des espèces : la sélection naturelle est le mécanisme suivant lequel s'opère la formation des types et l'évolution du règne organique. Elle consiste, comme son nom l'indique, dans le choix des reproducteurs. C'est en étendant au domaine de la nature l'opération exécutée par nos éleveurs que Darwin a pu établir la théorie de la sélection naturelle. Seulement, ici, c'est la nature qui pourvoit au choix des reproducteurs en prenant les formes qui sont le mieux appropriées aux conditions de la vie. L'agent chargé de ce soin est le *combat pour l'existence, la concurrence pour les conditions de la conservation de la vie.* Il est aisé de comprendre que cette sélection ne peut se réaliser qu'à la condition que les formes diffèrent entre elles, qu'elles présentent des caractères plus ou moins avantageux sur lesquels le triage puisse porter. En d'autres termes, il est indispensable qu'il existe chez les individus d'une même espèce ce que Darwin appelle la *variabilité*. Enfin le choix des caractères demeurerait lettre morte si la fixation de ces caractères avantageux fournis par le combat pour la vie n'était pas assurée par l'*hérédité*.

Voilà bien les trois facteurs constitutifs de la sélection naturelle : nous n'avons pas besoin de démontrer que leur concours simultané est indispensable pour arriver au résultat annoncé et que si l'un d'eux vient à faire défaut les deux autres sont sans effet. Disons aussi que, pour produire une modification dans le type, il faut que chacun des trois facteurs agisse dans la mesure exactement requise pour le processus modificateur. Nous verrons dans le cours de cette discussion s'il en est nécessairement ainsi.

Les objections que soulève la théorie de la sélection naturelle sont de deux ordres, les objections de principe et les objections de fait.

1° En principe, nous disons que, de l'aveu même de Darwin, la sélection est sans action sur les rapports morphologiques (1) des organes. On ne comprend

(1) Le mot morphologie désigne l'histoire des formes que revêt la matière dans les êtres organisés.

son rôle qu'autant qu'il s'agit d'adapter à certaines destinations physiologiques des organes qui ont été morphologiquement donnés à un organisme. « Au contraire, dit Hartmann, la différence des espèces dont Darwin cherche à expliquer l'origine par la théorie de la sélection, est de nature essentiellement morphologique ; tout progrès, n⸺ment, vers un degré supérieur d'organisation rep⸺e sur une modification morphologique des rapports de structure des organes. Depuis, Darwin lui-même s'est trouvé amené à reconnaître la force de cette objection ; il a dû convenir qu'il avait attribué une part trop large à l'action de la sélection naturelle, parce qu'elle ne pouvait s'appliquer qu'aux caractères ayant un rôle physiologique nécessaire aux caractères d'adaptation et non aux rapports nombreux de structure morphologique dont l'importance physiologique est nulle. Dans la cinquième édition anglaise de son ouvrage principal, édition revue, il reconnaît qu'il a commis là *une très grande erreur*. Il a oublié, pourtant, d'en conclure que le titre *Origine des espèces expliquée par la sélection naturelle* n'avait plus sa raison d'être, puisque ce sont précisément les caractères morphologiques, physiologiquement indifférents, qui sont les plus importants et les plus décisifs pour le type de l'espèce ; on ne peut vraiment pas expliquer l'origine des espèces par un principe qui laisse sans explication le point principal (1). »

(1) Hartmann, *Le darwinisme*.

On le voit donc, la sélection agira en faveur des gros animaux à long poil dans les climats qui se refroidissent ; elle favorisera les plantes à racines profondes dans les pays où la sécheresse règne ; en un mot elle contribuera à établir la distribution des plantes et des animaux, mais toutes ces adaptations n'ont rien à voir dans le type morphologique et n'intéressent que l'individu. Et encore cette adaptation physiologique aux conditions de la vie n'est-elle du ressort de la sélection qu'autant qu'il y a apparition spontanée d'une forme mieux organisée et tendance de la nouvelle forme à l'hérédité.

La sélection est absolument étrangère aux déviations qui concourent à élever l'organisation ; car celles-ci ne sont utiles qu'à la condition qu'elles se produisent tout d'un coup à un degré suffisant pour accroître les chances de l'individu dans la lutte pour l'existence.

Il est incontestable que les divers caractères présentés par un individu sont dans un état de dépendance réciproque, qu'ils exercent, les uns sur les autres, une action modificative mutuelle et qu'ils sont tellement reliés entre eux que chacun d'eux est nécessaire seulement si les autres existent. Mais si l'on admet ce principe on est bien obligé de reconnaître l'impossibilité d'une apparition successive de ces caractères ; car leur action réciproque s'exerce aussi bien pendant que les individus se développent que lorsqu'ils ont atteint la perfection du type. Ainsi l'appareil dentaire d'un animal est en rapport avec son tube digestif, cela est hors de doute. Il faudrait donc que la sélection naturelle eût agi simultanément sur ces deux appareils, qu'elle eût surveillé leurs progrès et présidé à leur développement dans une égale proportion. Mais s'ils se sont formés en même temps, ils sont produits par une seule et même cause. Or, cette cause ne saurait être la nécessité dans la concurrence vitale ; car nous savons que, dans cette théorie, chacun des caractères n'est utile qu'autant que l'autre existe déjà. Et encore faut-il pour que la réunion des deux caractères ait son utilité que l'espèce soit instinctivement portée vers une alimentation déterminée. Or, on ne peut pas dire qu'il y ait plus d'utilité à être carnivore qu'herbivore. Donc la sélection naturelle et le combat pour l'existence ne se justifient point.

Il en est évidemment de même lorsque les conditions d'existence sont telles que les individus les moins bien doués trouvent à se suffire tout comme ceux qui sont mieux adaptés, en d'autres termes quand le rapport existe entre la population animale qui lutte et la facilité des conditions d'existence.

Dans les espèces végétales, comme dans les espèces animales, il est facile de se convaincre que les caractères importants au point de vue typique, mais indifférents au point de vue physiologique, sont sans utilité pour augmenter les chances de succès dans la lutte pour la vie. Et c'est surtout dans les cas où le caractère spécifique dépend, non d'une différence de l'organe considéré, mais de particularités se rattachant à l'histoire de sa formation, que l'on constate l'impossibilité de placer l'utilité à l'origine de la forme.

Le principe de la sélection est fortement ébranlé aussi par la nécessité d'une loi corrélative dans les modifications des espèces. Car que peut la lutte pour l'existence dans les cas où les particularités s'impliquant l'une l'autre se trouvent réparties entre différentes espèces au lieu d'être réunies sur un même individu ? Procédons par un exemple : A quoi servira un allongement de la trompe de certains insectes si nous ne supposons préalablement réalisé un accroissement dans la profondeur du calice des fleurs contenant les sucs nutritifs et dont la poussière fécondante est prise et utilement transportée par ces insectes sur d'autres fleurs ? Peut-on rationnellement porter à l'actif du hasard cette marche parallèle des deux modifications ? Si nous supposons qu'une plante se transforme en une autre à calice plus profond et que simultanément une espèce d'insectes se transforme en une autre à trompe plus longue, nous ne pouvons voir dans ce processus vu d'ensemble une question d'utilité individuelle : car ces formes nouvelles ne sont ni plus utiles, ni plus vivaces que les formes anciennes.

La même remarque s'applique au cas où une modification organique, tout en étant utile, ne l'est, en réalité, que lorsqu'elle a atteint son complet développement. Ainsi en est-il de la longueur du col de la girafe qui n'a pu servir à cet animal que lorsque l'élongation a été complète ; ainsi en est-il également des fanons de la baleine qui n'ont d'utilité que quand ils sont assez longs pour fermer l'orifice de la bouche et permettre ainsi de filtrer l'eau qui entre.

Il est des espèces qui, en imitant dans leurs allures des espèces mieux organisées, arrivent à soutenir plus avantageusement la lutte pour l'existence. Mais il est évident qu'elles ne peuvent tirer profit des modifications obtenues que le jour où la ressemblance est assez grande pour tromper les regards de l'ennemi.

Dans ces divers cas on ne peut point, à l'exemple des darwiniens, invoquer le principe de la transformation graduelle ; car comment feraient les animaux pendant le cours de cette opération, comment suffiraient-ils à leur conservation et à leur reproduction jusqu'au moment où la modification aurait atteint le degré où elle est utile ?

En résumé nous dirons que la grande erreur commise par Darwin a été d'appliquer le principe d'utilité au perfectionnement de l'organisation, alors qu'il ne s'applique, en réalité, qu'à la perfection de l'individu dans le développement de la vie même. On ne peut, en effet, méconnaître combien peu la marche progressive des êtres trouve son explication dans l'*utilitarisme*. Et Darwin lui-même ne confesse-t-il pas « qu'un infusoire, un ver intestinal ou même un ver de terre ne retireraient aucun avantage d'une organisation supérieure. » Cet aveu, échappé à son honnêteté scientifique, met sa théorie en contradiction avec elle-même. Aussi a-t-il cherché à atténuer la portée de cette déclaration en invoquant notre ignorance. A ses yeux, cependant, il n'y aurait, dans la grande classe des poissons, aucune concurrence entre les divers degrés d'organisation. Ses adeptes n'ont pas tous partagé cette manière de voir ; car quelques-uns admettent que les poissons d'organisation inférieure sont incessamment détruits par les poissons supérieurs dans lesquels ils se transforment, mais que les vides sont constamment comblés par les nouvelles générations qui proviennent des vers. L'adoption d'une semblable théorie entraînerait des conséquences qui en démontrent la fausseté ; car les formes de transition de toutes les espèces vivantes seraient alors accessibles à notre expérience et la nécessité des formes intermédiaires cesserait par cela seul.

2° En fait, nous avons à nous poser une double question : y a-t-il bien réellement dans une même espèce des êtres inférieurs ? Cette infériorité entraîne-t-elle, d'une façon nécessaire, la disparition des individus qu'elle frappe et la transformation de ceux qui restent ?

Que tous les êtres d'une même espèce se présentent également doués au point de vue de la force, de l'énergie, de l'adresse, de l'habileté, de la ruse, on ne saurait le prétendre. Mais cette inégalité amène-t-elle fatalement la lutte, et cette concurrence vitale est-elle bien la raison pour laquelle le plus grand nombre de ces sujets périssent avant d'être arrivés à l'âge de la reproduction? Malthus le pense et les darwinistes se sont emparés de son argumentation. Cet économiste estime que les individus d'une même espèce se multiplient d'année en année dans des proportions telles que la surface du globe en serait bientôt couverte si la plupart d'entre eux ne disparaissaient avant de pouvoir se reproduire. Certes, ce sont là des calculs rigoureux, et il est évident que, n'y eût-il sur la terre qu'une seule espèce animale, en vertu des lois de la multiplication, les individus de cette espèce seraient, à un moment donné, tellement nombreux, qu'ils auraient à guerroyer entre eux et à se détruire pour se disputer une nourriture devenue insuffisante. Ce serait véritablement le combat pour l'existence. Mais, d'habitude, la lutte ne s'établit pas de cette manière : elle n'a pas lieu entre individus de même espèce : ainsi le renard, comme chacun sait, détruit non seulement de petits mammifères, tels que lièvre et lapin, mais encore des oiseaux, des reptiles et même des insectes, ce qui revient à dire que certaines espèces ont à se défendre contre des espèces différentes. Il en est de même du loup et du troupeau de bêtes à cornes, de l'oiseau de proie et de ses victimes ; dans ces divers cas il y a non pas ce que Darwin appelle une lutte pour l'existence, mais bien une concurrence entre les individus d'espèces ennemies, concurrence qui fait que les plus forts sortent vainqueurs de la lutte. Bien des individus succombent aussi à des accidents de diverse nature.

En étudiant cette question M. Duval pose en principe que *la quantité de nourriture détermine la limite de la multiplication de chaque espèce*. Poussé jusque dans ses limites extrêmes, ce principe est évidemment vrai : il établit un rapport entre la multiplication des individus et la production alimentaire qui leur convient. Mais il ne faudrait pas en étendre, outre mesure, l'application sous peine de rendre inexplicable un fait connu de tous, à savoir que certaines espèces animales ne se sont pas accrues comme elles auraient dû le faire depuis que l'homme a perfectionné ses procédés agricoles et augmenté le rendement végétal dans d'énormes proportions. Quoi qu'on en dise, la nature est beaucoup trop riche aujourd'hui pour que la lutte pour l'existence soit le seul régulateur qui maintienne l'équilibre entre le nombre des individus d'une espèce et le nombre de ses germes.

Enfin chaque espèce ayant son genre propre d'alimentation, la lutte pour l'existence devrait se circonscrire dans les limites d'une lutte entre frères, c'est-à-dire entre individus de même espèce, ce qui n'a pas lieu. Donc, ici la théorie de la sélection se trouve en défaut ; à moins d'admettre que les conditions d'existence soient différentes de ce qu'elles étaient dans les temps paléontologiques, le combat pour la nourriture ne sert pas la cause transformiste. Et ce n'est pas sur des faits isolés, sur des faits exceptionnels que l'on peut baser un système ; il ne faut pas invoquer l'exemple d'une nuée de sauterelles s'abattant sur un terrain, le dévastant, ne laissant aucune trace de verdure et dont un bon nombre ne trouvant pas à brouter meurent de faim.

Du reste, dans cette concurrence vitale, les combats que se livrent les êtres peuvent bien aboutir à la disparition des races moins bien douées : on conçoit même que tous les représentants d'une espèce périssent par suite de cette lutte. Mais cette disparition n'entraîne pas la transmutation des espèces qui subsistent. N'en déplaise aux transformistes, Darwin n'a jamais prouvé que le perfectionnement produit par la concurrence vitale puisse dépasser les modifications de la race. Et si, dans ce combat pour la vie, certaines espèces peuvent s'éteindre, celles qui subsistent ont plus de facilités pour se maintenir et se propager ; mais rien n'autorise à supposer que cette lutte fasse apparaître des types nouveaux.

Quelques faits de prétendue survivance sont assez étrangement expliqués. Ainsi la girafe serait dérivée d'un ruminant ayant accidentellement le cou, la tête, la langue ou les membres antérieurs un peu allongés, pouvant, par ce seul fait, dans un moment de disette, atteindre les feuilles situées dans les branches supérieures des arbres, attraper ainsi quelques bouchées de plus que ses congénères et leur survivre. Il n'a plus fallu que l'entrecroisement de ces survivants pour amener l'espèce girafe. Ce genre d'origine implique des frais sérieux d'imagination : il permettrait à nos petits-fils d'espérer voir un jour, la souche-girafe fournir des descendants qui, sans quitter la plaine, brouteraient l'herbe qui croît au sommet de nos pics.

L'aptitude à s'approvisionner d'aliments rapprochée de certaines dispositions anatomiques corrélatives a été aussi très arbitrairement interprétée dans le phénomène bien connu de la rumination. On sait que, chez les ruminants, le véritable estomac est précédé de plusieurs poches où s'emmagasinent des aliments incomplètement mâchés qui, plus tard, reviennent à la bouche pour y subir un nouveau travail de mastication. Eh bien, voici la manière dont se seraient formées ces poches qui donnent aux ruminants un réel avantage pour l'alimentation. Ces animaux ne pouvant pourvoir à leur nourriture que très irrégulièrement, en ayant quelquefois surabondamment, condamnés, à certains moments, à une longue abstinence, prirent l'habitude de se gorger d'aliments, sauf à en faire ultérieurement leur profit. Cette provision amena des dilatations de l'œsophage qui furent de véritables magasins d'aliments non triturés. Mais ce n'est pas tout : il fallait ensuite que ces animaux acquièrent la propriété de faire remonter ces aliments dans la bouche pour les soumettre à la mastication. Un de ces animaux se trouva capable de produire cette régurgitation ; il en prit l'habitude ; cette habitude fut transmise par l'hérédité, et les ruminants furent pourvus de l'appareil que nous leur connaissons. Il est regrettable que le hasard n'ait pas servi de la même façon les diverses espèces animales : semblable disposition eût été utile à l'homme lui-même qui, souvent, est obligé de supporter la faim et qui ne serait pas fâché, quand l'occasion se présente favorable, de s'approvisionner pour traverser les mauvais jours.

Le deuxième estomac, chez les oiseaux, aurait une origine analogue. Mais ceux que nous élevons en cage ou dans nos basses-cours, qui reçoivent très assidûment leur nourriture n'ont pas besoin de l'emmagasiner. Pourquoi le défaut d'usage n'amène-t-il pas, chez eux, l'atrophie d'un organe devenu inutile.

Il est des manières d'être en vertu desquelles les individus se déroberaient plus aisément à leurs ennemis : telle est la couleur. Ainsi la couleur blanche se rencontrerait très rarement chez les animaux sauvages de nos pays parce qu'elles les exposerait à devenir la proie des carnassiers. Et cependant, dit Darwin, toutes les espèces de nos animaux domestiques présentent fréquemment cette couleur, ce qui fait supposer qu'elle doit se produire aussi chez les animaux sauvages, mais qu'elle disparaît promptement. Au contraire, dans les régions polaires et dans les pays où les neiges sont presque perpétuelles, on voit des animaux blancs, cette couleur ne tranchant pas avec celle du sol et ne les exposant pas aux regards de leurs ennemis.

On ne saurait mettre en doute les allégations de Darwin ; mais nous nous refusons à ne voir là qu'un fait de sélection : nous aimons mieux y voir un admirable dessein providentiel, un calcul réalisé par cette haute intelligence dont parle Agassiz.

Les aptitudes et les luttes pour la reproduction se rapportent évidemment aux animaux de même espèce : elles impliquent la vigueur individuelle et aussi les armes spéciales que les mâles ont en leur possession. Sans doute on voit, chez les gallinacés, des coqs lutter entre eux à outrance. Il est certain que ceux qui ont le plus de force et de plus solides éperons sont vainqueurs dans cette lutte. Mais ces combats qui ont pour mobile la suprématie au point de vue des appétits génésiques et le désir d'accroître le harem vont rarement jusqu'à la mort de l'un des combattants. En outre, les évolutionnistes en tirent profit pour l'amélioration des caractères. Mais tout le monde sait que, dans cette espèce, le nombre des femelles est infiniment supérieur à celui des mâles et que, dès lors, les mâles les moins bien doués trouvent, malgré leur infériorité, à accomplir l'acte de fécondation.

Enfin cette doctrine établit un rapport direct et constant entre la force physique, le développement musculaire de l'individu et la puissance de ses spermatozoïdes. Or ce point de départ manque d'exactitude, et les recherches du professeur Pajot établissent nettement que, chez l'homme, ce rapport est loin d'être constant. Tout porte à penser qu'il en est de même dans les diverses espèces animales, et ce n'est pas un darwinien qui pourrait s'élever contre semblable assertion.

D'un autre côté, la sélection ne trouve pas une application efficace dans un grand nombre d'autres espèces où n'existe pas la polygamie.

M. Duval parle également de ces tournois artistiques où les mâles arrivent à la conquête des femelles par l'étalage de leur fourrure ou de leur plumage aussi bien que par les mélodies qu'ils exécutent. Cette description me semble toute de fantaisie. Chez les oiseaux chanteurs les mâles font entendre leur voix mélodieuse en vertu de l'instinct qui les porte à chanter. Ce qui le prouve bien c'est que les oiseaux pris dans leur nid, élevés dans l'isolement, n'ayant jamais satisfait les appétits génésiques, n'ayant jamais eu à rechercher les faveurs d'une femelle exécutent leur ramage absolument comme ceux qui vivent en liberté. L'oiseau chante pour nous dire que sa vie est ordonnée d'après les lois fatales de l'instinct et aussi pour nous signaler le mouvement régulier du monde et l'ordre universel de la nature. C'est ainsi que le coq chante le lever du jour ; le rossignol annonce l'arrivée du printemps ; le corbeau, en novembre, nous avertit que l'hiver approche ; le rouge-gorge vient jusque sur nos fenêtres nous dire que les frimas sévissent. Du reste, pour amener la conviction, M. Duval aurait dû démontrer que les meilleurs chanteurs sont le mieux adaptés aux conditions d'existence.

Le paon qui trône dans nos basses-cours exhibe, à tout propos, son riche plumage : et ce n'est certainement pas dans le but de faire la conquête des femelles de la ferme, puisqu'il est seul mâle, qu'il n'a pas de rivaux et que toutes les femelles sont à sa disposition. Il y aurait lieu, d'ailleurs, de mettre en évidence le rapport qui existerait entre la vigueur physique et la richesse du plumage.

S'il faut en croire M. Duval, le sentiment esthétique existerait même chez les femelles de poissons : et les mâles étaleraient devant elles leurs couleurs et leurs ornements. Ce sont des frais qui s'expliquent difficilement, car nous savons tous que, dans l'espèce-poisson, il n'y a pas d'accouplement.

Les aptitudes pour résister aux rigueurs climatériques contribueraient aussi beaucoup à assurer la survivance des uns et à amener la destruction des autres. Ainsi, durant un rude hiver les oiseaux résisteraient qui auraient un plumage abondant et chaud ; et ils transmettraient à leurs descendants cette variation dans le plumage et la résistance au froid qui en est la conséquence. Mais il est douteux que les oiseaux qui succombent sous l'influence d'un rude hiver soient victimes du froid lui-même. Il est plus naturel de penser que, le sol étant fortement glacé ou couvert d'une épaisse couche de neige, l'alimentation devient difficile et les oiseaux meurent de faim. Et quand Darwin a calculé que l'hiver 1854-55 avait détruit les 4/5 des oiseaux de sa propriété, je suis convaincu qu'il n'a pas fait un

6

examen minutieux du plumage, de façon à savoir combien les oiseaux qui succombaient avaient de plumes de moins que ceux qui résistaient. En somme, nous ne voyons rien de probant dans l'argumentation de M. Duval sur les aptitudes à la survivance : et quand nous nous trouvons en face d'une forme spécifique merveilleusement adaptée à son milieu nous croyons à une action créatrice, à une intervention providentielle, à un acte de prévoyance divine.

M. Duval attribue une puissance créatrice à la sélection artificielle et, *à fortiori*, à la sélection naturelle. Il prétend que celle-ci tire parti des *variations individuelles* pour former les races et pour transformer les races en espèces, s'aidant, dans ce travail, de la *divergence des types* et de la *corrélation des organes*. Un mot sur ces trois auxiliaires du travail de transformation.

Les variations individuelles sont universellement admises. Avec les conditions de survivance qu'elles peuvent créer elles suffisent, d'après les darwinistes, à expliquer l'origine des formes spécifiques. Nous démontrerons plus tard qu'il n'en est rien et que ce facteur est impuissant à amener pareil résultat. Lamarck assignait pour cause aux changements survenus progressivement dans les espèces les efforts réalisés par les individus pour développer leurs organes et modifier leur structure en même temps que leurs habitudes. Tout cela était hypothétique.

« Avec les variations et la sélection, dit le professeur Duval, toute hypothèse disparaît. » Mais il ne voit pas que, dans la sélection, tout est hypothèse. Ainsi quand on affirme que la girafe est pourvue d'un long cou parce que toute la variété douée d'un cou exceptionnellement allongé a pu atteindre au sommet des arbres, manger les feuilles qui étaient hors de portée pour les autres variétés, se nourrir mieux qu'elles et, conséquemment, leur survivre, on ne procède pas autrement que par une hypothèse fort discutable.

Tout aussi peu démontrée est la puissance des deux autres facteurs. Ecoutons M. Duval : « Supposons que, pour ainsi dire au commencement des choses, une seule espèce d'insectes qui se nourrissait des feuilles d'un arbre, ait vécu sur cet arbre : Il y a eu entre les individus de cette espèce lutte ardente pour l'existence, et lorsque les individus ont été très nombreux, beaucoup ont dû périr faute de nourriture. Si, alors, quelques-uns ont présenté une variation qui leur permette d'entamer l'écorce et de trouver ainsi un supplément alimentaire, ceux-là ont eu chance de survivre ; et puisque l'écorce s'offrait comme un habitat inoccupé et une ressource libre, ceux de leurs descendants qui ont présenté, au plus haut degré, l'aptitude à prendre cette nouvelle nourriture ont pu s'étendre librement et se multiplier sur cette partie de l'arbre où ils n'étaient plus en lutte avec les individus continuant à vivre sur les feuilles exclusivement. La sélection naturelle marchera donc, dans ce cas, vers l'exagé-

ration des caractères des deux variations, vers la divergence des deux types dont l'un se nourrit d'écorce et l'autre de feuilles. Bien plus, les formes intermédiaires tendront à disparaître ; car elles auront à lutter à la fois avec les deux types extrêmes qui leur disputeront semblablement leur nourriture et qui seront privilégiées, chacune par une adaptation plus précise à leur condition spéciale d'existence. »
Je ne comprends pas qu'après avoir exposé une semblable doctrine on nous dise qu'elle repose sur des ordres de faits ou d'actions qui se produisent perpétuellement dans la nature. Quelqu'un a-t-il jamais été témoin de faits de ce genre ? Et conçoit-on que le jour où la multiplication des insectes vivant des feuilles d'un arbre ne permet plus à bon nombre d'entre eux de s'alimenter de la sorte, il se produise, à heure fixe, une modification dans leur organisme et dans leurs goûts, modification en vertu de laquelle ils pourront vivre de l'écorce de ce même arbre? Mais avant que l'adaptation corrélative ne se soit produite dans les organes, avant que ces organes destinés à la préhension et ceux chargés de l'élaboration des nouveaux éléments nutritifs eussent acquis leurs aptitudes, leurs propriétés respectives, les animaux auraient infailliblement péri. Car c'est pousser jusqu'à l'exagération l'esprit de prévoyance de la nature que de supposer qu'elle a calculé le moment précis où, le rapport cessant d'exister entre la population qui se nourrit des feuilles et la quantité de nourriture fournie par elles, il fallait

changer la disposition anatomique et physiologique de ces habitants.

Pour ce qui est des formes intermédiaires dont parle M. Duval, la soudaineté de l'évolution qu'il indique ne permet guère d'en comprendre l'existence. Mais j'avoue que leur disparition, le cas échéant, serait chose fort explicable. Car des individus appelés à cohabiter sur le même arbre avec d'autres individus bien doués pour se nourrir, les uns de l'écorce, les autres, des feuilles, périront infailliblement si leur organisme ne se prête exactement ni à l'un ni à l'autre de ces genres d'alimentation.

M. Duval va trop loin quand il veut généraliser l'explication de la disparition des formes intermédiaires. Car il est certaines espèces dans lesquelles nous constatons tous les degrés intermédiaires. C'est ce qui a lieu pour les *foraminifères*, ainsi que cela résulte des recherches faites par Carpenter. Ce naturaliste a *démontré d'une manière évidente la continuité génétique* qui existe entre les foraminifères des terrains successifs et les espèces actuelles, et fait voir que « la configuration des types de foraminifères n'a fait aucun progrès depuis l'époque paléozoïque (1), jusqu'à nos jours (2). » Cette opinion dérange bien un peu les combinaisons des transformistes ; mais ils ne se déconcertent pas pour

---

1() Époque où vivaient les espèces animales qui n'existent plus.
(2) Claus, *Traité de zoologie*.

si peu et ils nous répondent avec assurance que la lutte pour l'existence n'a pas été assez vive, dans l'espèce, pour amener la destruction des formes intermédiaires.

Les études géologiques établissent d'une manière indubitable que certaines espèces ont existé qui n'existent plus aujourd'hui. On nous dit qu'elles ont succombé à la lutte pour l'existence. Or, parmi celles-là, il en est dont la supériorité sur les êtres de toute autre espèce était incontestable. D'après la théorie cela ne suffit point : il faut que ces animaux se défendent contre les conditions de milieux, la température, le climat, etc. Mais comment la sélection qui a montré tant de prévoyance vis-à-vis de certaines espèces, en a-t-elle montré si peu vis-à-vis des mastodontes, des dinothériums ? Voilà l'adaptation qui, dans des cas déterminés, favorise le perfectionnement de certains types et leur évolution vers la forme vertébrale ; dans d'autres cas, chez les ascidies, par exemple, elle leur fait perdre le caractère d'animaux supérieurs pour leur faire prendre une organisation molluscoïde. Il est surprenant qu'après de semblables merveilles elle se montre radicalement impuissante quand il s'agit de la conservation de certaines espèces auxquelles ne manquaient ni la vigueur, ni la force naturelle.

En somme, nous avons le droit de dire que dans tous les processus où nous pouvons exercer un contrôle nous ne constatons jamais de transformation morphologique dépassant le type spécifique. Les adaptations que la nature produit sous nos yeux se limitent toujours à des variations physiologiques qui ne sortent pas du cadre de l'espèce.

II. — La variabilité.

La *variabilité* est le second élément concourant à la réalisation de la transformation. Pour le darwinisme, le processus de l'évolution organique est purement mécanique. Dès lors, les causes qui amènent les modifications de type sont absolument fortuites. Mais si la variabilité est sous la dépendance du hasard elle doit nécessairement être indéterminée, c'est-à-dire que les variations doivent se produire suivant toutes les directions. Nous verrons si cet état de choses convient à la sélection naturelle. D'un autre côté, elle devrait, comme le dit Hartmam, être illimitée. A cette condition seulement un type peut se réaliser, si éloigné qu'il soit, d'ailleurs, de son point de départ. Mais il suffit de jeter les yeux autour de nous, de voir ce qui se passe dans le domaine empirique et, tout aussi bien, de constater le résultat de nos expériences pour se convaincre que la variabilité ne possède ni l'un ni l'autre de ces deux caractères, qu'elle se produit, au contraire, suivant des directions nettement définies et que, loin de se mouvoir dans un champ sans limites, elle se borne à graviter autour du type normal. De telle sorte que la variabilité ainsi comprise ne se prête nullement au rôle que lui assigne Darwin et demeure soumise à une loi d'ordre téléologique.

La vérité de ce principe ressort de l'impossibilité où se trouve la sélection artificielle d'obtenir certaines variétés ; car si la variabilité était indéterminée nul doute que l'éleveur ne pût, avec une souche primitive, arriver à une variété de son choix. Or l'expérience démontre qu'il n'en est point ainsi. « L'éleveur, dit Wigand, n'oserait tenter d'obtenir une variété culbutante de la poule, ou un pigeon à éperons, un pigeon jaune, un pavot de jardin à fleur jaune, une calebasse ou une orange bleue, un raisin jaune, une lentifolia jaune, parce que la nature ne produit pas ces modifications, c'est-à-dire parce que ces directions sont fermées à la variabilité. Même dans les espèces les plus variables, la carotte, la rose, la menthe, la pyra, la columba le nombre des formes ne dépasse pas certaines limites, bien qu'on fasse entrer en jeu des caractères très subordonnés ; et toutes les formes obtenues, rangées suivant leur ressemblance, ne présentent nullement un chaos, comme cela arriverait dans le cas d'une variabilité indéterminée, mais un système de classification nettement défini, un système naturel en petit (1). »

Darwin érige donc en principe que l'homme est soumis quant au corps et à l'esprit, à des variations. Nous ne voulons pas y contredire. Il proclame, en outre, que cette variabilité se remarque tout aussi bien chez les animaux inférieurs. Nous le voulons ; mais il exagère l'importance de ces variations et

(1) Wigand, *Le darwinisme et la science de Newton et de Cuvier.*

surtout le bénéfice qu'en a pu retirer son système. Cette dernière assertion se trouve justifiée par les recherches d'un naturaliste aussi distingué que consciencieux. L'étude très approfondie, très minutieuse du terrain silurien de la Bohême, faite par Barrande, a mis au jour un fait d'une importance capitale. Trois cent cinquante formes de trilobites, ont été soigneusement examinées, et dix seulement ont présenté la trace de quelques variations. Or, ces variations n'ont pas été suffisamment marquées pour voiler les caractères de l'espèce, et, au lieu de s'accentuer, elles finissaient par disparaître. Ces dix espèces n'ont donc manifesté aucune tendance à la transformation et n'ont pu donner naissance à une espèce nouvelle. Agassiz n'est pas moins affirmatif : « Jamais, dit-il, dans la succession de ces individus non entièrement semblables, nés immédiatement ou immédiatement les uns des autres, une observation rigoureuse n'a constaté des différences de la catégorie de celles qui, pour le naturaliste pratique, constituent l'espèce végétale ou animale. L'école de Darwin va au delà des faits lorsqu'elle affirme que ces différences individuelles constituent des transitions d'une espèce à l'autre. J'ai pris la peine de comparer entre eux des milliers d'individus de la même espèce ; j'ai poussé, dans un cas, la minutie jusqu'à placer les uns à côté des autres vingt-sept mille exemplaires d'une coquille dont les espèces congénères (genre *Neritina*) sont fort voisines les unes des autres. Je puis affirmer que, sur vingt-sept-mille exemplaires, je n'en ai pas trouvé deux qui fussent parfaitement identiques. Mais, sur ce grand nombre, je n'en ai pas trouvé, non plus, un seul qui déviât du type de l'espèce au point d'en laisser douteuses les limites. Je soutiens donc que l'explication fournie par Darwin et ses adeptes sur l'origine des espèces n'est pas conforme aux faits que la nature met sous nos yeux (1). »

Quelques naturalistes affirment que, malgré les différentes perturbations géologiques, certains types se sont conservés sans altérations et sont arrivés jusqu'à nous avec tous les caractères qui les distinguent dans les couches inférieures. Ainsi en est-il du genre *ligula* qui est identiquement le même que dans les couches diluviennes.

Ce fait n'est pas un fait isolé et il ne contredit, en rien, la thèse des créations successives. Le créateur a pu très bien assurer la pérennité d'une espèce à laquelle les nouvelles conditions géologiques permettaient de subsister. Aussi M. Maury dans son ouvrage *la Terre et l'Homme*, après avoir essayé de démontrer que les espèces végétales primitives avaient dû se continuer jusqu'à nous malgré les submersions étendues et destructives, en arrive-t-il à cette conclusion : « Le plus probable, c'est qu'il y a eu, à des époques diverses, sur la surface du globe, plusieurs centres de création ; d'où les espèces se sont ensuite propagées. »

Des remarques analogues ont été faites pour les

---

(1) *Loc., cit.*, page 379.

céphalopodes et les acéphales du terrain silurien, pour les reptiles du trias commençant et même pour les proboscidiens de la fin du terrain tertiaire.

Mais Darwin va plus loin, et il avance que les lois de cette variabilité sont les mêmes chez l'homme et chez l'animal. Une pareille assertion devrait être établie sur des faits généraux et précis, et elle est loin de l'être. Ainsi le savant naturaliste pose comme une des lois de cette variation *l'action directe et définie des changements de situation.* Or, on est loin d'être d'accord sur l'influence réelle de cette cause. Gould, cherchant à déterminer son effet sur la stature, est arrivé à des résultats négatifs. Il a même prouvé que la taille n'est influencée ni par le climat, ni par l'élévation du pays ou du sol, ni même, d'une façon appréciable, par l'abondance ou le défaut des conforts de la vie. Je sais bien que certaines statistiques contredisent les résultats énoncés par Gould; mais je sais aussi qu'il en est parmi ces dernières qu'on ne saurait prendre au sérieux : ainsi en est-il de celle du Dʳ Beddoë qui prétend que la résidence dans les villes exerce une influence nuisible sur la taille et qui va jusqu'à établir une corrélation directe et constante entre le développement physique et l'énergie, la vigueur morale.

III. — De l'hérédité.

L'hérédité, nous l'avons déjà dit, a pour tâche de fixer, au profit des générations ultérieures, les caractères utiles obtenus par une génération dans le combat pour la vie, Darwin, et surtout M. Duval, ont voulu matérialiser ce principe. Voyons si leur opinion est fondée. Pour bien préciser la question nous devons établir deux faits absolument indiscutables : le premier, c'est que, étant données les innombrables directions d'une variabilité indeterminée, les variations utiles ne peuvent se produire qu'accidentellement, c'est-à-dire chez des individus isolés ; le second, c'est que l'hérédité ne peut, dès lors, s'exercer que sur des modifications individuellement acquises. Mais tout le monde a pu remarquer, et Darwin lui-même a été obligé d'en faire l'aveu, que la transmission et le maintien héréditaire des caractères individuellement acquis n'ont lieu que très exceptionnellement, que ces caractères disparaissent, au contraire, habituellement avec les générateurs qui les avaient acquis. Ce fait témoigne évidemment contre la théorie de la sélection naturelle.

Dans son ouvrage sur le darwinisme M. Duval consacre trois longs chapitres à l'étude de l'hérédité. Il examine successivement l'hérédité *directe*, l'hérédité *indirecte* ou *en retour* et l'hérédité *homochrone*. La première est celle en vertu de laquelle les caractères généraux ou particuliers, anciens ou nouvellement acquis, sont transmis par les parents à leurs enfants. La seconde comprend les faits bien connus de ressemblance d'un enfant non plus avec son père ou sa mère mais avec les aïeux, de sorte que l'hérédité de certains caractère semble avoir sauté une ou deux générations. Enfin la troisième est celle en vertu de laquelle une particularité qui s'est produite à une époque déterminée de la vie se montrera à peu près au même âge chez ceux des descendants auxquels elle sera transmise. M. Duval cite quelques cas relatifs à chacune de ces trois sortes d'hérédité. Certes, nul ne peut infirmer les faits: la transmission par hérédité est manifeste pour tous. Mais, alors qu'il aurait fallu se borner à constater des faits, M. Duval a la prétention de les classer au point de vue des rapports entre les produits et leurs ascendants, c'est-à-dire de démontrer les lois de l'hérédité. Là il se fourvoie, ce qui ne pouvait manquer d'arriver. Ainsi dans l'hérédité directe il est très rare que les produits engendrés soient en *équilibre absolu entre le père et la mère dans leur nature physique et morale*. Le plus souvent il y a mélange des caractères des deux individus engendreurs et il est matériellement impossible de déterminer la loi d'après laquelle chacun d'eux concourt au phénomène de la transmission. Quant à l'hérédité indirecte ou médiate qui n'est autre chose que *l'atavisme*, elle a été exploitée par les transformistes qui en ont fait la clef de voûte de leur doctrine. Mais on n'a pas davantage pu préciser ses lois, et nous verrons qu'on lui a attribué bien des faits qui n'étaient pas de son domaine. Enfin l'hérédité homochrone est de toute évidence pour M. Duval, et, d'après lui, les maladies héréditaires obéissent également à cette loi élémentaire. Cette assertion est en contradiction formelle avec des observations nombreuses et précises. Assez souvent, ainsi que l'a noté Guyot, si un homme devient phtisique à soixante ans, ses enfants succomberont vers trente ou quarante ans et ses petits-enfants dans le bas-âge. Tous les médecins ont pu faire des remarques analogues en ce qui concerne la goutte. Mais il n'y a, à cet égard, rien de bien précis.

Hœckel a signalé une quatrième variété d'hérédité sous le nom d'hérédité *fixée* ou *constituée*. Pour lui, les propriétés acquises par un organisme durant sa vie individuelle ne sont guère transmises qu'autant que cet organisme a été longtemps soumis à l'influence des causes modificatrices ; et ces propriétés se transmettraient héréditairement, à travers la série des générations, lorsque ces générations auraient été pendant longtemps sous l'action de ces causes modificatrices. D'après cette théorie les déformations et les mutilations accidentelles ne seraient point héréditaires : les modifications transmises seraient des manifestations locales d'une tendance générale de l'organisme. Eh bien, cette théorie est infirmée par des faits. Voici deux observations qui me sont personnelles :

J'ai connu un homme auquel un éclat d'obus avait enlevé l'œil gauche. Il se maria et eut deux enfants dont l'aîné ne présenta aucune difformité ; mais le plus jeune ne vint au monde qu'avec l'œil droit. La deuxième m'a été fournie par mon excellent confrère M. Jules Gaye, qui a bien voulu me faire constater *de visu* la difformité des deux sujets : Forgues, Joseph, charron, marié en 1856, éprouve, en 1873, un accident de batteuse qui nécessite l'amputation du bras gauche. Il subit cette opération le 20 juillet de cette année ; et, le 25 octobre 1875, il a un enfant manchot, comme lui, du côté gauche. Enfin, les Esquimaux, au récit de M. de Quatrefages, coupent la queue aux chiens qu'ils attellent à leurs traîneaux : et très souvent leurs petits naissent sans queue. Dans ces divers cas pourtant, il s'agit d'un accident brusque, d'une partie du corps violemment enlevée, et, pas le moins du monde, d'une particularité préparée par une profonde modification de l'organisme entier.

Les faits de cet ordre, et Blumenbach et Ribot en rapportent un bon nombre, renversent la théorie de M. Duval. Cela conduit à cette affirmation : que la formule des lois de l'hérédité demeure un des impénétrables secrets de la nature et que l'homme perd son temps et sa peine quand il cherche à préciser, à codifier ces lois.

Enfin il étudie l'hérédité *abrégée*, c'est-à-dire celle en vertu de laquelle il y a tendance à l'anticipation de l'apparition des caractères chez les sujets produits relativement à l'âge où se sont montrés ces caractères chez les sujets producteurs. « L'ontologie, dit-il, ou l'histoire du développement de l'individu est simplement une récapitulation courte, rapide, conforme aux lois de l'hérédité et de l'adaptation, de la phylogénie, c'est-à-dire de l'évolution paléontologique de toute la tribu organique à laquelle appartient l'individu considéré... Mais le parallélisme ou la concordance des deux séries évolutives n'est jamais d'une exactitude rigoureuse. Toujours il y a dans l'ontogénie des lacunes, des sauts répondant à l'absence de quelques stades phylogénétiques... Ces effacements, ces abréviations sont dus à la loi de l'hérédité *abrégée*, et je tiens à mettre ici ce fait en relief, car il est d'une grande importance pour l'intelligence de l'embryologie : il explique un phénomène surprenant au premier abord, à savoir que toutes les formes évolutives par où nos ancêtres ont passé ne sont pas visibles actuellement dans la série des formes que parcourt notre évolution individuelle. » Il résulterait de cet exposé que nous serions passés par l'état de poulet et de chien parce que, à une certaine époque de son existence, l'embryon de l'homme serait semblable à celui de ces deux animaux : il en résulterait aussi que nous aurions été des sauriens et des ophidiens quoique l'embryologie ne constate pas une semblable concordance dans le processus de l'embryon humain et de l'embryon des reptiles. De sorte que, grâce à cette merveilleuse invention de l'hérédité abrégée, grâce à l'interprétation qu'en donne M. Duval, le silence de l'embryologie serait aussi significatif que son langage. C'est une dialectique peu faite pour convaincre. Les darwiniens, d'ailleurs, s'ils voulaient s'affranchir de leur idée fixe, pourraient bien se rendre à un raisonnement fort simple qui est celui-ci : les faits de concordance qu'ils exploitent trouvent leur explication dans la nature même des choses. Car il faut bien que le blastoderme (1) qui, en se développant, doit donner naissance à des organes semblables suive la même marche pour les produire, et qu'à un moment donné de l'évolution, la ressemblance se trouve parfaite entre les germes divers qui en dérivent. Absolument comme dans les races d'une même espèce il est le plus souvent impossible, en examinant les sujets qui viennent de naître, de distinguer les caractères de la race à laquelle ils appartiennent.

M. Duval va plus loin et, non content de signaler des faits d'hérédité, il prétend en démontrer le mécanisme, il essaie de matérialiser le principe et de rendre compte de ses résultats. Voici son argumentation : « Que l'ovule, lorsqu'il se développera en son organisme nouveau, reproduise, par hérédité, les caractères de l'organisme d'où il provient, c'est-à-dire qu'il y ait hérédité de la mère à l'enfant, c'est un fait qui nous paraît tout simple quand on considère comment cet ovule se transforme en embryon. A cet effet, la cellule-ovule se divise en deux, puis en quatre, puis en huit cellules, etc., de façon à former une agglomération cellulaire d'où dérivent les feuillets du blastoderme, puis tous les organes du

(1) Blastoderme. Membrane qui doit donner naissance au germe futur.

nouvel être. » En vérité, M. Duval voit la simplicité là où elle n'est pas. Comment ! Il lui paraît bien simple qu'une cellule qui se détache de l'organisme maternel contienne, en germe, non seulement les caractères physiques, mais même les attributs moraux de l'être producteur ! Il trouve bien simple que dans cet élément cellulaire soit renfermée *la tendance générale à traverser à peu près dans le même ordre la même suite de formes, la même série de transformations et de métamorphoses, à les accomplir dans les mêmes conditions et dans le même temps sous l'influence des mêmes causes extérieures* (1). Mais qu'on y prenne garde, la cellule détachée de l'organisme femelle n'évolue pas aussi librement que cette théorie le comporte. Elle doit être impressionnée plus ou moins par la cellule à cil vibratile ou spermatozoïde que fournit l'organisme mâle et qui se fusionne avec elle. Nous savons, en effet, que l'œuf fécondé résulte de la fusion du noyau primitif de l'ovule et du noyau spermatique. Nous ne pouvons pas douter qu'il n'y ait là un travail intime réalisé par deux éléments qui portent chacun l'empreinte de l'un des organismes reproducteurs. Mais comment ce travail de fusion aboutit-il à l'hérédité directe ou indirecte ? Comment cette fragmentation cellulaire du début et l'évolution du blastoderme nous rendent-elles compte de la transmission des caractères ? Quoi qu'on en dise, il y a là de l'in-

---

(1) Madame Clémence Royer.

connu, il y a de l'inexplicable, il y a du mystérieux et non pas quelque chose de bien saisissable et de bien simple.

Et qu'on le remarque, on ne comprend pas plus, d'après ce système, la transmission des caractères physiques que celle des caractères moraux. Car si le phénomène de l'hérédité est absolument inhérent à la constitution de la cellule, si la transmission est une conséquence immédiate, nécessaire du dédoublement des cellules pourquoi n'y a-t-il pas identité entre le sujet producteur et le sujet produit? Pourquoi la cellule provenant d'une femme goitreuse n'aboutit-elle pas fatalement à la production d'organismes entachés tous de cette affection? Et si la relation du moral avec le physique est tellement intime que la cellule primordiale porte avec elle les germes psychiques, pourquoi une femme violente et cruelle donnera-t-elle le jour à des enfants doux et inoffensifs?

Ce n'est donc pas sans une légitime surprise que nous avons vu M. Duval triompher complaisamment après l'exposé de sa théorie et nous dire avec assurance : « L'explication des lois de l'hérédité est aujourd'hui possible grâce aux connaissances acquises sur la nature et le rôle des éléments de la génération sexuée; et dans cette explication nous n'avons besoin de recourir à aucune hypothèse. »

Darwin n'a pas trouvé le cas aussi simple et, dans le but d'expliquer l'ensemble des faits d'hérédité, il a émis une hypothèse connue sous le nom de *hypo-*

thèse provisoire de la pangenèse. Cette méthode de l'illustre naturaliste n'a pas été du goût de ses disciples, et Madame Clémence Royer la traite sans ménagements : « On doit regretter, dit-elle, qu'un esprit aussi éminent ait, comme Lamarck, attaché son nom à une hypothèse aventureuse qui, reproduisant à peu près la doctrine de Buffon sur les molécules organiques, et dépassant les merveilles de l'emboîtement des germes de Bonnet, est en retard d'un siècle sur la science moderne. » Voici l'exposé succinct de cette hypothèse du maître : « Je crois, dit Darwin, qu'il est possible de rattacher les principaux faits de l'hérédité entre eux par quelque lien intelligible, moyennant les suppositions suivantes qui, la première et la principale étant admise, ne paraîtront pas improbables, car elles s'appuient sur diverses considérations physiologiques. On admet presque universellement que les cellules, ou les unités du corps, se propageant par division spontanée ou prolifération, conservent la même nature et se convertissent en différentes substances et tissus du corps. A côté de ce mode de multiplication je suppose que les cellules, avant leur conversion en matériaux formés et complètement passifs émettent de petits grains ou atomes qui circulent librement dans tout le système et, lorsqu'ils reçoivent une nutrition suffisante, se multiplient par division et se développent ultérieurement en cellules semblables à celles dont ils dérivent. Pour être plus clair nous pourrions appeler ces grains des *gemmules cellu-*

laires. Nous supposons que ces gemmules sont transmises par les parents à leurs descendants, se développent généralement dans la génération qui suit immédiatement, mais peuvent souvent se transmettre pendant plusieurs générations, à un état dormant, et se développer plus tard... Nous supposons que les gemmules sont émises par chaque cellule ou unité, non seulement pendant l'état adulte, mais aussi pendant tous les états de développement; et enfin que, dans leur état dormant, ces gemmules ont les unes pour les autres une affinité mutuelle, d'où il résulte leur agrégation en bourgeons ou en éléments sexuels. Donc, à strictement parler, ce ne sont pas les éléments reproducteurs, ni les bourgeons qui engendrent les nouveaux organismes, mais les cellules ou unités même du corps entier. Ces suppositions constituent l'hypothèse provisoire que je désigne sous le nom de *pangenèse* (1). »
M. Duval cherche à mettre cette hypothèse d'accord avec les faits connus depuis peu relatifs à la formation si précoce des cellules sexuelles. Et pour arriver à ce résultat il a recours à une autre hypothèse : il fait intervenir les influences exercées par l'ensemble de l'organisme pendant toute la durée de son développement et de son existence sur les cellules sexuelles différenciées dès le début du développement embryonnaire. En d'autres termes, il admet que les ovules ou les cellules-mères des spermato-

---

(1) *Variations*, p. 398.

zoïdes reçoivent et comprennent en elles une multitude de germes émanant de chacun des éléments distincts de l'organisme. Par une foule d'hypothèses successives on nous donne, il est vrai, l'explication de tous les phénomènes. Mais quelle explication ! S'agit-il de rendre tangible l'antagonisme dès longtemps observé entre la croissance active et la reproduction sexuelle ? On nous dit que les gemmules ne se trouvent pas en nombre suffisant pour fournir aux deux modes de reproduction. Mais on devrait nous indiquer les raisons qui font que ces gemmules sont utilisées pour l'un plutôt que pour l'autre : on devrait nous dire pourquoi ces gemmules peuvent exécuter la deuxième partie du programme bien avant l'époque où le développement du corps est complet, bien avant le moment où l'organisme n'a plus besoin de parer aux frais de la croissance active. S'agit-il de rendre compte de la production exacte et complète de certaines parties du corps mutilées ou coupées, des pattes du triton, par exemple, si souvent coupées par Bonnet ? On suppose tout simplement une émission de gemmules venant de chaque unité du corps entier, disséminées partout et présidant, par la division spontanée, à la reproduction des parties. Il est bien fâcheux que la sélection n'ait pas doué l'humanité de l'heureux privilège de pouvoir, par un semblable procédé, reconstituer des parties enlevées, des membres amputés. S'agit-il de faire comprendre une suppression incomplète, un de ces cas dans lesquels, par un effet de retour, reparaît le rudiment d'une partie? On nous représente que des gemmules disséminées et provenant de cette partie existent encore dans l'organisme. S'agit-il d'expliquer une atrophie totale, une disparition complète? On prétend que les gemmules nées de la partie éteinte ont cessé d'exister.

Il est difficile, en vérité, d'imaginer des théories plus commodes. Mais poursuivons et laissons à Darwin lui-même le soin de nous révéler le secret du phénomène de *retour*. « La tendance au *retour*, dans le sens ordinaire du mot, est plus particulièrement provoquée par l'acte du croisement... Comment nous expliquer ces faits? Chaque unité organique d'un hybride doit, d'après la doctrine de la pangenèse, émettre une foule de gemmules hybrides, car les plantes croisées se propagent facilement et largement par bourgeons : mais, d'après la même hypothèse, il doit y avoir également des gemmules dormantes émanant des deux formes parentes pures, et ces dernières, conservant leur état normal, doivent être probablement aptes à se multiplier largement pendant la vie de chaque hybride. Les éléments sexuels d'un hybride renfermeront donc à la fois des gemmules pures et hybrides ; et lorsqu'on accouplera deux hybrides, la combinaison des gemmules pures provenant de l'un des hybrides avec les gemmules également pures, dérivées des mêmes points de l'autre déterminera nécessairement un retour complet des caractères ; car il n'est peut-être pas trop téméraire de supposer que des gemmules de même nature, inaltérées et non modifiées, doivent être tout particulièrement aptes à se combiner. » A coup sûr Darwin a compris le peu de sérieux de sa démonstration et il a bien fait de donner à son hypothèse l'épithète de transitoire. Comme nous l'avons déjà consigné, ses disciples n'en ont point été satisfaits : et, ce que nous éprouvons le besoin de constater, c'est qu'ils ne l'ont pas remplacée par une meilleure, c'est qu'ils n'ont pas substitué à la formule de leur chef une formule reliant entre eux des faits jusqu'ici sans connexion et auxquels on n'a jamais pu assigner une *cause efficace*.

Il n'est pas jusqu'à l'hérédité *par influence*, que Darwin ne prétende expliquer. Indiquons d'abord le sens de ces mots : ce prétendu mode d'hérédité résulterait de *l'influence exercée par l'auteur d'un premier coït fécondant sur la mère et sur les produits d'autres coïts fécondants ayant pour source un autre père*. Précisons par des exemples: On a rapporté que des enfants d'un second lit avaient ressemblé au premier époux qui serait pourtant mort depuis longtemps, et qu'ils auraient, au physique et au moral, beaucoup plus de ressemblance avec lui qu'avec leur propre père. Evidemment ici on ne peut pas invoquer cette chaîne de transmission entre les ascendants et les descendants. Alors on a imaginé un système de pénétration effective de la cellule femelle par les gemmules mâles. « Les ovaires de la mère sont affectés quelquefois par une fécondation antérieure au point que les ovules ultérieurement fécondés portent nettement les traces de l'influence de la première : ce fait peut se comprendre par la diffusion, la conservation et l'action des gemmules provenant des spermatozoïdes du mâle antérieur. » Cela paraît ingénieux ; mais, pour l'homme qui ne se paie pas de mots c'est de la fantaisie de haute école. Je ne crois pas, en effet, qu'on puisse imaginer une théorie moins acceptable. Et d'abord, les gemmules qui se répandent ne se conservent pas actifs pendant des années ; car ils trouveraient, durant ce laps de temps, bien des fois à exercer leur action. On nous parle d'impression produite sur l'ovaire. Mais, en vérité, cela ne supporte pas la discussion. Il est hors de doute que les gemmules n'agissent que sur les ovules détachés de l'ovaire : si ceux-ci subissent l'influence des spermatozoïdes il y a fécondation. Dans tout autre cas les gemmules sont absolument sans effet.

Il y a cela de particulièrement singulier dans la doctrine que nous combattons que les principes sont interprétés par elle en sens contraire selon les besoins du moment. Ainsi, d'après le transformisme, les caractères présentés par les générateurs tendraient à disparaître chez leurs descendants contrairement aux lois de l'hérédité. Et lorsque, par le fait de ces dissemblances, il serait survenu des modifications organiques suffisantes pour créer une espèce nouvelle l'hérédité reprendrait ses droits et les exercerait avec une invariable constance. La première de ces deux assertions est absolument en désaccord avec ce que l'on pourrait appeler un axiome de physiologie, à savoir que les caractères des géniteurs se reproduisent chez les descendants d'êtres organisés vivants et que cette faculté de reproduction constitue même la garantie de la conservation des types. Et cela est si vrai que, dans le résultat du mélange des races ou des espèces, on reconnaît très bien la part afférente à chacun des auteurs qui ont concouru à la production du nouvel être. — La seconde proposition, nous l'avons péremptoirement démontré, est aussi entachée d'exagération.

De ce qui précède il résulte qu'on n'est pas autorisé à rapporter à l'hérédité des faits constants ; car elle ne produit pas des effets ayant ce caractère. Nos adversaires en conviennent ; car le docteur Struthers, après avoir mentionné des observations de doigts surnuméraires, particularité qui se serait transmise par la génération, se hâte d'ajouter : « Il ne faudrait pas s'exagérer la force d'hérédité ; car les cas de non-transmission des doigts surnuméraires ou de leur réapparition dans des familles où il n'y en avait pas auparavant sont plus fréquents encore que les doigts surnuméraires. »

Un fait bien connu prouve l'exactitude du principe que nous venons de poser : c'est la disparition des moutons ancons dont il ne sera pas sans intérêt de dire l'histoire. En 1791 naquit, dans une ferme de Massachussets, un agneau ayant les pattes courtes et le dos allongé. Ce sujet parut très avantageux et l'on résolut d'en former une race. On le prit, en effet, comme reproducteur. Un grand nombre de ses produits présentèrent les mêmes caractères et furent, à leur tour, choisis comme reproducteurs. On obtint bien, par une série de sélections, le mouton ancon ; mais cette race disparut insensiblement : l'hérédité ramena le type primitif.

IV. — Principes auxiliaires.

Les *principes auxiliaires* admis par le transformisme se rattachent à l'influence directe des circonstances extérieures. Pendant longtemps la science, sur la foi de Geoffroy Saint-Hilaire, a proclamé la transformation des types et en a trouvé l'explication dans l'influence exercée par les causes extérieures, par les milieux ambiants. On a de la peine à comprendre comment d'aussi bizarres conceptions ont pu prendre de la consistance et comment les philosophes naturalistes ont pu croire, par exemple, que la diminution de l'acide carbonique de l'air suffisait à expliquer la transformation des reptiles sauriens en oiseaux. Sans doute les milieux exercent une certaine action sur des organismes déjà complets ; mais cette action ne saurait aller jusqu'à la transformation. Car il est évident que les modifications qui reconnaissent cette origine ne peuvent durer qu'autant que durent les circonstances agissantes et qu'elles disparaîtraient dès que les descendants cesseraient d'être soumis à leur influence. Nous devons ajouter que les modifications ainsi obtenues sont d'ordre physiologique et, conséquemment, de nulle portée sur les faits de nature morphologique. Loin d'admettre le mécanisme préconisé par Darwin dans cette question des circonstances extérieures, nous y voyons une tendance à la modification, une aptitude préexistante émanant du créateur, aptitude sans laquelle un organisme ne pourrait s'accommoder, d'une manière incessante, aux vicissitudes climatériques ou autres et continuer à vivre dans les milieux modifiés.

Les effets du climat sur l'organisme sont réels : ils sont la conséquence même du fonctionnement des organes. Ainsi tout le monde sait qu'un climat froid, une basse température augmentent l'activité des poumons et des reins. Cela s'explique : le froid enrayant le fonctionnement cutané oblige les poumons et les reins qui sont des organes éliminateurs à un travail plus assidu, plus actif, et ce surcroît d'activité imposé à ces viscères amène leur plus grand développement.

Jusque là certainement on conçoit le rapprochement entre l'homme et l'animal. Mais ce rapprochement, est-il possible de le généraliser comme le font les évolutionnistes ? Certains faits permettent d'en douter. Ainsi, je ne crois pas qu'il soit possible de nier l'influence du froid et de l'humidité sur la croissance du poil des animaux domestiques. Et je voudrais bien savoir si jamais un observateur sérieux a fait la même remarque en ce qui concerne l'homme.

Quoi qu'il en soit, l'influence des milieux a-t-elle pu contribuer à la transmutation des espèces ? Poser la question, c'est la résoudre. Nous savons tous, en effet, que les espèces végétales et animales sont soumises à l'action des temps et des climats. Nous savons que, sous l'influence de l'ombre, les plantes s'étiolent et périssent quand l'action solaire est nécessaire à leur développement ; nous savons que tel arbre qui aurait besoin d'un terrain fertile se rabougrit et bientôt se dessèche dans un sol stérile ; nous savons que les végétaux ne croissent normalement qu'autant qu'ils sont placés dans des conditions favorables et que là, comme partout, les lois posées par le créateur doivent être observées. Mais les plantes qui ne peuvent s'accommoder du sol ou de l'exposition qu'on leur donne dégénèrent-elles en espèces nouvelles ? Le cerisier devient-il un chêne ? L'héliotrope devient-il un palmier ? Non, sans doute ; pas plus que les modifications survenant dans la composition de l'air et de l'eau ne transformeront une fourmi en un bœuf ou un rat en un éléphant.

Dans un ouvrage publié, il y a quelques années, M. Trémaux a essayé de prouver que « la perfection des êtres est ou devient proportionnelle au degré d'élaboration du terrain sur lequel ils vivent. » Nous venons de réfuter cette opinion : il demeure évident pour nous que les espèces végétales se développent plus ou moins selon qu'elles trouvent dans le sol un plus ou moins grand nombre d'éléments organiques ou minéraux : on peut varier, tant qu'on le voudra, l'alimentation et les milieux respirables. Les espèces animales prendront des proportions plus ou moins considérables ; elles se modifieront assurément. Mais, pour les unes comme pour les autres, les modifications seront d'ordre secondaire et n'altèreront jamais le type fondamental.

Pour en finir avec cette question d'adaptation et d'influence des milieux disons que les dispositions organiques appropriées au genre de vie de l'animal sont considérées par nous comme l'œuvre d'une intelligence supérieure qui a voulu les adapter à un but déterminé, et qu'elles seraient, au dire des transformistes, une conséquence de l'adaptation des espèces à leurs milieux. L'organe ne serait pas fait pour la fonction : celle-ci aurait peu à peu modelé, adapté, achevé l'organe. Il y a là une vicieuse appréciation : l'usage et le non-usage peuvent avoir une certaine influence sur le poids, la longueur, la grosseur d'un organe ; mais cette influence, limitée sur ce point, est absolument nulle quand il s'agit de la forme. Et si l'on considère une modification survenant dans l'emploi des organes, on est en droit de la considérer comme étant la conséquence d'une modification préalable des instincts qui se sont spontanément mis en harmonie avec les conditions modifiées de l'existence. De telle sorte que là où Darwin voit une cause nous voyons un effet et réciproquement.

Quelle différence, nous le demandons, ont pu produire les milieux sur la plupart des modifications anatomiques caractérisant la différence des *hominiens* et des *anthropoïdes?* Est-il admissible, par exemple, que les milieux aient contribué à la disparition de l'os intermaxillaire et à celle de l'os intermédiaire du carpe?

Il faut pousser bien loin la témérité pour proposer à des hommes qui raisonnent de ranger dans la catégorie des miracles de l'adaptation certains faits d'histoire naturelle universellement connus. Les batraciens sont des animaux à métamorphoses. Leurs œufs, après avoir été pondus, ont besoin d'eau : ils enflent dans cette eau avant que n'a lieu l'éclosion des larves. Or, pour la salamandre noire des montagnes, il fallait évidemment une autre manière d'évoluer ; car les lieux qu'elle habite étant dépourvus d'eau ne se prêtaient pas à l'évolution de l'œuf. Eh bien, chez elle, les choses se passent, en effet, tout autrement : elle ne pond pas les œufs comme ses parents ; elle n'en admet que deux dans l'oviducte, et ces deux œufs trouvent dans le liquide sécrété par les parois de l'oviducte de quoi suppléer au défaut d'eau pour eux et pour leurs larves. Les branchies se montrent donc chez ce batracien avant qu'il ait une vie spéciale, avant qu'il ait quitté l'intérieur de la mère. Et l'on nous voudrait faire accroire que cette propriété a été acquise par une nécessité d'adaptation aux conditions extérieures de la vie ! — Dans la *Revue scientifique* de 1873, nous trouvons un intéressant récit d'un pharmacien de la marine qui nous parle d'une grenouille de la Guadeloupe accomplissant toutes ses métamorphes dans l'œuf. Et il faut qu'il en soit ainsi : car cette île a des torrents rapidement taris, mais ne possède ni marais, ni eaux dormantes pouvant permettre les transformations successives du batracien. Ce sont là des faits bien curieux, bien extraordinaires et aussi bien peu explicables par l'intervention de cette puissance qu'on appelle l'adaptation. Nous comprenons que, sous la direction de l'intelligence propre à chaque espèce, certains organes puissent subir des modifications fonctionnelles et s'adapter à telle ou telle nécessité imposée à un organisme. Mais pourra-t-on nous persuader que l'adaptation a quelque chose à voir dans cette disposition physiologique de l'oviducte de la salamandre noire des montagnes? Peut-elle donc être pour quelque chose dans la faculté que possède la grenouille de la Guadeloupe de parcourir, dans le sein de l'œuf, toute ses métamorphoses ?

Les variations observées chez l'homme et chez les animaux sont donc sous la dépendance de l'usage et du défaut d'usage. Il est avéré que les muscles sont développés par l'usage et qu'ils s'atrophient par le défaut d'usage; que lorsqu'un organe pair est malade et condamné à l'inaction, l'autre se développe sous l'influence du surcroît de travail qui lui incombe. On sait également que les hommes qui habitent les plateaux élevés de nos montagnes et qui vivent, par conséquent dans un air raréfié, ont des poumons plus développés. Ce résultat n'est donc pas douteux en ce qui est de l'homme. Admettons, pour le moment, que la même loi s'applique aux animaux inférieurs. Peut-on, comme le veut Darwin, en conclure que lorsque les ancêtres de l'homme se trouvaient à une époque de transition et de quadrupèdes se transformaient en bipèdes, les effets héréditaires de l'augmentation ou de la diminution des différentes parties du corps ont dû puissamment contribuer à accroître l'action de la sélection naturelle? Cette conclusion implique un double fait dont l'un, pour nous, n'existe pas et dont l'autre nous paraît exagéré. Car il est des faits qui sont mis sur le compte de l'hérédité et qui ne sauraient lui être attribués. Ainsi chez les enfants, déjà longtemps avant la naissance l'épiderme de la plante des pieds est plus épais que celui des autres parties du corps. Darwin voit là une particularité due aux effets héréditaires d'une pression exercée pendant une longue série de générations. Mais comment n'en est-il pas de même de l'épiderme des mains puisque cette pression s'est produite d'une manière uniforme sur les quatre extrémités chez tous les mammifères, y compris les quadrumanes qui sont nos plus proches voisins? Si l'interprétation de Darwin vise exclusivement la pression résultant de l'attitude verticale de l'homme primitif il aurait fallu prouver que les générations humaines les plus reculées ne présentaient pas cette disposition anatomique.

La *sélection sexuelle* vient en aide à la sélection naturelle pour opérer l'amélioration des caractères : comme cette dernière, elle s'appuie sur la variabilité, l'hérédité et la concurrence. Seulement, dans ce cas, la concurrence ne s'exerce pas en vue de la conservation de la vie des individus, mais bien en vue de la reproduction.

Les objections que nous avons soulevées contre le secours fourni par la variabilité à la sélection naturelle trouvent leur application quand il s'agit de la sélection sexuelle. Quant à la transmission héréditaire, elle est beaucoup plus inexplicable. Car il s'agit ici de fixer héréditairement les caractères propres à l'un des sexes producteurs. Il y aurait donc hérédité unisexuelle, variété qui ne figure pas dans la nomenclature donnée par M. Duval et que les faits démentent fréquemment. Car on voit les deux sexes hériter de caractères communs par voie de sélection sexuelle. Le darwinisme se tire de cet impasse en affirmant que, en pareil cas, l'un des sexes reperd ces caractères par la sélection naturelle. Etrange théorie, en vérité, qui implique l'hérédité unisexuelle pour les uns et l'hérédité bi-sexuelle pour les autres.

Du reste, au dire des transformistes, la sélection sexuelle procède avec le même discernement que la sélection naturelle ; et il serait vraiment difficile de mieux faire pour atteindre le but. Les mâles les plus vigoureux se sont accouplés avec les femelles les plus robustes, soit qu'ils aient eu raison de leurs rivaux, soit qu'ils aient été préférés par les femelles et de là sont venus des descendants plus nombreux et plus forts. Il n'est rien de plus simple, et véritablement il semble qu'on assiste au perfectionnement des espèces. Par malheur, ce système n'a pas pour lui l'autorité des faits. Car, pour que la théorie ainsi présentée fut d'une rigoureuse application, pour que les mâles qui l'emportent sur les autres ou qui sont préférés laissent plus de descendants possédant, comme eux, une certaine supériorité, il faudrait que le nombre des mâles fut de beaucoup supérieur à celui des femelles. Sans cela, les mâles les moins bien doués trouvent aussi des femelles et laissent de la progéniture. Or je ne sache pas que des statistiques aient été dressées pour les animaux vivant à l'état sauvage. Et si l'on prend pour point de départ celles qui ont été établies pour les animaux domestiques on n'arrive pas à un résultat très favorable à la doctrine de la sélection ; car, pour les chevaux, on a trouvé que le nombre des femelles était à celui des mâles dans la proportion de 99.7 à 100, c'est-à-dire sensiblement le même.

Procédant par analogie Darwin accorde à l'animal le sens du beau et il s'en sert comme d'un principe auxiliaire pour expliquer l'action de la sélection sexuelle. Il est douteux que les oiseaux et les mammifères eux-même possèdent ce sens : et, à coup sûr, on n'a jamais vu, chez les oiseaux, une femelle rechercher le mâle qui était le meilleur chanteur. Mais il y a presque du ridicule à vouloir généraliser l'existence de ce sens et à vouloir l'attribuer aux amphibies, aux poissons et aux rayonnés pour en faire bénéficier la doctrine du transformisme. Il y a lieu, d'ailleurs, de distinguer la beauté en beauté morphologique et en beauté physiologique. La sélection sexuelle est sans action sur la première. Admettons qu'elle exerce une influence sur l'autre, que le résultat, aussi complet qu'il puisse l'être, « soit de donner aux descendants plus de santé, plus de force, de vitesse, d'adresse. » Ces divers caractères dus à l'instinct de la préférence sexuelle, et non à un sentiment esthétique, anobliront la race, mais seront de nul effet en ce qui concerne la thèse de la transformation.

De ce qui précède il résulte que l'œuvre de la sélection sexuelle, comme celle de la sélection naturelle, a été fort mal appréciée par Darwin ou tout au moins singulièrement exagérée. Il en fait, du reste, un aveu partiel dans son ouvrage sur la sélection sexuelle. Car il reconnaît que l'homme et tous les animaux offrent des organes « qui ne leur sont d'aucune utilité maintenant, pas plus qu'à une autre période antérieure de leur existence, soit sous le rapport des conditions générales de leur vie, soit sous le rapport des relations d'un sexe avec l'autre. Des organes de ce genre ne peuvent s'expliquer *par aucune forme de sélection*, non plus que par les actions transmises de l'usage ou du non-usage... Dans la majeure partie des cas nous pouvons seulement dire que la cause de chaque modification peu importante ou de chaque monstruosité réside plutôt dans la nature ou la constitution de l'organisme que dans la nature des conditions ambiantes, bien que la modification des conditions extérieures joue certainement un grand rôle dans la production des modifications organiques de toutes espèces. » Darwin eût bien fait de compléter son aveu en rangeant dans le tableau des organes dont l'existence ne s'explique ni par l'une ni par l'autre des sélections les divers organes caractérisant les espèces et aussi les rapports de structure morphologique qui relient entre eux ces caractères. Il eût été dans le vrai, mais c'était l'écroulement de son système ! Les faits témoignent, d'ailleurs, de l'impuissance de la sélection artificielle comme élément de transformation. Chacun sait avec quelle persistance elle s'est exercée sur l'espèce pigeon. Elle a obtenu, certes, de nombreuses variétés et développé, peut-on dire, toutes les monstruosités possibles. Mais elle n'a jamais pu arriver à la disparition des caractères distinctifs de l'espèce pigeon.

Si l'on veut avoir une idée de la fécondité d'imagination des transformistes, il faut lire les quelques lignes consacrées par leur chef aux analogies révélées par les études morphologiques. Là nous apprenons que nos ancêtres très reculés menaient une vie aquatique et que nos poumons ne seraient qu'une vessie natatoire modifiée qui servait autrefois de flotteur. Les fentes du cou de l'embryon indiqueraient la place occupée jadis par les branchies. Et pour qu'il ne reste pas un doute dans l'esprit de ses lecteurs sur ce primitif état de l'homme, Darwin nous dit, sur un ton sérieux, que les périodes lunaires de quelques-unes de nos fonctions périodiques semblent constituer une trace de notre ancienne patrie, *une côte lavée par des marées.* N'est-ce pas presque le cas de s'écrier : *risum teneatis amici.*

Nous pourrions multiplier les citations qui caractérisent le côté plaisant de l'exposé des doctrines transformistes. Nous aimons mieux discuter ce qu'elles ont de sérieux. Toutefois il n'est pas sans intérêt de voir la désinvolture avec laquelle de Maillet fait dériver les oiseaux des poissons. « Les poissons volants, dit-il, entraînés par l'ardeur de la chasse ou de la fuite, emportés par le vent, ont pu tomber à quelque distance du rivage dans des roseaux, dans des herbages qui leur fournirent quelques aliments tout en les empêchant de retourner vers la mer. Alors, sous l'influence de l'air, les nageoires se fendirent, les rayons qui les soutiennent se transformèrent en plumes dont les membranes desséchées formèrent les barbules ; la peau se couvrit de duvet, les nageoires centrales devinrent des pieds : le corps se modela, et, par une série d'autres petits changements (*sic*) le bec et le col s'allongèrent. Cependant la conformité de la première figure subsiste dans le total et elle sera toujours aisée à reconnaître. »

V. — Loi de corrélation de croissance et des modifications sympathiques. Atavisme.

Enfin le darwinisme fait fonds sur la loi de *corrélation de croissance et des modifications sympathiques*. Par corrélation de croissance on doit entendre : 1° qu'un organe est sous la dépendance d'une autre dans un sens bien défini ; 2° que les diverses parties de l'organisme sont solidaires entre elles dans leur développement physiologique ; 3° qu'il existe une action mutuelle de nature morphologique de toutes les parties de l'organisme, aussi bien au point de vue des formes spécifiques fondamentales qu'au point de vue de la structure anatomique et de la constitution microscopique des tissus. Si l'on se pénètre de l'essence de cette loi on reconnaît bien vite que, loin de venir en aide au transformisme, elle en est la négation. En effet, est-il possible d'expliquer mécaniquement la troisième façon dont nous avons envisagé la loi de corrélation ? Est-il possible de concevoir autrement que par une loi d'évolution interne, par une loi téléologique, l'action mutuelle des éléments d'un organisme sous le rapport des formes typiques et de leur structure anatomique ! Est-il possible de comprendre qu'une espèce se transforme en une autre alors que cette opération doit entraîner le changement de tout un système, que la physiologie normale n'admet pas la modification isolée d'un seul caractère ? Est-il possible, enfin, si tous les caractères typiques d'une espèce sont soumis à une loi de corrélation intime, d'accepter la théorie darwinienne qui nous représente ces caractères comme une assemblage résultant du hasard des faits extérieurs, et qui nous les donne comme ayant été produits l'un après l'autre par un fait de sélection ou d'habitude ? Non ; l'impuissance des principes invoqués par Darwin éclate ici d'une manière frappante et nous avons le droit de nous écrier que cette doctrine ne démontre ni la transformation des espèces, ni l'évolution ascendante de la vie organique sur la terre.

Pour Darwin, tous les animaux supérieurs, y compris l'homme, sont pourvus d'organes rudimentaires qu'il faut ne pas confondre avec les organes naissants. Les premiers, qui sont absolument inutiles sont considérés par lui comme les vestiges de certaines parties ayant existé chez nos ancêtres plus ou moins éloignés ; ces parties auraient rempli, chez eux, des fonctions, qui se seraient atrophiées ensuite par le défaut d'usage et qui se seraient transmises par hérédité dans leur état actuel. Cela constitue le *retour au passé* ou *l'atavisme* qui a, comme nous aurons, d'ailleurs, l'occasion de le voir, le triste privilège de reproduire surtout les défauts. Ces rudiments qui ont une importance capitale dans le transformisme peuvent pourtant bien être regardés comme des manifestations de ce plan primitif dont nous avons parlé. Ils sont si peu un fait de *retour* que certains d'entr'eux existant normalement chez l'homme sont à l'état rudimentaire chez d'autres animaux. Ainsi le lobule de l'oreille est constant chez l'homme et n'existe que comme rudiment chez le gorille.

Qui peut affirmer, d'ailleurs, que des organes considérés chez l'homme comme organes rudimentaires ne sont pas des organes qui lui ont été attribués à l'état d'organes complets et qui se sont plus tard atrophiés par suite du défaut d'usage ? Pourquoi ces organes ne lui auraient-ils pas été utiles pendant longtemps ? Car est-il possible de préciser quel fut primitivement l'état anatomique et physiologique de l'homme ? Qui peut indiquer quels ont été ses besoins pendant les premiers temps de son existence fort reculée d'ailleurs ? N'y aurait-il pas quelque témérité à affirmer qu'au fur et mesure que ses habitudes, sa manière d'être et de vivre se modifiaient ses organes ne se modifiaient pas aussi ? Et parmi ces organes quelques-uns n'ayant plus de fonctions à remplir n'ont-ils pas pu s'atrophier et devenir ce qu'on appelle des rudiments ? En outre, si ces rudiments se montrent en vertu de l'hérédité n'est-il pas surprenant que jamais ils ne se reproduisent à l'état d'organes complets, l'hérédité reprenant ainsi sa tendance à ramener les types primitifs ? Enfin, comme nous aurons plus tard l'occasion de le dire, les altérations présentées par les organes rudimentaires portent sur la forme des organes et ne peuvent conséquemment s'expliquer par le fait seul du non-usage. Le défaut de nécessité ne peut pas plus rendre compte des modifications régressives qu'une nécessité actuelle et urgente ne peut, à elle seule, expliquer l'évolution organique. Et quand Darwin demande quels avantages un infusoire, un ver intestinal ou un ver de terre pourraient tirer d'une organisation supérieure il montre combien peu l'utilitarisme est propre à expliquer la marche progressive de l'organisation. Passons aux cas particuliers invoqués par Darwin à l'appui de sa doctrine.

Au premier rang figurent les mamelles que portent tous les mammifères mâles et voici l'explication que l'on donne de leur état rudimentaire. On suppose que, primitivement, les mamelles étaient utiles aux mâles qui partageaient avec leurs femelles le travail de l'allaitement ; que, plus tard, le nombre des petits ayant sans doute diminué, les mâles n'avaient plus eu besoin d'intervenir dans cette besogne et que, par suite du défaut d'usage, les organes de la lactation étaient devenus, chez eux, ce qu'ils sont aujourd'hui. Chacun remarquera le côté fantaisiste de cette interprétation ; mais ce que je tiens à mettre en évidence, c'est qu'elle est en contradiction formelle avec le principe fondamental du darwinisme, avec ce *combat pour l'existence* dont il est si souvent question et qui implique rigoureusement la multiplication des êtres.

Tout le monde connaît la facilité avec laquelle le cheval peut mettre en mouvement certaines parties de la peau : ce phénomène est dû à la contraction du panicule musculaire. Cette variété de muscles se retrouve, à l'état actif, dans quelques points du corps humain : c'est lui qui préside au relèvement des sourcils. On constate aussi, paraît-il, exceptionnellement, sa présence aux aisselles et dans la région des omoplates. Darwin estime que ce muscle fournit un excellent exemple de ce fait : que *les conformations rudimentaires sont tout spécialement sujettes à présenter des variations dans leurs arrangements.* On ne saisit pas très bien la rigueur de cette conclusion. Car, en admettant que les fascicules observés dans des régions diverses soient bien exactement de la nature du pannicule, pourquoi ne pas les considérer comme des productions accidentelles analogues à celles qui se rencontrent non seulement dans le règne animal, mais aussi dans le règne végétal ? Du reste, il faut bien que cet ordre de muscles soit plus répandu dans le corps humain qu'on ne l'avait d'abord cru, ou que les muscles ordinaires puissent, par l'exercice, acquérir les propriétés du pannicule : car on voit des individus mouvoir, à leur gré, les oreilles, le scalpe, la peau du bras, etc.

Le tube digestif a aussi son rudiment : c'est l'appendice vermiforme du cœcum dont les anatomistes n'ont pas encore déterminé le rôle fonctionnel. Voici la raison que l'on donne de son existence : Le cœcum est un diverticulum de l'intestin se terminant en un cul-de-sac et atteignant une grande longueur chez beaucoup de mammifères herbivores inférieurs. Par suite d'un changement d'habitudes le cœcum s'est raccourci notablement chez plusieurs animaux et l'appendice a subsisté pour témoigner de cet ancien état. C'est vraiment pousser trop loin le désir d'adapter les faits à une théorie. On cherche, vainement, en effet, le rapport qui lie l'existence de cet appendice à un ancien état de longueur du viscère sur les parois duquel il s'implante. Car si l'hypothèse première de Darwin était vraie, si le raccourcissement du cœcum s'était produit sous l'influence d'un changement d'habitudes il resterait à expliquer le mécanisme d'après lequel a procédé cet appendice pour se former. On conçoit que le cœcum se raccourcisse par le fait d'une rétraction des tissus qui composent ses parois, ou par le fait d'une invagination et d'un accolement consécutif : mais on a de la peine à concevoir qu'un cul-de-sac se forme sur ses parois et que ce cul-de-sac soit une conséquence de la diminution de longueur. Nous sommes plus porté à penser que cet organe, sans utilité connue, est le vestige de quelque conduit ayant existé durant la vie embryonnaire, et que la science déterminera, un jour, son rôle comme elle a précisé celui du diverticulum que présente quelquefois l'iléon et qui n'est que le conduit oblitéré établissant, chez l'embryon, la communication entre l'intestin et la vésicule ombilicale. Ajoutons que si l'appendice du cœcum est inutile, la sélection aurait bien fait de ne pas se borner à le réduire. Elle aurait dû, justifiant les assertions de Darwin qui prétend que tout ce qu'elle fait est pour le mieux, en amener la disparition complète. L'humanité gagnerait à sa disparition ; car on a vu ce petit cul-de-sac devenir le point de départ d'accidents rapidement mortels.

Passant à l'examen des organes des sens, Darwin avance que, dans *l'œil*, le pli semi-lunaire n'est autre chose que la membrane clignotante des oiseaux et de certains poissons à l'état rudimentaire. Je sais que cette interprétation est celle de plusieurs anatomistes. Mais il est bien extraordinaire que, s'il en est ainsi, la membrane clignotante ne se soit jamais reproduite accidentellement dans les divisions supérieures de la classe des mammifères. Cette hypothèse ne nous rendrait pas compte, non plus, d'un fait connu de tous, à savoir que le pli semi-lunaire présente un plus grand développement dans certaines races humaines.

La formation de l'œil a été, de la part des transformistes, singulièrement expliquée. Constaté, à l'état parfait, dans les premiers temps paléontologiques l'œil était bien de nature à fixer l'attention de Darwin. Seulement il n'était pas facile d'exposer, d'une manière satisfaisante, l'origine première de ce mystérieux organe. Il le faut bien pour qu'on ait hasardé l'explication suivante : la formation des yeux serait due *au contact fortuit d'un rayon lumineux et de deux cellules symétriques plus sensibles que leurs voisines à l'action de la lumière.* Avouons que, pour se contenter de cette explication, il faudrait ne pas se montrer difficile et que de semblables propositions tiennent beaucoup plus de l'espièglerie scientifique que de la discussion sérieuse. En vérité, ceux qui émettent cette opinion peuvent-ils bien avoir l'espoir de la faire accepter? Ces adorateurs du hasard feront-ils jamais accroire à un homme sensé que cette admirable organisation est l'œuvre de leur Dieu ? Rejetons ces assertions grotesques et avec Newton disons bien haut : « L'œil n'a pu être fait sans aucune connaissance de l'optique. »

Le sens de l'*odorat* serait sans grande utilité pour l'homme, tandis qu'il serait extrêmement utile à la plupart des animaux que l'on nous donne pour ancêtres. Les darwinistes ne se rendent pas très bien compte de cette circonstance : mais ils se refusent à croire que l'homme ait acquis ce sens dans son état actuel : ce serait encore un fait de retour et nous tiendrions de quelque ancêtre très reculé cette faculté affaiblie et rudimentaire. La proposition qui sert de base à argumentation de Darwin est absolument étrange. Nous sommes bien obligés de nous tenir pour satisfaits de l'imperfection relative de ce sens, imperfection qui met en défaut la grande loi du progrès continu. Mais il est certain que nous trouverions des avantages réels à percevoir avec plus de précision et de netteté les odeurs dégagées par les corps. On est donc mal venu à nous représenter l'odorat, dans l'espèce humaine, comme un sens provenant d'ancêtres reculés et amoindri grâce aux calculs de cette prévoyante sélection qui aurait jugé que nous pouvions, de ce côté, nous contenter de peu.

Il est des muscles qui font normalement partie du corps de certains animaux inférieurs et que l'on retrouve très réduits chez l'homme. Peut-on en induire que ces muscles sont un fait d'atavisme et qu'ils rappellent notre ancien état? Il me paraît plus naturel de voir là un simple accident d'organisation physique, un détail sans importance se rattachant au plan général. Ainsi s'explique l'existence de quelques muscles dont parle Darwin, le muscle ischio-pubien, par exemple. « Beaucoup de muscles spéciaux aux quadrumanes ou aux autres mammifères, dit-il, se rencontrent parfois chez l'homme. Le professeur Vlacovich a, sur quarante sujets mâles, trouvé chez dix-neuf, un muscle qu'il a appelé l'ischio-pubien : chez trois autres ce muscle était représenté par un ligament : il n'y en avait pas de traces chez les dix-huit restants. Sur trente sujets féminins, ce muscle n'était développé des deux côtés que chez deux, et le ligament rudimentaire chez trois. Ce muscle paraît donc plus commun chez l'homme que chez la femme ; ce fait s'explique si l'on admet l'hypothèse que l'homme descend de quelque type inférieur, car ce muscle existe chez beaucoup d'animaux et, chez tous ceux qui le possèdent, il sert exclusivement au mâle dans l'acte de la reproduction. » Il est permis de ne pas accepter une semblable conclusion. Car comment comprendre que ce muscle, normal chez nos plus proches voisins, se rencontre, dans la moitié des cas, chez nous qui n'en avons pas besoin et qu'il se rencontre tantôt à l'état de muscle complet, tantôt à l'état de rudiment? Les bizarreries de la nature, les caprices de la force vitale se sont-ils jamais montrés avec plus d'éclat? Et dans la théorie darwinienne comment concilier des faits de ce genre avec l'existence constante de l'appendice iléo-cœcal qui nous viendrait pourtant d'ancêtres beaucoup plus éloignés?

Les faits que nous venons de discuter conduisent à une conclusion bien simple : c'est que le corps de l'homme, comme celui de tout autre animal, est sujet à des variations, à des changements et que le créateur ne l'a pas condamné à l'immutabilité, ce qui eût été le condamner à une extinction fatale et relativement prochaine.

Mais il y a plus : on signale chez l'homme des conformations accidentelles que l'on regarde comme des effets de retour et qui me paraissent être la négation de la théorie de l'atavisme. Ainsi les carnivores et beaucoup de marsupiaux ont, près de l'extrémité inférieure de l'os du bras, une ouverture, le foramen supra-condyloïde, dans laquelle passe le principal nerf de l'avant bras et quelquefois son artère principale. Or, l'humérus de l'homme présente quelquefois à la partie inférieure de sa face interne une apophyse osseuse circonscrivant, avec l'épitrochlée et un ligament, une ouverture elliptique où passent l'artère humérale et le nerf médian. On a pris cette ouverture pour l'homologue et le rudiment de l'orifice supra-condyloïde des animaux inférieurs. Mais comment cette particularité qui se rencontre chez 1/120 des squelettes serait-elle un effet de retour puisqu'on ne la constate jamais chez les quadrumanes, c'est-à-dire chez les animaux intermédiaires entre l'homme et ceux qui la possèdent normalement?

Quand ils sont lancés dans la voie des conjectures les transformistes ne s'arrêtent pas de si tôt. C'est ainsi que M. de Mortillet (1) a pu utiliser le principe de l'atavisme pour préciser le moral, le caractère psychique de l'homme quaternaire. Pour cela, il se base sur les travaux de M. Bordier, professeur à l'École d'anthropologie de Paris. Celui-ci ayant étudié une série de crânes de criminels qui figuraient à l'exposition anthropologique de 1878, a reconnu qu'ils présentaient tous des caractères néanderthaloïdes (arcades sourcilières prononcées, développement surtout considérable de la partie postérieure du crâne). De là il induit que l'homme néanderthaloïde ou chelléen était d'un caractère violent, colère et bataillard. Et pour donner du poids aux conclusions de ce singulier rapprochement il ajoute que les ossements fossiles trouvés dans la vallée de Néander établissent, d'une manière évidente, l'existence de ces défauts chez l'homme quaternaire. Or quelles seraient les preuves? une grave lésion de l'humérus gauche et la trace d'une cicatrice au-dessus du sourcil droit. Je n'éprouve pas le moindre embarras à dire que cette façon de conclure est loin

(1) De Mortillet, *Le préhistorique*, page 232.

de se recommander par la rigueur. En effet, on a quelques pièces osseuses retirées des alluvions quaternaires : on en fait l'homme chelléen et l'on précise soigneusement la forme de son crâne. Il est bon de faire remarquer que plusieurs autres crânes de la même époque, celui de Canstadt en Wurtemberg, celui de Brux en Autriche, celui d'Eguisheim près Colmar n'avaient point présenté une conformation identique. Mais qu'importe? il y a un cas, et cela suffit aux transformistes pour déterminer le type de l'homme néanderthaloïde. De plus, le frontal offre la trace d'une cicatrice : l'os du bras gauche porte une grave lésion. De cette double constatation, ils arguent que l'homme dont on a retrouvé le crâne était violent, querelleur et, par suite, que tous les hommes de cette époque avaient ces mêmes travers de caractère. L'analogie de ce crâne avec ceux des héros de nos cours d'assises ne pouvait plus laisser de doutes sur l'identité de l'état mental. Eh bien, nous le demandons à M. de Mortillet lui-même, son argumentation a-t-elle une portée sérieuse? En admettant, ce qui est loin d'être démontré, comme nous le verrons plus loin, l'authenticité de la pièce osseuse, en tenant pour vraie sa haute antiquité est-on en droit d'interpréter, comme on le fait, des accidents d'organisation qui peuvent être rattachés à mille causes diverses? Et d'un cas particulier, d'une seule observation peut-on, en bonne logique, arriver à une généralisation?

Les doigts surnuméraires (hexodactylie) sont aussi

rangés dans la catégorie des faits de retour ; et cette particularité anatomique nous viendrait de la classe des reptiles où sont les seules espèces comptant normalement jusqu'à six doigts. Or si, comme le veut M. Duval, toutes les espèces animales dérivent d'un ancêtre commun et se sont multipliées à la façon des innombrables branches qui naissent d'un même tronc, si, de plus, cet ancêtre commun a été un animal aquatique, il faut admettre que toutes les branches qui, les premières, se sont détachées du tronc ont été des branches reptiliennes. Les reptiles renferment quelques espèces qui comptent six doigts. Ce sixième doigt n'est pas, chez elles, un fait de retour puisqu'elles descendent, en ligne directe, d'une classe dont les individus n'ont pas de doigts. Mais ce qui paraît extraordinaire c'est que les oiseaux, branche née immédiatement des branches-reptiles, n'aient pas, pendant quelque temps au moins, conservé l'hexodactylie. Loin de là, les oiseaux n'ont que deux à quatre doigts ; et les mammifères qui représentent les dernières branches en ont jusqu'à cinq. Voilà bien de quoi mettre en doute la constance des effets héréditaires. Mais ce sont là des tours familiers à la sélection naturelle.

En 1873, Lavocat présenta à l'Académie des Sciences un pied d'homme à huit orteils. Si c'est un fait d'atavisme qu'on nous dise le tronc auquel correspondrait cette branche ancestrale.

Le grand principe posé par nous, principe qui nous rend compte de la similitude physique, ressort, d'une manière éclatante, de l'examen d'; système reproducteur. Les évolutionnistes sont aujourd'hui d'accord pour affirmer que les organes de la reproduction sont identiques dans les deux sexes, ou tout au moins que les parties toujours présentes et actives chez un sexe sont représentées, chez l'autre, par des rudiments. Mais il me paraît impossible d'accepter que la présence de ces rudiments dépende de l'hérédité seule et que *certaines parties acquises par un sexe aient été transportées partiellement à l'autre.*

Cette théorie du transfert partiel des organes de la reproduction a quelque chose de piquant et est bien de nature à réveiller l'humeur gaie de l'homme le plus grave. Darwin eût dû nous initier aux détails de l'opération ; il aurait dû en exposer le mécanisme. Car ces rudiments doivent être d'un genre tout particulier, et nous ne pensons pas que leur existence puisse se rattacher à un défaut d'usage.

Un très grand nombre de caractères sexuels secondaires sont expliqués par Darwin à l'aide de la théorie tout à fait inexplicable du transfert et de l'hérédité. Ainsi, chez les singes mâles on trouve plus de force et plus de taille que chez les femelles ; ils sont également plus courageux, plus hardis, plus aventureux. Ces divers caractères se dessinant dès l'âge le plus tendre dans toutes les espèces animales, il semblerait naturel de voir dans ce fait une loi générale établie par le créateur et mise en rapport avec les besoins, avec les conditions d'existence des êtres. On pourrait encore admettre que la plus grande force de l'homme a pour origine les effets héréditaires des travaux plus pénibles auxquels il a dû se livrer pour assurer sa subsistance et celle de sa famille. Mais Darwin, fidèle à sa doctrine, prétend que « la plus grande taille et la plus grande force de l'homme, quand on le compare à la femme, ses épaules plus larges, ses muscles plus développés, ses contours plus anguleux, son plus grand courage et ses dispositions belliqueuses proviennent, par héritage, de quelque ancêtre mâle qui, comme les singes anthropomorphes actuels, possédait ces caractères. » C'est toujours le même désir de faire prévaloir un système. Il resterait à nous démontrer comment nos primitifs ancêtres mâles avaient eux-mêmes possédé cette prérogative.

Je ne sais si je m'exagère la valeur de l'argument que fournit l'analogie frappante des organes reproducteurs dans les deux sexes : mais il me semble qu'à elle seule, elle suffit à faire ressortir jusqu'à l'évidence la conception de ce plan idéal que le naturalisme repousse obstinément et à l'aide duquel Geoffroy Saint-Hilaire expliquait l'existence des organes rudimentaires.

Les organes rudimentaires, avons-nous dit, tiennent une large place dans la doctrine darwinienne. Nous devons remarquer tout d'abord que, pour les besoins du système, on découvre des organes rudimentaires là où il n'y en a point, ou plutôt qu'on attribue ce caractère à des organes qui ne l'ont pas et dont la destination est très nettement établie. Ainsi, dans l'espèce *boa* (serpents) on nomme rudiments des membres postérieurs de petites saillies placées symétriquement de chaque côté de l'anus. Mais il y a là une fausse interprétation : car ce que l'on prend pour des organes rudimentaires de locomotion ce sont simplement des organes ayant pour but de faciliter l'accouplement. De même, certaines espèces animales vivant dans les cavernes de la Carniole offrent, comme appareil de la vision, un petit globe oculaire atrophié, caché sous la peau. Ces espèces en sont arrivées là parce qu'elles vivent sous terre et n'exercent pas leurs yeux. C'est une atrophie résultant du défaut d'usage. Mais rien ne porte à penser que ces yeux sont des organes rudimentaires que ces animaux tiendraient d'ancêtres plus ou moins reculés.

Les transformistes prétendent que, ces rudiments étant inutiles, quelques-uns même devenant une source de dangers, on s'explique très bien leur existence en considérant les espèces comme des types en voie de formation, en voie d'évolution ; mais, disent-ils, « ces défectuosités n'ont pas leur raison d'être, elles deviennent inexplicables si l'on admet que chaque type a été créé pour son milieu, avec l'adaptation préconçue que suppose la loi des conditions d'existence. » Cette objection n'est pas sérieuse. Et d'abord, la physiologie n'ayant certainement pas dit encore son dernier mot, on est autorisé à croire que l'appendice iléo-cœcal, auquel il est fait allusion, joue peut-être dans l'organisme un rôle encore inconnu. Car si cet appendice est fonctionnellement nul, et si l'homme remonte bien réellement à l'époque tertiaire, il est surprenant que, dans ce laps de temps, l'atrophie progressive n'ait pas abouti à la disparition complète. Nous voyons, tous les jours, l'inaction absolue produire des effets autrement prompts dans un temps relativement très court.

VI. — La sélection et M. Henri Fabre.

Dans ses *Nouveaux souvenirs entomologiques* M. Henri Fabre, un naturaliste dont la modestie égale le savoir, s'est appliqué à trouver la sélection en défaut et il y a merveilleusement réussi. Ses recherches sur les *abeilles maçonnes* ayant causé quelque embarras à Darwin, celui-ci invoqua un vice dans les procédés d'expérimentation de son contradicteur. Dès lors, les expériences furent reprises et elles furent plus probantes encore. Car M. Fabre reconnut dans cette espèce l'existence d'un sens mystérieux, d'un sens tellement étranger à notre organisation que nous sommes incapables d'en avoir une idée. Aussi s'écrie-t-il triomphant : « Un sens de plus s'ajoutant à notre lot, quelle cause de progrès ! Pourquoi en sommes-nous privés ? Si, comme on le prétend, l'animalité entière provient d'un moule unique et se transforme à travers les âges, favorisant les mieux doués, comment se fait-il que ce sens merveilleux soit le partage de quelques humbles et n'ait pas laissé de traces dans l'homme qui est le point culminant de la série zoologique? Nos précurseurs ont été bien mal inspirés de laisser perdre un si magnifique héritage : c'était plus précieux à garder qu'une vertèbre ou coccyx ou quelques poils à la moustache. Je soumets le petit problème aux évolutionnistes et je suis très désireux de savoir ce qu'en disent le protoplasme et le nucléus (1). »

M. Fabre a raison : on ne retrouve pas partout le doigt providentiel de la sélection naturelle. Ainsi pourquoi n'a-t-elle pas veillé au maintien d'une propriété bien remarquable que possèdent certaines espèces de reptiles? nous voulons parler de la *rédintégration* ou *régénération*, faculté en vertu de laquelle se reproduisent certaines parties du corps qui ont été enlevées par la mutilation. Pline et les naturalistes de l'antiquité avaient déjà observé que la queue des orvets, des lézards, des scinques, etc., se reproduisait très bien après avoir été coupée. Dans ces derniers temps des expériences très remarquables sont venues mettre en relief cette puissance de reproduction. Blumenbach extirpa les yeux à un lézard vert et vit, après un temps très court, ces organes se reproduire. Ch. Bonnet a constaté que les membres amputés chez les salamandres et les tritons se reproduisaient rapidement : il les a

---

(1) Nucléus, corps particulier adhérant à la paroi de la cellule et faisant partie de celle-ci.

même vus se reconstituer après quatre amputations successives. Duméril est allé plus loin : il a enlevé, avec des ciseaux, les trois quarts de la tête d'un triton. Non seulement l'animal a survécu, mais la reproduction s'est faite et se serait certainement complétée si l'animal n'avait succombé après trois mois par la négligence de celui qui était chargé de son entretien.

Voilà une faculté précieuse que la sélection est vraiment inexcusable de n'avoir pas conservée. On n'invoquera pas, je l'espère, l'inutilité de l'œuvre par nous revendiquée. L'hérédité pouvait-elle jamais exercer plus utilement son empire ? Pourquoi l'atavisme, tout au moins, ne s'en est-il pas mêlé ? Certes, s'il tenait à nous rappeler notre origine reptilienne, il eût été bien mieux inspiré en renouvelant ce caractère qu'en infligeant à quelques membres de l'humanité un doigt surnuméraire. Nous lui aurions su gré de son culte pour le passé, et nous aurions mis en jeu toutes les ressources de la sélection artificielle pour obtenir la fixation de cet important caractère.

L'exposé des considérations générales que nous venons d'examiner est suivi, dans l'ouvrage de Darwin (1), de l'étude comparative de l'homme et des animaux. Cette intéressante question est traitée avec tous les développements qu'elle comporte au triple point de vue physique, intellectuel et

---

(1) Darwin, *La descendance de l'homme et la sélection sexuelle.*

moral. L'auteur y déploie toutes les ressources de sa vaste érudition et fait de réels efforts pour utiliser les résultats de ses recherches et de ses observations au profit de la doctrine dont il se fait l'apôtre. Nous allons le suivre dans son argumentation.

CHAPITRE IV

Enseignements de l'anatomie comparée — Analogie de structure du corps chez l'homme et chez les animaux. — Embryologie. — Arrêt de développement. — Idiots microcéphales. — Malconformations. — L'homme seul bipède. — Le crane chez l'homme et les singes anthropomorphes. — Villosité chez l'homme. — Le coccyx de l'homme et la queue des animaux. — Transformation et succcession des espèces.

I. — Enseignements de l'anatomie comparée : analogie de structure du corps chez l'homme et chez les animaux.

L'anatomie comparée démontre qu'il existe une très grande similitude, une presque identité entre le squelette de l'homme et celui des autres mammifères, mais surtout du singe, de la chauve-souris et du phoque. Il en est de même du système musculaire et du système nerveux. Le cerveau lui-même des singes anthropomorphes (1) ressemble beaucoup à celui de l'homme, et dans ses *Leçons sur la physiologie*, M. Vulpian s'exprime ainsi : « Les diffé-

(1) Ayant la forme de l'homme : les singes les plus élevés.

rences réelles qui existent entre l'encéphale de l'homme et celui des singes supérieurs sont bien minimes : il ne faut pas se faire d'illusion à cet égard. » Nous prenons acte de cette déclaration dont nous admettons, pour un instant, la parfaite exactitude ; et nous demandons qu'on nous explique comment deux organes qui diffèrent si peu au point de vue anatomique diffèrent si profondément au point de vue des résultats fonctionnels qu'ils fournissent. Il est certain que, la quantité de matière étant sensiblement la même, la force qui se résout en phénomènes intellectuels devrait être la même aussi. Et devant la différence que chacun apprécie, on sera obligé de confesser que si l'homme a conquis sur tous les êtres une supériorité incontestable, il le doit à autre chose qu'à quelques atomes de matière cérébrale qu'il posséderait en plus.

Il nous reste à vérifier cette loi de structure énoncée aussi par Darwin sous le couvert de Huxley et de quelques autres anatomistes. Il avance que cet important organe présente, au point de vue de sa structure et de son développement, une analogie frappante avec celui des singes anthropomorphes. Cette assertion est formellement contredite par un savant d'une incontestable autorité, par Gratiolet qui affirme que le développement du cerveau suit, dans ces deux espèces, une marche inverse. Ainsi, chez le singe, le lobe moyen formé par les circonvolutions temporo-maxillaires paraît et s'achève avant le lobe frontal qui est constitué par les circonvolutions antérieures : tandis que c'est l'inverse qui a lieu chez l'homme. Bischoff, après avoir déclaré que chaque fissure principale et chaque pli du cerveau humain ont leur analogue dans celui de l'orang, ajoute que les deux cerveaux ne concordent complétement à aucune époque de leur développement et qu'ils présentent des différences importantes. Pour n'en citer qu'une, disons que, chez l'homme seul, le cerveau se prolonge en arrière de façon à recouvrir le cervelet.

Des différences anatomiques et physiologiques caractéristiques entre l'espèce singe et l'homme se déduisent également de la structure du crâne, des membres, etc. Luce, anatomiste distingué qui a mesuré un nombre incalculable de crânes, prétend que la position de l'axe crânien délimite très bien les deux espèces. De ses observations et de ses études il résulte que, chez le singe, l'occipital et les deux sphénoïdes qui forment cet axe se prolongent suivant une seule ligne, tandis que chez l'homme, cet axe présente une double courbure : et l'angle qui, dans l'espèce singe, diminue avec l'âge, s'ouvre davantage, au contraire, dans l'espèce humaine. Le trou occipital, chez l'homme, devient plus horizontal à mesure que celui-ci avance en âge, tandis que, dans les mêmes conditions, il se redresse chez le singe. A cela les darwiniens répondent que de pareils faits confirment la théorie de la descendance : « les deux séries, l'homme et le singe, divergent, et les jeunes individus se ressemblent plus que les vieux ; le singe, en grandissant, devient plus animal, l'homme devient plus humain. » Avouons que cette théorie est bien faite pour plaire aux esprits superficiels et qu'il est réjouissant d'assister à cet épanouissement du tronc commun qui permet de préciser le moment où chaque rameau qui s'en détache prend les caractères qui doivent distinguer son espèce. Mais celui qui raisonne peut-il ne pas voir dans cette disposition anatomique la réalisation d'un but poursuivi par l'intelligence créatrice, la condition même assurant à l'homme deux de ses privilèges : la marche verticale et la séparation absolue de la main et du pied ?

Et maintenant, de l'analogie qu'offrent la structure du corps, la composition des tissus et du sang, de l'identité des maladies qui atteignent l'homme et les animaux, de la faculté de se communiquer certains états morbides et de la similitude de certains goûts, que doit-on conclure, sinon que les divers mammifères ont été faits sur un même plan général, plan qui se retrouve chez toutes les espèces avec ses caractères généraux, et dont les grandes lignes ne sont en rien altérées par quelques variations que peuvent présenter les individus.

II. — Embryologie.

Telle n'est pas l'opinion de Darwin. Celui-ci cherche à tirer grand parti de l'analogie de l'embryon qui, à une période précoce, est identique, dit-il, chez l'homme et les autres animaux. Dores et déjà, car nous reviendrons sur cette question, nous sommes autorisés à dire que cette identité est plus apparente que réelle : car comment des ovules identiques donneraient-ils naissance à des êtres aussi divers, à des êtres dont la structure anatomique est plus ou moins complexe suivant les espèces, à des êtres surtout si différents entre eux par les facultés mentales? N'y a-t-il pas là quelque chose de mystérieux, quelque chose d'inexplicable, quelque chose que la science doit se contenter de constater et de proclamer? Eh quoi! l'ovule, point de départ de l'homme et l'ovule, point de départ du chien sont identiques, et ils aboutissent à la constitution de deux êtres si distincts, si différents! Renoncez à l'espoir de nous convaincre sur ce point : de grâce, cessez de voir là la preuve d'un état antérieur de l'homme. Comment voulez-vous n'y trouver qu'un fait d'évolution, une récapitulation sommaire des divers états par lesquels serait passé l'homme avant d'arriver à être ce qu'il est? Il n'y a, ce me semble, qu'une conclusion à tirer de ces observations, c'est que le plus parfait microscope des micrographes les plus exercés a été impuissant à faire reconnaître tous les détails différentiels de la constitution de l'ovule, ou bien que la transformation, les phases successives du développement de cet ovule sont hors de portée de l'intelligence humaine.

Sur cette question, du reste, il est urgent de s'entendre : si le darwinisme proclame que cette analogie existe dans les premiers temps de la vie embryonnaire, nous ne saurions y contredire. Car tous les êtres vivants ont la cellule pour point de départ commun. Nous voulons bien admettre aussi que les divers organismes se correspondent assez exactement dans les diverses phases de leur développement. Mais M. Costes a découvert des différences réelles dans les ovules et Agassiz a prouvé qu'à une période voisine de sa formation, l'embryon offre des particularités qui permettent de reconnaître le type.

D'ailleurs les analogies mises en évidence par les recherches embryologiques nous semblent justifier à merveille l'action d'une main créatrice. Ainsi on prétend que l'axe cérébro-spinal de l'homme présente dans son développement quelques stades transitoires identiques aux stades qui représentent les formes définitives de cet axe dans la série des vertébrés placés au-dessous de l'homme. Quelle différence pourtant dans le résultat final ! Et l'on ne verrait là qu'un progrès aveugle ? Ah ! nous nous refusons à faire au simple hasard une part aussi large ! Et si la cellule primitive évolue chez nous avec une inflexible régularité, si elle marche, sans temps d'arrêt, vers un but absolument défini, nous ne pouvons nous empêcher de reconnaître une direction intelligente poursuivant et atteignant avec une rigoureuse exactitude un résultat précis, la constitution d'un organisme différent des autres et plus complexe.

La corrélation dans le processus embryonnaire

qui constitue le thème favori des transformistes est parfaitement interprété par Agassiz que M. Duval peut bien appeler l'*enfant terrible du téléologisme*, mais qui n'en est pas moins un des plus grands naturalistes de notre époque. Voici comment il s'exprime : « Pour certains types, l'état embryonnaire des représentants supérieurs, appelés seulement plus tard à l'existence, était figuré déjà essentiellement en quelque sorte, dans les individus de ces mêmes types qui vivaient à une époque antérieure. Cette corrélation étant suffisamment connue, on peut considérer les animaux divers d'une époque antérieure comme manifestant pour ainsi dire le modèle sur lequel seront établies les phases de l'évolution d'autres animaux à une époque ultérieure. C'est, dans ces temps reculés, comme la *prophétie* d'un ordre de choses impossible avec les combinaisons zoologiques prédominantes alors, mais qui, réalisé plus tard, attestera d'une manière frappante que, dans la gradation des animaux chaque terme a été préconçu... C'est là ce que, depuis quelques années, je me suis habitué à appeler les *types prophétiques* (1). » M. Duval ne pense pas que les naturalistes puissent s'accoutumer à désigner sous le nom de types prophétiques les formes géologiques et embryonnaires. Je ne vois pas, pour mon compte, grand inconvénient à faire cet emprunt à la langue biblique : le mot répond très exactement à la pensée d'Agassiz. Pourquoi donc ne l'emploierait-il pas ?

---

(1) *Loco citato.*

Lorsque les observations embryologiques ne donnent pas un résultat absolument conforme aux vues des transformistes, lorsque ceux-ci rencontrent des faits qui ne justifient point la fameuse loi de Hœckell, ils éludent la difficulté à l'aide d'un raisonnement que nous avons eu plusieurs fois l'occasion de surprendre et dont le peu de sérieux frappe toutes les intelligences. Pour eux les faits qui devraient se produire et qui ne se produisent pas *n'ont point leur raison d'être*. Écoutons M. Duval :
« Ce n'est pas seulement la grenouille qui est un poisson à l'un de ses stades de développement, un stade analogue se présente chez tous les vertébrés, lors même que l'œuf qui leur donne naissance se développe dans l'intérieur de l'organe maternel, comme chez les animaux à gestation, chez les mammifères. En effet, dans les premiers temps de la vie intra-utérine, l'embryon humain, comme celui du lapin, du chien, comme celui des reptiles et des oiseaux, présente sur les côtés du cou des fentes, dites *branchiales*, semblables aux fentes sur les lèvres desquelles se développent les branchies des poissons. Seulement ici les ramifications branchiales *n'ayant pas leur raison d'être* en ce point ne se développent pas, l'embryon ayant formé un autre organe, le placenta, par lequel il respire dans le sang de la mère, absolument comme le poisson respire dans l'eau (1). »

(1) M. Duval, *Le Darwinisme*. Leçons professées à l'École d'anthropologie.

Comment ce simple vaisseau pulsateur qui préside à la distribution du sang pendant les premiers temps de la vie demeure-t-il simple vaisseau chez bon nombre d'animaux, alors qu'il devient, chez l'homme, un organe complexe, un organe admirable? Cette diversité de résultats acquis par des organismes qui ont été identiques dans les premiers temps de leur existence constitue un fait inabordable pour notre raison.

L'embryologie n'est d'aucun secours au transformisme : cela est évident pour tout homme qui sait que les organes importants se forment, dès les premiers temps de la vie individuelle, par la segmentation des cellules. On a beau remonter la série des ancêtres : on trouve toujours des organes morphologiques distincts provenant de la segmentation des cellules primordiales dans l'embryon, mais jamais des organes acquis plus tard par un animal ayant sa vie propre et parvenu à un complet développement. De telle sorte que cette science semblerait expliquer l'apparition d'espèces nouvelles non par un processus d'ordre externe, comme l'entendent les transformistes, mais par une loi d'évolution interne et servir ainsi la cause d'une doctrine nouvelle dont nous aurons à discuter la valeur.

D'après le professeur Wyman, le gros orteil est plus court que les autres doigts chez l'embryon qui a un pouce de longueur ; et, au lieu de leur être parallèle, il forme un angle avec le côté du pied. De cette façon il correspond très exactement, par sa position, avec l'état permanent de l'orteil chez les quadrumanes. Comment se fait-il que ce gros orteil prenne la position qu'il a chez l'homme et fournisse le point d'appui dans la marche et dans la station, particularité qui est considérée par Owen comme une des plus caractéristiques de l'espèce humaine ?

Du reste, l'étude de l'embryologie conduirait, d'après les transformistes, à de bien singulières conséquences : elle prouverait l'identité d'espèces essentiellement disparates: ainsi les parasites vivant sur un animal auraient été primitivement ses collègues. Eh bien, peut-on croire aux données embryologiques lorsqu'elles nous représentent les rhizzocéphales comme des crustacés, c'est-à-dire comme des animaux appartenant à la même classe que les crabes sur lesquels ils vivent à l'état parasitaire ? Le rhizzocéphale a-t-il donc quelque analogie de structure avec les crustacés en général et avec le crabe en particulier ? Alors que celui-ci possède des organes des sens, des membres, des branchies, des antennes, le rhizzocéphale consiste en une masse informe, en quelques filaments au moyen desquels il s'implante et son organisation est aussi rudimentaire qu'elle puisse l'être.

III. — Arrêt de développement : idiots microcéphales : malconformations.

L'arrêt de développement fournit au transformisme l'occasion de rapprocher l'homme des animaux inférieurs. Ainsi la physionomie générale des idiots microcéphales rappellerait les types inférieurs de l'humanité.

Je voudrais bien que l'on nous fasse connaître le moyen de concilier cette opinion avec la doctrine du progrès continu. Comment ! la nature qui veille avec une prévoyance incessante au perfectionnement intellectuel et moral des êtres, la nature qui se préoccupe, sans relâche, de constituer des espèces nouvelles avec les meilleurs caractères des espèces précédentes, la nature, disons-nous, aurait employé des centaines de siècles pour arriver à l'idiot microcéphale ! Singulière façon, en vérité, de comprendre le progrès et de le réaliser.

La tendance de quelques-uns de ces idiots à monter les escaliers à quatre pattes et à grimper sur les meubles remettrait en mémoire les agneaux et les cabris qui étaient primitivement des animaux alpins aimant à folâtrer sur les plus petites élévations de terrain. Enfin les habitudes dégoûtantes et indécentes de certains autres les rapprocheraient des animaux inférieurs. Mais je ne vois dans cet état de choses rien qui ne soit absolument naturel. L'idiot est un homme incomplet, un être dont l'organisme n'a pas atteint les proportions normales. A qui pourrait-il donc être assimilé si ce n'est aux êtres faits sur le même plan que lui et dont il se trouve exceptionnellement rapproché par un vice quelconque de conformation ou par une altération plus ou moins profonde des organes de l'entendement ?

Encore une fois, je trouve très naturel que l'idiot microcéphale, incapable de combiner des idées, soit enclin à l'imitation et que, impuissant à articuler un langage, il grimace, gesticule et utilise, à tout propos, les organes des sens. Mais ce cerveau arrêté, pour une cause quelconque, dans son développement, doit-il être envisagé comme un fait d'atavisme, un effet de retour au type normal du cerveau chez les ancêtres simiens de l'homme? Cette interprétation est essentiellement arbitraire : car les développements incomplets se retrouvent fréquemment aussi bien dans le règne végétal que dans le règne animal. Chacun a présents à l'esprit ces chênes rabougris dont la misère organique contraste profondément avec la beauté de ces chênes gigantesques devant lesquels ont défilé plusieurs générations.

Les malconformations, les monstruosités ne sauraient concourir à expliquer la formation des espèces ; car elles ne sont que des accidents d'organisation incapables de modifier les autres caractères. De plus, elles résultent non pas d'une élaboration lente et progressive, mais d'une variation spontanée dans la génération. A l'encontre des modifications qui surviennent sous l'influence du milieu ambiant les monstruosités se produisent brusquement, et ce phénomène a lieu tout aussi bien dans le domaine de la sélection naturelle que dans celui de la sélection artificielle.

Les malconformations s'expliquent tout naturellement par une infraction à la loi, à l'ordre. Quand nous voyons un homme de formes régulières, irréprochables, nous disons que le principe vital a respecté le modèle, le type, l'ordre du corps humain. Par contre, les défectuosités d'un organisme, les vices de conformation ne sont autre chose que la violation de la loi du type par la force vitale dévoyée. Car, dans le cas actuel, l'œuvre exprime bien exactement la nature de l'ouvrier. Ce n'est plus, en effet, une de ces œuvres d'art que l'auteur délaisse après l'avoir produite et qui ne marque qu'un instant de sa vie intellectuelle, une phase de son talent. Le corps humain est une statue vivante et animée que son sculpteur ne quitte plus, sur laquelle il veille et qu'il modèle sans cesse. Seulement, la force vitale fait quelquefois fausse route : la nature et l'instinct ne sont infaillibles que chez l'animal.

Aux faits articulés par Darwin, Canestrini en ajoute quelques-uns qui n'ont pas, non plus, une grande importance. Il cite l'os malaire et le frontal qui, chez les quadrumanes et chez quelques autres mammifères, sont formés de deux parties distinctes et qu'on trouve dans cet état chez le fœtus, quelquefois même chez l'homme adulte. Le naturaliste italien n'hésite pas à conclure de là que, chez les ancêtres de l'homme, ces os étaient divisés en deux pièces et que ces deux pièces se sont plus tard soudées pour n'en faire qu'une. Peut-on trouver la base d'un rapport génésique dans des faits de si minime importance et, d'ailleurs, absolument hypothétiques ?

Continuant ses études comparatives sur la conformation physique de l'homme et du singe, Darwin s'applique à mettre en relief l'analogie de structure des organes de préhension et de locomotion. Mais il ne peut s'empêcher de reconnaître que la main de l'homme, tout en ressemblant à celle des quadrumanes, est beaucoup mieux adaptée à des usages divers. Cela est incontestable. Par suite de la réduction du pouce et de l'adhérence partielle des doigts la main des singes a assez exactement la forme d'un crochet. N'est-il pas aisé de voir dans une semblable disposition une combinaison organique mise par le créateur en harmonie avec les usages de cet organe et la manière de vivre des individus de chacune des deux espèces ?

IV. — L'homme seul bipède.

L'homme est *bipède* et son attitude verticale constitue, sans contredit, un de ses caractères physiques les plus remarquables. Comment expliquer cette prérogative ? La chose n'était pas facile et le transformisme, dans la discussion qu'il lui consacre ne brille ni par la netteté, ni par le sérieux. « Si la main, dit-il, eût servi à la lomotion elle eût perdu cette sensibilité, cette délicatesse de tact qui lui étaient indispensables pour exécuter certains travaux et remplir certaines fonctions. Alors, en vertu de la division du travail physiologique, les pieds sont devenus plats, le gros orteil s'est rangé parallèlement aux autres, perdant ainsi toute faculté de préhension. Pendant que les pieds se perfectionnaient pour la locomotion et la station les mains, de leur côté, s'adaptaient à la préhension. » Je consens à négliger le côté plaisant de cet exposé et à contenir l'hilarité que provoquent presque irrésistiblement les calculs réalisés par la sélection à l'endroit des qualités de la main et des moyens de les fixer. Mais la manière dont s'est opéré le passage de l'état de quadrupède à celui de bipède excite notre curiosité. Car les êtres qui auraient vécu dans cet état intermédiaire auraient été impropres à toute locomotion. Et l'on ne saurait considérer comme étant cet état intermédiaire celui de certains singes qui se balancent quelquefois sur leurs longs bras pour se projeter en avant, ni celui de quelques hylobates qui, en se dressant sur leurs pattes, exécutent des mouvements dépourvus de précision et de sûreté. Ces types, quoi qu'on en dise, ne caractérisent pas cette gradation que le transformisme éprouve le besoin d'établir.

Quelques modifications importantes auraient été, d'après Darwin, la conséquence de l'attitude verticale acquise par l'homme : telles sont la courbure de l'épine dorsale, l'élargissement du bassin et le redressement de la tête.

Le poids et le volume du crâne et du cerveau auraient également influé, chez l'homme, *sur le développement de la colonne vertébrale qui les supporte, surtout alors qu'il tendait à se redresser.* A vrai dire, j'aimerais mieux que l'on procède ici comme en bien d'autres circonstances, qu'on fît surgir un quadrumane dérogeant aux conditions physiques de son espèce et présentant l'attitude verticale. La sélection s'en mêlerait : l'hérédité serait là pour perpétuer le caractère, et ce quadrumane, accidentellement conformé aurait été la souche de l'espèce humaine. De cette façon, on serait dispensé de nous expliquer les phases successives qui ont graduellement amené un quadrupède à devenir bipède ; on n'aurait pas à s'ingénier pour nous initier aux incidents de cette transition bizarre ; on s'épargnerait la difficulté de classer ces êtres dont le corps, à un moment donné, abandonne la position horizontale et, par des exercices bien conduits d'équilibrisme, se rapproche de plus en plus de la position verticale qu'il finit par prendre. Nous ne saurions accepter de telles opinions, et nous jugeons à la fois plus rationnel et plus sage de retrouver là l'exécution d'un dessein, celui d'assurer la prééminence de l'homme.

Comme conséquence de l'usage libre des bras et des mains, Darwin signale la particularité anatomique suivante : les ancêtres primitifs mâles de l'homme étaient probablement pourvus de grosses canines. Mais dès qu'ils purent utiliser leurs mains pour fabriquer des armes, pour lancer des pierres et se défendre ainsi de leurs ennemis, ils se servirent de moins en moins de leurs mâchoires et de leurs dents : et ce défaut d'usage amena la réduction dans le volume de ces diverses parties. Heureusement, la sélection n'a pas été aussi prévoyante pour l'homme qu'elle l'a été pour les ruminants mâles chez lesquels la réduction ou la disparition des canines aurait, d'après Darwin, coïncidé avec le développement des cornes. Je suis convaincu que l'espèce humaine lui saura gré de ne l'avoir pas fait bénéficier de cette production compensatrice.

V. — Le crâne chez l'homme et les singes anthropomorphes : villosité chez l'homme.

La différence énorme qui sépare le crâne de l'homme de celui des singes anthropomorphes a sensiblement embarrassé Darwin et ses disciples : cela ressort des considérations à l'aide desquelles ils ont voulu en rendre compte. Ils font intervenir la réduction des mâchoires et des dents ayant pour conséquence de diminuer le développement des muscles de cette région et de permettre au crâne de s'éloigner graduellement de la forme qu'il avait chez les ancêtres de l'homme pour se rapprocher de sa forme actuelle. La progression des facultés mentales est également invoquée par les naturalistes pour expliquer l'accroissement de volume du cerveau ; enfin, il n'est pas jusqu'à la pression excentrique produite par la masse cérébrale qui ne soit venue influencer la forme de la boîte crânienne. On ne comprend guère l'action de la première de ces trois causes. Quant aux deux autres, elles se trouvent en contradiction avec des faits connus : en effet, si, à mesure que les facultés mentales se développaient, le cerveau avait pris un plus grand volume, le crâne des hommes d'autrefois devrait avoir une capacité moindre que celui des hommes modernes. Or tous les naturalistes savent bien que le crâne des anciens troglodytes (1) de la Lozère avait une capacité moyenne supérieure à celle du crâne des Français d'aujourd'hui.

Du reste, le rapport qui existe entre le volume du cerveau et le développement des facultés intellectuelles est-il bien réel ? La capacité du crâne est-elle une base solide pour jauger l'intelligence de deux hommes ou de deux animaux ? On est autorisé à poser ce point d'interrogation lorsqu'on se rappelle que la fourmi, ce petit animal dont tout le monde connaît les instincts merveilleux, l'esprit de prévoyance et de solidarité a pour centre cérébral des ganglions plus petits que le quart de la tête de la plus petite épingle. On est autorisé à se faire semblable question lorsqu'on sait que certains mammifères, tels que la baleine et l'éléphant, ont un cerveau plus volumineux que celui de l'homme. Enfin si la pression exercée de dedans en dehors par le cerveau avait influé sur les dimensions de la boîte crânienne, ce n'est pas sur un seul point, suivant une direction unique que son effet se serait produit. Or le professeur Broca, après avoir démontré que les crânes récents des cimetières de Paris sont plus

---

(1) On appelle troglodytes des hommes qui habitaient les cavernes.

grands que ceux trouvés dans les caveaux du douzième siècle, aurait établi que l'augmentation s'est produite exclusivement dans la partie frontale qu'on suppose être plus particulièrement le siège des facultés intellectuelles.

Le développement du cerveau ne saurait être l'effet d'un progrès organique effectué dans le laps de temps qui s'est écoulé entre le moment où la vie a été possible et celui où l'on trouve les premières traces de l'existence humaine. Car si le progrès s'était continué dans ces proportions depuis l'époque à laquelle on fait remonter l'apparition de l'anthropopithèque quel ne devrait pas être aujourd'hui le volume du cerveau humain, l'intelligence s'exerçant beaucoup plus qu'elle ne s'exerçait dans les premiers temps de l'existence de l'homme?

L'homme diffère aussi essentiellement des autres animaux par la nudité de la peau. Dire qu'il a perdu son revêtement pileux sous l'influence de la chaleur à laquelle il a été soumis dans le pays qu'il habitait primitivement, c'est faire deux hypothèses tout aussi gratuites l'une que l'autre. Comment en pareil cas, la tête aurait-elle conservé les cheveux puisqu'elle était la partie la plus exposée à l'action de la chaleur? Belt pense que l'homme a perdu ses poils parce qu'il y avait, pour lui, avantage à les perdre, qu'il pouvait ainsi se débarrasser plus aisément des parasites qui le tracassaient sous les tropiques. Mais pourquoi cette modification s'est-elle produite exclusivement chez lui? Pourquoi les autres animaux n'ont-ils pas utilisé dans ce but la sélection naturelle ou sexuelle? Aucune de ces explications ne pouvant le satisfaire, Darwin, au risque de troubler l'ombre de nos célèbres coquettes, a imaginé que la femme primitive s'était, dans un but d'ornementation, dépouillée de ses poils et que l'état de villosité relatif de l'homme était simplement un résultat obtenu par la sélection sexuelle. Il faut convenir que, par moments, les effets de la sélection rappellent, à s'y méprendre, les tours de passe-passe exécutés par nos habiles prestidigitateurs. Les diverses théories à l'aide desquelles avait été expliquée la disparition du poil dans l'espèce humaine ayant paru insuffisantes aux disciples de Darwin, l'un d'eux a repris la question et voici comment s'exprime sur ce point M. Grant-Allen : « Nos ancêtres à moitié humains et en voie d'évolution prirent l'habitude de marcher debout et de se coucher sur le dos contrairement aux autres mammifères. Ils perdirent ainsi peu à peu le poil du dos, des épaules et des parties du corps en contact avec le sol. Or cet état du corps qui a perdu une partie de ses poils devait être assurément fort comique et fort désagréable. Dès lors, la sélection sexuelle s'est mise à l'œuvre, et elle a eu bientôt raison des malencontreux lambeaux de poil qui restaient encore. » Tout est burlesque dans cette description : mais on ne peut s'empêcher de sourire en songeant à la sollicitude avec laquelle la sélection sexuelle veillait à la fois à l'agréable et à l'utile chez nos ancêtres moitié humains.

VI. — Le coccyx de l'homme et la queue des animaux.

Le coccyx est, dans l'homme, l'homologue de la queue des animaux. Mais cet appendice a-t-il existé tout long chez nos ancêtres et est-il arrivé à ce degré d'amoindrissement parce qu'il est fonctionnellement nul? C'est une des nombreuses hypothèses faites par Darwin. Quant au fait matériel de sa disparition, il est assez étrangement expliqué : on prétend que, chez l'homme et chez les singes supérieurs, cet appendice a disparu par suite du frottement qu'il a subi et des lésions auxquelles il a été exposé pendant de longues périodes. Mais la queue des macaques et de bien d'autres vertèbres n'est-elle donc pas, depuis bien des siècles, placée dans les mêmes conditions? Comment se fait-il qu'elle n'ait pas subi le sort de celle des animaux supérieurs? Comment se fait-il que, dans la famille des lémuriens, nous ayons l'indri à courte queue à côté du maki et du galago, de Madagascar, qui portent une queue longue et touffue?

Assigner à la disparition de cet appendice une semblable cause, c'est exclure l'intervention de la sélection naturelle ; c'est se refuser à voir là un caractère de *perfectionnement*. Car, d'après cette théorie, il y aurait tout simplement un travail mécanique, une usure et, pas le moins du monde, ce travail rationnel de sélection qui a fait dire avec raison à Flourens : « dans le système de la sélection vous avez personnifié la nature et c'est là tout le reproche que l'on vous fait ». Le reproche fait à Darwin d'avoir fait de la sélection un agent de perfectionnement irréprochable au point de vue de la sagacité et de l'esprit de prévoyance est mérité : l'homme le mieux doué n'accomplirait pas des actes plus sensés que ne le sont ceux qu'on lui impute. Ainsi c'est à elle que le ver luisant devrait la vive lumière qu'il émet. Et cette phosphorescence, beaucoup plus brillante chez la femelle, se serait perpétuée, au dire de nos savants, parce qu'elle permettrait aux mâles de se guider sûrement vers les femelles. Il est surprenant que la sélection, qui fait bien les choses, n'ait pas rendu cette phosphorescence apparente seulement à l'époque où les mâles recherchent les femelles.

Nous avons passé en revue les principaux points de conformation invoqués par le darwinisme. Nous avons étudié les modifications plus ou moins profondes qui auraient été apportées successivement à cet organisme d'abord si simple, aujourd'hui si complexe et qui sont attribuées par nos adversaires à l'action directe ou indirecte de la sélection naturelle, à la persistance du plus apte. Nous avons cherché à faire ressortir combien grande était, dans cette théorie, la part de l'hypothèse et de l'exagération. Nous avons dit combien peu définis étaient ses procédés, combien hasardées étaient ses assertions et combien invraisemblables étaient ses résultats. Nous avons aussi mis en lumière les interprétations erronées de ces naturalistes et démontré que l'homme possède, quoi qu'ils en disent, des caractères distinctifs, caractères qu'il ne peut pas tenir d'un autre puisqu'il est seul à les présenter. Nous pouvons aller plus loin et dire qu'on a singulièrement exagéré les rapports anatomiques de l'homme et du singe. Cela ressort du langage d'un naturaliste qui n'a, certes, pas cherché à servir la cause que nous défendons. Huxley, professeur à l'Institut royal de Londres, est contraint d'avouer que l'homme vivant à l'époque du rhinocéros et du mammouth ne se rapproche d'aucune forme connue. « Je saisirai cette occasion, dit-il, pour affirmer nettement que les différences structurales entre l'homme et le singe sont considérables et significatives, que chaque os du gorille porte une empreinte par laquelle on peut le distinguer de l'os humain correspondant et que, dans la création actuelle tout au moins, aucun être intermédiaire ne comble la brèche qui sépare l'homme du troglodyte. »

Nous n'ajouterons qu'un mot, mais il a sa portée. Pour Darwin, la sélection naturelle aurait *constamment produit des modifications de structure rendant de réels services à l'organisme pour l'adapter à son mode de vie, à son genre d'alimentation et aux conditions dans lesquelles il se trouve placé.* Je ne comprends pas qu'un système montre autant d'assurance dans des questions aussi délicates et d'une solution si peu certaine. Car quel est le naturaliste qui oserait préciser les modifications devant constituer un avantage pour chaque être ? Quel est le savant qui accepterait la tâche d'indiquer avec certitude le rôle exact de chacune des parties d'un organisme, les changements qui sont de nature à l'améliorer au point de vue chimique et physiologique ? Est-il possible d'énoncer la manière dont on devrait modifier le sang et les tissus pour approprier l'organisme à un nouveau genre de vie, à un nouveau climat ou à une nouvelle alimentation ? Quel est l'homme assez téméraire pour formuler une explication magistrale du lien qui unit les diverses parties d'un tout aussi complexe ? N'en déplaise aux évolutionnistes la thèse de la lutte pour l'existence va à l'encontre de leur doctrine. En effet, en affirmant la transformation des espèces on affirme leur progrès. Mais s'il est vrai que les individus les mieux doués d'une espèce soient ceux qui aboutissent à l'évolution progressive on se demande pourquoi ils éprouvent le besoin de s'élever. Car s'ils sont les plus aptes ils auront facilement raison de leurs congénères et ils auront, en demeurant ce qu'ils sont, beaucoup plus de chances de vivre qu'ils n'en ont en changeant de manière d'être, en affrontant les difficultés d'une existence nouvelle.

VII. — Transformation et succession des espèces.

Le fait de la transformation que la science moderne recherche partout n'est pas établi dans la nature d'une manière générale comme on veut bien le prétendre. Il existe, à nos yeux, des nuances qui échappent à l'observation la plus minutieuse, des particularités jusqu'à présent insaisissables pour l'investigateur le plus consciencieux. Ainsi, pour les évolutionnistes, le fruit, dans le règne végétal, résulterait de la transformation des feuilles. Mais quand on applique à cet ordre de faits un raisonnement rigoureux on en arrive à se dire que les feuilles dont la transformation aboutit à cette fin sont des feuilles spéciales, des feuilles ayant une organisation *sui generis*, dont les détails n'ont pas été perçus. Car comment expliquer, s'il en est autrement, que toutes les feuilles ne deviennent point des fruits? Et le règne végétal nous offre, à tout instant, des particularités qui témoignent de la difficulté qu'il y a à établir un *criterium* absolu pour distinguer les espèces. Ainsi le genre *Luffa*, de la famille des cucurbitacées, présente deux espèces différant essentiellement par leurs caractères extérieurs qui, néanmoins, se fécondent. Ce qui prouve que, à côté des différences externes, appréciables, il existe des points de contact insaisissables ou qui, tout au moins, échappent à nos moyens d'investigation.

Celui qui examine attentivement le système de la sélection naturelle en ce qui concerne la structure des corps demeure convaincu que ce système ne nous apprend rien, qu'il tient notre esprit dans le vague et déroute notre raisonnement. Il s'appuie sur l'atavisme ou retour, principe qui n'a d'autre base qu'une fausse interprétation. Il affiche la prétention de démontrer la transformation des espèces alors que le fait de la transformation est inacceptable. Il est impossible que la vie inorganique se transforme d'elle-même en vie végétale et que, par son propre pouvoir, la monade végétale devienne monade psychique. Car il y aurait là un perfectionnement parfaitement irréalisable « la perfection de l'effet devant toujours être contenue dans sa cause », selon la très judicieuse observation de M. Fabre d'Envieu.

De plus, si le progrès est la loi de la nature et que le progrès s'accomplisse par voie de transformations successives il arrivera que le monde ne sera plus qu'un vaste théâtre de désordre où le désarroi sera général. Les classifications qui sont les bases sur lesquelles reposent les diverses sciences n'existant plus, ces sciences elles-mêmes cesseront d'être.

Enfin ce système ne voit pas ou feint de ne pas voir que ce qu'il appelle transformation est une succession et que là où il trouve un lien de causalité il existe simplement un lien de consécutivité. Ce principe de la succession des espèces se trouve très nettement établi en paléontologie. Les espèces animales d'une époque géologique quelconque paraissent n'avoir vécu ni avant, ni après cette époque. Chaque formation a ses espèces fossiles qui lui sont propres, et la même espèce ne se trouve généralement pas dans deux couches d'âges différents. Les magnifiques recherches d'A. d'Orbigny démontrent que cette loi est générale, et une étude attentive des espèces diminue chaque jour le nombre des exceptions.

M. Duval, se basant sur les études de Lyell, conteste que chaque terrain ait sa faune spéciale. Il prétend que les trois étages du terrain tertiaire présentent, dans des proportions différentes, des coquilles fossiles de mollusques semblables à celles des espèces actuellement vivantes. Nous voulons bien que l'éocène, le miocène et le pliocène présentent des coquilles fossiles ayant une certaine analogie avec celles de mollusques existant de nos jours. Mais cette assertion ne renverse pas notre principe. Il aurait fallu, pour cela, que Lyell découvre des espèces identiques dans les terrains tertiaires et dans les terrains quaternaires, ce qu'il n'a point établi. La limitation de certaines espèces à des périodes géologiques particulières est un fait acquis à la science : il demeure évident que les diverses espèces ont pris fin avec certains changements physiques éprouvés par la masse terrestre. Voici comment s'explique Agassiz à ce propos : « Il est universellement admis qu'aucune espèce connue, parmi les fossiles, n'a prolongé son existence à travers une suite indéfinie de formations. Du reste, le nombre des espèces regardées comme demeurant identiques pendant plusieurs périodes successives va en diminuant à mesure que la comparaison est faite avec plus de rigueur et plus de soin. J'ai déjà prouvé, il y a longtemps, combien diffèrent profondément des espèces actuelles certaines espèces tertiaires qu'on avait toujours réputées identiques avec les animaux de nos jours. J'ai montré combien les espèces d'une même famille peuvent se ressembler peu dans les subdivisions successives d'une même grande formation géologique. Hall est parvenu à la même conclusion par l'examen des fossiles de l'État de New-York. Toute monographie nouvelle réduit le nombre de ces ressemblances dans chaque formation. Ainsi Barrande qui a consacré tant d'années aux plus minutieuses recherches sur les trilobites de la Bohême est arrivé à conclure que les espèces ne passent pas d'une formation à l'autre. D'Orbigny et Pictet ont été conduits au même résultat pour les fossiles de toutes les classes. On peut bien le dire, à mesure que les débris fossiles sont plus soigneusement étudiés au point de vue zoologique, la prétendue identité des espèces dans les formations géologiques différentes s'évanouit graduellement et de plus en plus. Si bien que la limitation de l'espèce dans le temps déjà reconnue d'une manière générale dès les premières recherches faites sur les fossiles de formations successives se resserre pas à pas dans des périodes moins longues, moins définies et plus uniformes. L'espèce est véritablement bornée dans le temps comme elle est, à la surface de la terre, bornée dans l'espace. Ce que révèlent les faits, ce n'est pas la disparition graduelle d'un petit nombre d'espèces et l'introduction, également graduelle, d'un nombre correspondant d'espèces nouvelles, c'est, au contraire, la création simultanée de faunes entières et la coïncidence entre ces rénovations du monde organique et les grands changements physiques que la terre a subis (1). »

Les recherches de Lund, au Brésil, et d'Owen, en Australie, sembleraient infirmer les assertions d'Agassiz; dans ces deux contrées la faune éteinte se composerait des mêmes espèces que l'on y trouve aujourd'hui. Mais il se peut bien que les raisons en vertu desquelles certains animaux des époques anciennes étaient confinés dans des surfaces définies aient persisté; un climat, par exemple, peut être plus favorable qu'un autre à des espèces analogues. Aussi Agassiz a-t-il pu, sans s'arrêter aux observations de ces deux naturalistes, formuler cette conclusion : « Qu'aucun lien génésique ne peut être supposé entre les animaux de deux périodes consécutives. » Pour ce profond philosophe, d'ailleurs, on a tort de chercher « dans l'influence des agents physiques l'origine des êtres organisés. Seule, l'intervention délibérée d'une intelligence agissant continuellement suivant un plan unique peut rendre compte des phénomènes de ce genre. »

Sans poser les prémisses M. Duval conclut qu'il n'y a pas eu de révolutions qui aient fauché, à diverses périodes successives, tout ce qui vivait sur la terre et dans les eaux. Et « quant à des créations successives, dit-il, si elles pouvaient être admises par quelques esprits alors qu'il s'agissait seulement de supposer trois ou quatre interventions créatrices, la pensée ne saurait plus s'arrêter sérieusement

---

(1) *Loc. cit.*, page 163 et suiv.

sur cette idée, alors que la géologie nous montre des formes nouvelles apparaissant dans chaque couche et que le nombre des couches des terrains primaires, secondaires et tertiaires arrive au chiffre de quarante ; on ne se figure pas facilement cette intervention répétée et constante qui, si multipliée dans le passé, se serait arrêtée aujourd'hui. » Cet argument n'est véritablement pas sérieux. Car si l'activité créatrice a pu s'exercer quatre fois, rien n'empêche qu'elle se soit exercée quarante fois. Le repos que signale M. Duval ne me paraît pas avoir, non plus, une grande portée ; et ce passage de son livre semble contenir une fausse interprétation des actes divins. La création n'a pas été et ne pouvait être pour Dieu un travail ; pas plus que le repos dont il parle ne doit être pris dans un sens absolu. Ce repos est tout simplement la cessation de l'œuvre divine dont parle le texte hébreu. En d'autres termes, l'expression biblique signifie simplement que, au septième jour, Dieu a cessé de créer dans notre monde, ou qu'il a suspendu la série des transformations génésiaques.

Je dis plus, ce repos est une conséquence même de l'état des choses. Pourquoi la puissance créatrice s'exercerait-elle alors que les conditions de milieux sont favorables aux êtres qui existent ? Pourquoi imprimerait-elle à la cellule une finalité nouvelle alors que les êtres qui peuplent la terre s'accommodent très bien de la constitution chimique de l'air qu'ils respirent et de la température que possède la croûte terrestre ?

Nous n'avons pas à rechercher ici quelle est la cause qui a présidé à la disparition des espèces; nous n'avons qu'à constater le fait, et les études géologiques le mettent hors de doute. Elles établissent que chacune des époques géologiques qui ont surgi a ses formes spéciales.

Les espèces qui sont venues après elles et qui caractérisent la faune suivante diffèrent de celles-là et n'en dérivent pas directement. S'il y a eu transformation, il doit exister des êtres intermédiaires. Qu'on nous représente leurs restes fossiles.

Il y a dans le raisonnement de Darwin sur ce sujet un vice capital. Se basant sur les résultats de la sélection artificielle il avance que bien des variétés sont le produit de la sélection naturelle. « Mais, ajoute-t-il, si la sélection engendre les variétés elle engendrera aussi les races et même les espèces : l'animalité d'un individu peut bien être élevée d'un degré. » Comment ! parce que vous obtenez des races par une sélection habilement conduite vous affichez la prétention d'obtenir des espèces ! Mais y songez-vous ? Et que penseriez-vous donc de la logique ou plutôt de l'assurance d'un homme qui vous dirait : j'ai soulevé une pierre, je soulèverai bien une montagne ? Un système solide ne peut naître d'assertions aussi singulières: ce n'est pas en admettant comme un axiome ce qui implique rigoureusement une démonstration qu'on arrive à faire prendre au sérieux ses idées.

L'examen de la constitution du globe, des différents étages dont il est formé et des innombrables créatures qui le peuplent conduit à une constatation manifeste ; c'est qu'il existe de nombreuses lacunes dans la série des êtres. Comment ces lacunes se sont-elles comblées ? Les espèces végétales ou animales caractéristiques des temps géologiques ont-elles apparu tour à tour conservant leur entière indépendance ? ou bien le créateur a-t-il produit les êtres des diverses époques en les tirant des êtres qui les avaient précédés ? Il serait téméraire de se prononcer sur cette grave question. En attendant que la paléontologie rétablisse le plan de l'Être suprême, le plan qui a présidé au développement de la vie, le naturaliste a pour devoir de s'arrêter prudemment sur le seuil de toute théorie et de ne pas compromettre la science dans un édifice dont les matériaux ne peuvent que lui paraître insuffisants et assez mal reliés entre eux. Oui, en face de questions pareilles il vaut mieux faire l'aveu de son impuissance, ne pas torturer sa raison pour mettre au monde des théories insoutenables, assises sur des bases peu solides, sur des faits peu probants. Car il est bien difficile de faire admettre des systèmes qui atteignent l'homme dans la dignité de son origine et qui sont pourtant obligés de reconnaître qu'il est « la merveille et la gloire de l'Univers ». Cela est d'autant plus difficile que l'étude de l'être naissant peut, seule, révéler le progrès final qui lui est réservé.

Nous venons de parler du légitime froissement

infligé à l'amour-propre de l'homme par la théorie de Darwin. M. Duval essaie d'atténuer le déplorable effet d'une doctrine qui lui est chère et voici comment il s'exprime : « Si je suis parvenu à faire comprendre ce qu'est réellement la classification considérée comme arbre généalogique, il doit être devenu évident pour chacun que les espèces actuelles ne dérivent pas les unes des autres, mais d'ancêtres communs ; que, semblablement, les genres ou familles voisins, quelle que soit la gradation hiérarchique qu'on aperçoive entre eux, ne peuvent pas être considérés comme représentant, par leurs types actuels les plus élevés, les dérivés des types actuels les plus inférieurs, mais seulement comme procédant de types ancestraux communs, et en procédant par une série de types intermédiaires que la science s'applique à retrouver par la paléontologie ou à concevoir par l'embryologie ; en un mot, et pour rappeler la forme ordinaire, complètement inexacte du reste, dans laquelle on a trop souvent exprimé les rapports de l'homme et des autres primates, l'homme ne descend pas des singes anthropoïdes ; le gorille, le chimpanzé ne sont pas les aïeux de l'humanité ; des formes ancestrales communes ont existé et d'elles se sont détachées successivement, comme des branches d'un tronc commun, des séries de types diversifiés qui ont abouti *parallèlement* et indépendamment, les unes au type homme, les autres au type anthropoïde, au pithécien, au cébien, etc. C'est-à-dire, pour employer, mais d'une manière plus exacte que précédemment, des termes empruntés à l'expression ordinaire des degrés de parenté, que les hommes et les singes ne sont pas même frères, mais seulement arrière, très arrière-petits-cousins. Si, sous cette forme, qui est la seule vraie, le rapprochement entre l'homme et les singes paraît encore blessant à quelques esprits trop susceptibles, il cessera certainement de l'être dès que ces esprits voudront bien se mettre au courant des faits révélés par l'embryologie et par l'étude du préhistorique (1). »

Or que nous enseigne l'embryologie ? En acceptant les yeux fermés, les données de la science, l'homme comme tous les autres animaux, serait d'abord une simple cellule qui se dédoublerait et, par des segmentations successives, arriverait à former les divers organes. Tous ces organes passeraient, pendant ce développement, par des formes qui seraient identiques à celles que présentent, dans les mêmes phases d'évolution, le chien, le lapin, le rat ; de sorte que l'histoire du développement de l'homme se réduirait à vérifier, sur des embryons humains, des faits déjà constatés sur des embryons de lapins ou de moutons. Mais je suis bien surpris que M. Duval n'ait pas été frappé de l'objection que soulève si naturellement sa doctrine : je suis surpris qu'il n'ait pas vu ce qu'a d'extraordinaire la fixité, du résultat auquel aboutit le processus de l'embryon. Il nous dit que les embryons de l'homme, du chien,

---

(1) *Loc. cit.*, page 91-92.

de la tortue âgés d'un mois et celui du poulet au quatrième jour de l'incubation, diffèrent si peu l'un de l'autre qu'il est impossible de les distinguer. Mais il devrait nous expliquer par quel mécanisme mystérieux chacun de ces embryons évolue de manière à donner des fœtus et, plus tard, des êtres d'espèces différentes. Pourquoi, par exemple, l'embryon humain donnera-t-il naissance à un enfant après neuf mois au lieu d'aboutir à un chien après soixante jours? Que M. Duval utilise ces découvertes embryologiques pour réduire à néant le système suranné de la préexistence et de l'emboîtement des germes, cela se conçoit : mais qu'il affiche la prétention d'en déduire la descendance animale de l'homme, cela ne peut s'expliquer.

Quant au préhistorique, nous ne comprenons pas quels sont les arguments qu'il fournit au transformisme. Broca nous fait le tableau de cet homme primitif qu'il nous représente *faible, chétif, errant, nu, sans industrie et presque sans armes, luttant chaque jour avec les grands pachydermes de l'époque quaternaire.* Véritablement on se demande comment l'homme, dans des circonstances pareilles, a pu soutenir avantageusement la concurrence vitale : on se demande comment, dans des conditions d'infériorité absolue, l'espèce humaine a pu ne pas être absorbée : on se demande enfin comment l'homme n'a pas été détruit s'il est vrai, comme l'affirme Broca, que pendant longtemps il n'ait eu d'autre asile que les cavernes dont le grand ours fossile lui disputait, très avantageusement sans doute, la possession. On sourit presque à la pensée que, dans un combat aussi inégal, l'homme primitif ait pu avoir le dessus, et soumettre ou détruire bon nombre d'espèces plus fortes et mieux armées. Car il n'est pas permis de supposer que les ours, le rhinocéros, le mastodonte qui caractérisent les alluvions des terrains quaternaires aient cédé aux raisonnements plus ou moins insinuants de l'homme, leur contemporain, et que ces espèces aient gracieusement cédé leur place au soleil à des espèces plus débiles. L'invraisemblance du système bâti sur la concurrence vitale éclate ici d'une manière frappante.

La théorie de M. Duval n'échappe pas à une objection extrêmement sérieuse que nous développerons ultérieurement et qui se tire de la nécessité des formes transitionnelles. En effet, si l'homme et les singes dérivaient d'une souche commune il y aurait entre cette souche commune et lui des formes intermédiaires gravitant toutes vers la forme humaine et toutes différentes de la forme simienne. Car on ne saurait supposer que l'homme dérive des lémuriens directement, sans transition aucune. Et jusqu'à présent on n'a constaté l'existence d'aucune de ces formes dans le développement du rameau humain. Les découvertes paléontologiques ne comblent pas cette lacune, et la comparaison faite entre l'homme le plus dégradé et l'animal le plus parfait laisse un vide qu'aucun être connu ne peut combler.

Complétons notre pensée sur ce point : disons qu'il existe des affinités entre les organismes divers et que cela résulte manifestement de leur anatomie, de leur embryologie et de leurs formes fossiles. Cette déclaration faite, proclamons avec Agassiz qu'il y a là « un enchaînement qui manifeste une intelligence dépassant de bien loin les facultés les plus hautes dont l'homme s'enorgueillisse, une intelligence supérieure en laquelle se combinent le pouvoir, la préméditation, la prescience, l'omniscience, etc. (1). » Avec ce profond penseur et ce grand naturaliste nous croyons que l'ordre dans lequel se sont succédé, sur le globe, les formes organiques prouve l'intervention réitérée du créateur : nous pensons que la cellule a reçu, à son moment, l'impulsion créatrice et le cachet tout particulier de l'organisme qui en devait éclore.

(1) *Loc. cit.*, page 213.

CHAPITRE V

Comparaison des facultés mentales chez l'homme et chez les animaux. — De l'instinct : instincts simples et instincts complexes. — Rapports de l'instinct avec l'intelligence. — Intelligence de l'animal démontrée par l'observation, par le raisonnement et par les données historiques. — Différence fondamentale entre l'intelligence humaine et celle de la brute. — Mémoire. — Attention. — Imagination. — Raison. — Langage. — Sentiment du beau. — Sentiment religieux. — Sens moral — État primitif de tous les peuples civilisés. — Système du duc d'Argyll.

I. — Comparaison des facultés mentales chez l'homme et chez les animaux.

Après avoir exposé les points de similitude entre l'homme et les animaux sous le rapport de leur structure anatomique et physiologique, Darwin en arrive à comparer leurs facultés mentales. Et dans les premières lignes qu'il consacre à cette importante question il ne peut s'empêcher de reconnaître qu'il existe, au point de vue psychique, une grande différence entre le singe le plus élevé et le sauvage de l'ordre le plus infime. En effet, si le singe est apte à combiner un plan dont l'exécution aboutira au pillage d'un jardin, s'il sait utiliser les pierres pour casser des noix ou pour combattre ses ennemis, on ne peut douter qu'il ne soit absolument incapable d'apprécier les beautés de la nature, de suivre un raisonnement et de méditer sur l'essence de l'Etre suprême.

Après ce premier aveu, il fait ressortir la distance qui sépare l'homme de génie du sauvage grossier, les singes supérieurs, de l'amphioxus et de la lamproie. Il va jusqu'à rappeler ce qui a été dit tant de fois depuis Montaigne, que la différence entre un homme de génie et un sauvage grossier est plus grande que celle qui existe entre ce dernier et un singe anthropomorphe, un gorille ou un chimpanzé, par exemple. Il est facile de renverser cet argument. En effet, prenons l'homme primitif, celui dont la raison est absolument atrophiée, annihilée. Cet état sera, chez lui, l'effet d'un défaut de culture ou d'usage ; mais, en tant que faculté, sa raison conservera, à l'état latent, toute son intégrité. Car le fils de ce sauvage pourra être un homme civilisé, un homme de génie. Prenez le descendant d'un animal, soumettez-le à la culture la mieux conçue et cherchez, chez lui, la faculté de raisonner, la faculté de s'élever aux grandioses idées de l'infini et de l'absolu : vous chercherez en vain. Egalement vous aurez beau attendre des générations successives un produit capable de ces hautes conceptions. Donc l'homme porte en lui un germe psychique que l'animal ne possède point.

D'ailleurs, le sauvage chez lequel l'âme et le corps demeurent l'un et l'autre informes et grossiers a été par trop rabaissé : il est vrai que les besoins de la cause l'exigeaient. Ainsi les Tasmaniens, au dire de Dove, n'étaient presque pas doués de raison : ils n'auraient eu pour tout engin de pêche qu'une perche aiguisée à l'une de ses extrémités. Mais M. de Quatrefages a rétabli la vérité sur ce point et démontré que les habitants de la terre de Van-Diémen étaient beaucoup plus industrieux qu'on ne l'avait dit : il les a vus utiliser un système ascenseur assez ingénieux pour dénicher les sarigues qui se couchaient dans les branches supérieures des arbres : c'est une corde qui embrassait l'arbre et qui les soutenait à une certaine hauteur.

Broca, se basant sur l'existence de l'os intermédiaire ou os central du carpe chez les orangs et les gibbons et sur son absence dans la main des gorilles, des chimpanzés et de l'homme, affirme que la différence entre certains singes est plus grande que celle qui sépare l'homme des premiers anthropoïdes. « Si cette disposition, dit-il, existait chez l'homme, et chez l'homme seulement, on ne manquerait pas de faire ressortir l'avantage qui en résulterait pour la mobilité et la perfection de notre main. Comme elle ne se trouve que chez les singes, je veux bien accorder que cet os intermédiaire constitue un caractère d'infériorité; mais alors je ne puis me dissimuler que le chimpanzé et le gorille, qui en sont privés comme nous, et dont le carpe est absolument pareil au nôtre, sont, sous ce rapport, plus rapprochés de nous que des orangs et des gibbons (1). » Mais des micrographes plus habiles ou plus heureux sont venus retrouver, chez l'embryon humain du second mois, un cartilage qui dure jusqu'au commencement du troisième mois et qui est l'homologue de l'os central. Cette découverte confirmée par Kœlliker renverse le raisonnement de Broca et démontre que, dans ce cas encore, la nature ne s'est point départie de sa route, c'est-à-dire de ce plan typique dont le créateur a calculé merveilleusement les détails pour assurer l'exercice des fonctions incombant à chaque espèce.

Darwin, après avoir signalé les distances qu'il y a entre l'homme de génie et le sauvage, entre les singes supérieurs et les poissons les plus élémentaires, parle du grand nombre de gradations qui comblent ces intervalles ; et il en arrive à proclamer que nos hautes facultés sont la résultante d'un développement graduel auquel a présidé, comme de raison, la sélection naturelle.

Il est aisé de comprendre l'importance qui s'attacherait à la constatation bien réelle de ces gradations ; mais rien n'est moins établi. Et ce qui serait de nature à déconcerter, sur ce point, les darwinistes c'est que l'intelligence n'a pas suivi, le moins du monde, cette marche ascendante que la sélection aurait amenée, d'après eux, dans le domaine organique. Car tout observateur attentif retrouve plus

---

(1) Primates, p. 59.

d'intelligence chez les fourmis et les scarabées que chez les animaux supérieurs.

Enfin Darwin annonce qu'il n'existe aucune différence fondamentale entre les facultés intellectuelles de l'homme et celles de l'animal, et il aborde résolument la démonstration de ce principe.

II. — De l'instinct. — Instincts simples et instincts complexes.

« *L'homme a les mêmes sens que les animaux, dit-il, ses intuitions fondamentales doivent donc être les mêmes.* » Il est certain que l'homme a des instincts qui lui sont communs avec les animaux : ce sont ceux qui ont trait à la conservation de l'individu et à la conservation de l'espèce. Mais cela est tout à fait dans l'ordre des choses ; et si, en créant les êtres divers qui peuplent le monde, Dieu ne leur eût pas départi ces instincts, son œuvre eût été un leurre, un véritable non-sens.

Il est des émotions que les animaux ressentent tout comme l'homme et qu'ils manifestent de la même façon. Darwin consigne ce fait avec raison. Mais qu'y a-t-il à cela de surprenant ? Pourquoi, sous l'influence de la terreur par exemple, n'y aurait-il pas, chez les uns comme chez les autres, des tremblements musculaires, des palpitations de cœur, un relâchement des sphincters ? Quand il a donné à l'homme et aux animaux les mêmes organes le créateur a voulu que ces organes servissent à des fonctions analogues.

Tout le monde sait que les animaux sont susceptibles d'attachement, de courage, de timidité : les sentiments de plaisir, de douleur, de défiance leur sont également habituels. Darwin rapproche l'instinct maternel de l'animal du sentiment maternel qui existe chez nous, et il ne paraît pas établir entre eux une distinction importante. Est-il possible cependant de faire un semblable rapprochement? Alors que l'un se traduit par quelques tétées et s'éteint bientôt sans laisser dans l'esprit de la mère le plus mince souvenir des petits qu'elle a perdus, la femme-mère éprouve un sentiment profond et durable, un sentiment qui la porte à tous les sacrifices et lui suggère tous les calculs, un sentiment en vertu duquel elle accompagne ses enfants de ses vœux et les entoure de ses soins jusqu'à sa dernière heure. Darwin est obligé de reconnaître que, chez l'animal, l'instinct de la migration prime l'instinct maternel : il avance que l'on voit, en automne, des hirondelles et des martinets abandonner leurs jeunes et les laisser périr misérablement dans leurs nids. Cet instinct maternel ressemble-t-il donc au nôtre?

Il y a aussi des émotions complexes que nous ne saurions, non plus, reconnaître à la brute ; et nous sommes convaincu que l'imagination de Darwin fait tous les frais quand il affirme que le chien, obligé de mendier trop souvent sa nourriture, éprouverait quelque honte, quelque chose qui ressemblerait à de l'humiliation. Nous en dirons autant de quelques émotions plus intellectuelles, l'émulation, l'étonnement et la curiosité, par exemple.

Certains sentiments indélibérés, comme la crainte, et certains mouvements irréfléchis, comme ceux qui naissent de ce sentiment, doivent être qualifiés d'instinctifs, et ils sont communs à l'homme et aux animaux. Mais il ne faudrait pas étendre, outre mesure, le domaine de l'instinct, et faire rentrer dans ses attributions ces actes habituels que nous exécutons comme machinalement, ces sentiments qui nous sont familiers et ces idées qui nous apparaissent immédiatement par l'effet du phénomène de l'association.

On a avancé que les animaux qui avaient les instincts les plus complexes étaient ceux chez lesquels l'intelligence est le moins développée ou qui, faibles et débiles, avaient le plus besoin de ruse pour se soustraire à leurs ennemis ou pourvoir à leurs moyens d'existence. Cuvier a formulé cette opinion en un aphorisme qui est celui-ci : « *L'intelligence et l'instinct sont toujours en raison inverse.* » Ce principe n'est pas assurément d'une justesse absolue, et l'infériorité instinctive de l'homme peut bien n'être qu'apparente, l'éducation ne permettant pas de deviner ce que nous serions sans elle. L'histoire de plusieurs enfants recueillis dans les bois, celle surtout de l'idiot si bien observé par Itard, nous apprennent quels étonnants instincts peut déployer une créature humaine, même absolument inintelligente, quand elle est abandonnée à elle-même.

III. — Rapports de l'intelligence et de l'instinct.

Là se présente la grave question de savoir si, comme l'affirme le transformisme, les facultés intellectuelles et les impulsions instinctives n'auraient pas un lien commun, si elles ne dériveraient pas les unes des autres et si l'instinct ne serait pas tout simplement un produit de l'intelligence. Envisagé de la sorte il cesserait d'être une de ces propriétés essentielles des êtres vivants qui échappent absolument à notre compréhension : il deviendrait, comme tout phénomène contingent, accessible à nos procédés de recherches et d'expérimentation.

Dans les pages où il traite de l'instinct, Darwin dit que si l'on pouvait prouver qu'une habitude est héréditaire toute distinction entre l'habitude et l'instinct s'effacerait absolument. Il appartenait à son école qui est de celles où l'on se rit des scrupules et où l'on n'a que faire des démonstrations d'ériger cela en principe. Et M. Pouchet n'a pas hésité à considérer presque comme un axiome ce que le Maître regardait comme indémontrable. Il en est, à ses yeux, des habitudes comme de ces modifications organiques à peine sensibles, mais successivement accumulées en nombre suffisant, qui ont pu conduire à l'infinité des formes animales. Il suppose un ou plusieurs individus d'une même espèce placés dans des conditions identiques qui ont pris, de naissance, une habitude. Cette habitude est nuisible ou utile, bonne ou mauvaise au point de vue de la conservation de l'individu et aussi de l'espèce. Si elle est mauvaise elle tendra, dit-il, à disparaître soit avec l'individu qui l'a prise, soit avec les descendants qui en hériteront. Si l'habitude est favorable elle a chance de se transmettre sous forme d'instinct. C'est absolument le procédé de la sélection naturelle.

Les habitudes ou efforts incessamment répétés naîtraient, d'après Lamarck, de besoins éprouvés par les animaux. Mais il est bien difficile d'expliquer la satisfaction de ces besoins en dehors d'un exercice préalable de l'intelligence. Car l'animal qui, à la suite d'un besoin, fait un effort et le réitère doit bien comprendre le but qu'il poursuit et l'opportunité qu'il y a, pour lui, à le réaliser. De cette façon, les instincts ou les habitudes héréditaires seraient un produit de l'intelligence. Celle-ci aurait précédé l'instinct et l'aurait déterminé. Comme conséquence de cette théorie l'instinct devrait être de même nature que l'intelligence, et nous aurons bientôt à démontrer qu'il n'en est point ainsi. Mais ce que nous voulons faire ressortir d'ores et déjà c'est qu'il y aurait là un curieux travail de substitution. L'intelligence aurait précédé l'instinct et, après l'avoir créé, elle lui aurait cédé la priorité chez les êtres naissants. Car il est hors de toute contestation que, chez l'homme aussi bien que chez les animaux, les actes instinctifs se montrent bien avant que n'apparaissent les actes intellectuels. En outre, il est évident qu'un être, quel qu'il soit d'ailleurs, ne peut transmettre une habitude qu'autant qu'il la possède. Or l'animal qui éprouve un accident prend *instinctivement* toutes les précautions voulues pour en atténuer les effets ou en empêcher l'aggravation. Pareil accident ne se sera peut-être jamais produit dans les générations diverses qui ont précédé la sienne. Verra-t-on là tout de même une habitude héréditaire ?

Cette théorie de l'instinct soulève une autre objection sérieuse : si les instincts n'étaient que des habitudes transmises héréditairement l'animal devrait avoir, dès la première heure de son existence, le plein exercice de tous les instincts ; ceux-ci seraient parfaits le jour même où naîtraient les animaux. Or il est évident que quelques instincts ne se montrent chez l'animal que lorsque celui-ci est arrivé à un certain développement : il est hors de doute que l'instinct de la conservation est bien différent selon qu'on l'envisage chez l'animal naissant, chez l'animal adulte ou chez l'animal vieux.

Pour arriver aux instincts complexes, M. Pouchet poursuit cet instinct jusque là fort peu compliqué puisqu'il n'a que la valeur d'une habitude qu'un individu a reçue à titre d'héritage physiologique. Maintenant que cette habitude est enracinée sous forme d'instinct, chaque individu pourra spontanément y ajouter quelque chose. Si l'addition est encore favorable et qu'elle se transmette elle tendra également à se généraliser : l'instinct héréditairement acquis se compliquera d'autant et, par des additions presque imperceptibles, mais continues, il pourra atteindre cet état de perfection où les philosophes avaient cru voir la preuve d'une harmonie préétablie.

Dans un mémoire posthume dont la *Revue scientifique* (décembre 1883) a publié d'importants extraits, Darwin développe cette même thèse et cherche à démontrer que les instincts complexes ont pu être acquis par degrés successifs. « Nous trouvons habituellement, dit-il, chez des animaux voisins une gradation des instincts les plus compliqués, ce qui prouve qu'un instinct complexe a pu être acquis par degrés successifs... Tout animal porte en lui les instincts des formes ancestrales. » Ce raisonnement nous paraît entaché d'exagération. En effet, les abeilles et les fourmis sont, sans aucun doute, les espèces pourvues des instincts les plus merveilleux. Qu'on prenne les espèces voisines, la famille des hyménoptères hétérogynes, par exemple, et qu'on établisse un rapprochement entre leurs instincts. On sera forcé de reconnaître la différence qui les sépare, et l'on admettra difficilement que ces divers animaux aient des ancêtres communs desquels ils tiendraient leurs instincts respectifs. Darwin ajoute qu'on découvre, chez des animaux voisins, une gradation des instincts les plus compliqués. Mais, pour formuler utilement une pareille assertion, il faudrait établir quel est des animaux que l'on compare celui qui est géologiquement le plus ancien et voir s'il y a eu réellement dans le développement de leurs instincts le progrès annoncé.

Dans un travail ayant pour titre *Formation de la terre végétale* Darwin étudie le rôle des vers de terre dans la formation des couches superficielles du sol. Cette étude l'a conduit à examiner les mœurs et les facultés de ces vers et à rechercher combien certaines particularités de la vie de ces animaux témoignent de leur intelligence. Il décrit les manœuvres à l'aide desquelles ils saisissent les objets qu'ils traînent vers leurs galeries et l'habileté avec laquelle ils ferment l'ouverture de ces galeries au moyen de feuilles et de pétioles de plantes diverses. Assurément il s'agit là d'opérations instinctivement exécutées. Mais l'instinct qui y préside ne saurait dériver des habitudes prises et longtemps continuées par les ancêtres des vers puisque des mœurs analogues ne se retrouvent point chez les mollusques et les rayonnés que la loi du progrès continu leur assignerait pour ancêtres.

De plus, si les habitudes avantageuses se perpétuaient fatalement ce serait la disparition complète du mal et le triomphe absolu du bien, c'est-à-dire une utopie dont nous aurons à démontrer plus tard l'inanité. Poursuivons, et, pour un instant, remontons à ces premières espèces qui n'eurent point d'ancêtres. Vainement on invoquerait, pour elles, l'influence de ces deux éléments : ce n'est ni par les habitudes héréditaires, ni par la sélection que les premiers individus de ces espèces ont été pourvus de ces instincts, grâce auxquels ils se sont développés et propagés.

Les instincts de quelques insectes très soigneument et très judicieusement interprétés par M. Henri Fabre ébranlent notablement cette théorie de Darwin. Il est des insectes dont les larves sont carnassières et auxquelles il faut une proie vivante mais complétement immobilisée. Car il suffirait que cette proie emmagasinée dans la cellule exécutât le plus petit mouvement pour entraîner la perte de l'œuf ou bien du vermisseau. Il n'y a évidemment qu'un moyen c'est de paralyser l'animal qui doit être capturé. C'est là ce qui a lieu. Ainsi l'*Ammophile hérissée* nourrit ses larves d'une chenille très vigoureuse dont le corps est formé d'anneaux. A chacun de ces anneaux correspond un ganglion absolument indépendant du ganglion voisin, de telle sorte que l'ammophile doit percer de son aiguillon tous ces petits centres nerveux, sous peine de ne pas détruire entièrement la vitalité organique et, par suite, les mouvements de la chenille. Eh bien, avec une précision admirable elle plonge son dard successivement dans les neuf anneaux, après quoi elle traîne jusque dans son nid sa victime immobilisée.

« Par deux fois, dit M. Fabre, l'ammophile m'a fait assister à sa pratique chirurgicale. Toute réflexion déparerait l'éloquence de semblables faits. Pour les expliquer on invoque la sélection, l'atavisme, le combat pour la vie : cet instinct de l'insecte aurait été suscité par un acte fortuit qui s'est trouvé favorable à la prospérité de la race, et il serait devenu une habitude acquise. En toute sincérité, on demande ici un peu trop au hasard : une série de neuf coups d'aiguillon sur neuf points choisis. Lorsque, pour la première fois, l'ammophile s'est trouvée en présence de sa chenille, rien, d'après la théorie, ne pouvait diriger l'aiguillon... l'instinct développé par degrés est ici d'une impossibilité flagrante. L'art d'apprêter les provisions de la larve ne comporte que des maîtres et ne souffre pas des apprentis ; l'hyménoptère doit y exceller du premier coup ou ne pas s'en mêler. Si la chenille n'est point paralysée suivant toutes les règles, l'œuf, la larve et l'espèce disparaissent dès la première génération. Des prodiges analogues sont opérés par des mouches du même ordre sur d'autres victimes ; les *cerceris* nourrissent leurs larves de gros coléoptères (charançons et buprestes) revêtus d'une cuirasse extrêmement dure et n'offrant qu'un seul défaut, un seul point vulnérable. Le cerceris plonge son stylet empoisonné dans ce point unique : il atteint du même coup les trois centres moteurs, et choisit toujours les groupes de coléoptères dont l'appareil possède précisément ce degré particulier de centralisation. »

M. Fabre nous fait l'histoire d'une autre variété d'insectes qui tuent leurs victimes et qui déploient dans cet art une extrême habileté. Ils piquent leur proie dans les ganglions cervicaux et déterminent ainsi une mort foudroyante.

« Le *pompile*, assez semblable au frelon, et la

ségestrie perfide ou grande araignée des caves fournissent une autre source d'arguments. Il faut à la larve de cet hyménoptère la monstrueuse araignée à ventre noir. Mais c'est là un gibier redoutable, car la ségestrie tue un gros bourdon d'un seul coup de son arme : elle pourrait tuer un moineau, une taupe. Elle est, de plus, retranchée dans sa forteresse en entonnoir, environnée de lacs poisseux et perfides. Comment s'y prendra l'imprudent frelon ? Qu'un fil l'enlace par la patte et c'en est fait : l'autre sera là, le poignard à la gorge. Ce problème m'a passionné : il m'a tenu, des semaines durant, en contemplation devant une triste muraille. Le drame ne manque pas de péripéties, mais allons au dénouement. Toujours sautillant et voletant l'hyménoptère rôde autour de l'entonnoir d'où la ségestrie le surveille, les pattes étalées. Il épie l'instant propice ; il bondit, happe une patte, tire à lui et se jette à l'écart. Le plus souvent l'araignée tient bon, mais la persévérance amène le succès. D'un élan vigoureux et mieux calculé le pompile entraîne sa monstrueuse proie qu'il laisse choir à terre tout aussitôt. Etourdie de sa chute et démoralisée l'aranéide rassemble ses pattes, se blottit dans un pli du sol, et le chasseur est à l'instant là pour la paralyser d'un coup d'aiguillon dans le thorax.

« Deux points inverses me frappent, ajoute l'habile observateur : l'astuce du pompile et la sottise de l'araignée. Que l'hyménoptère ait acquis peu à peu, comme très favorable à sa descendance, son instinct si judicieux d'extraire d'abord sa proie de son habitacle pour la paralyser après sans péril, je veux bien l'admettre si l'on m'explique pourquoi la ségestrie, d'un intellect non moins bien doué que celui de son adversaire, ne sait pas encore déjouer la ruse depuis si longtemps qu'elle en est victime. Que faudrait-il à l'araignée noire pour échapper à son extermination? Un rien : il lui suffirait de rentrer dans son tube au lieu de se camper crânement, mais sottement, sur le seuil de sa porte. L'expérience des générations accumulées aurait dû lui apprendre cette tactique élémentaire et d'un intérêt sans égal pour la prospérité de sa race. Si le pompile a perfectionné sa méthode d'attaque, pourquoi la ségestrie n'a-t-elle pas perfectionné sa méthode de défense? Est-ce que les siècles des siècles auraient avantageusement modifié l'un sans parvenir à modifier l'autre? Là je ne comprends plus, et tout naïvement je me dis : puisqu'il faut des araignées aux pompiles, de tout temps ceux-ci ont possédé leur patiente astuce, et les autres, leur sotte audace. C'est puéril, si l'on veut, peu conforme aux visées transcendantes des théories à la mode : il n'y a ni adaptation, ni différenciation, ni atavisme, ni transformisme ; soit, mais du moins je comprends. » Est-il possible de rattacher l'instinct de ces savants meurtriers à autre chose qu'à une prédisposition innée? Peut-on, quand on a lu ces exemples pris pourtant dans le plus humble coin de la nature, peut-on dire que l'instinct résulte de l'habitude acquise par des actes réitérés et transmise par l'héridité?

On arrive à la même conclusion quand on envisage la caractéristique des faits héréditaires et celle des faits instinctifs. Les premiers sont, de leur nature même, inconstants, variables ; les autres, au contraire, sont d'une fixité, d'une invariabilité absolue. Pas un animal ne prend vie sans être pourvu d'une propriété en vertu de laquelle il assure sa propre conservation et celle de l'espèce dont il dépend. Cette propriété est inhérente à l'être ; elle lui est infailliblement octroyée à l'heure où il commence à vivre ; et il l'a exercée, il l'a mise à profit avant tout exercice d'habitude, avant toute application de raisonnement. Si nous étudions l'hérédité dans ses effets nous ne pouvons pas nous empêcher de reconnaître que ces effets sont loin de présenter ce caractère de fixité : ainsi nous voyons journellement les états physiques et tout aussi bien les états moraux présentés par les ascendants s'éteindre avec eux et ne se reproduire qu'après deux, trois ou même un plus grand nombre de générations.

Pour Darwin, les instincts les plus simples seraient seuls nés d'actes intellectuels. Les actions dépendant d'abord de la volonté seraient ensuite accomplies, grâce à l'habitude, avec la sûreté et la rapidité d'actions réflexes. En d'autres termes, les actes d'intelligence auraient été pratiqués pendant plusieurs générations et auraient fini par se transformer en instincts héréditaires. C'est ainsi que les oiseaux des îles de l'Océan seraient arrivés à éviter l'homme. Mais l'intelligence n'aurait aucune part dans la formation des instincts complexes; ceux-ci résulteraient uniquement de la sélection naturelle s'exerçant sur des actes instinctifs plus simples.

S'il en était ainsi, si l'instinct dérivait de l'intelligence il aurait progressé dans les proportions où celle-ci a progressé elle-même. Or rien ne prouve qu'il soit plus développé aujourd'hui qu'il ne l'était autrefois. Enfin, si l'instinct avait bien réellement cette provenance il devrait être plus élevé chez les animaux supérieurs. Et certes, je doute que la doctrine transformiste gagne à la comparaison établie, à ce point de vue, entre nos grands animaux et la fourmi, comparaison qui nous a permis d'aller plus loin et de nous demander s'il existe bien réellement un rapport direct entre le développement cérébral et le développement intellectuel.

Darwin renonce à rechercher comment les facultés intellectuelles se sont, dans le principe, développées chez les formes inférieures. Sa réserve s'explique : il a pris assurément le parti le plus sage. Car pour arriver à cette découverte il aurait fallu qu'il découvre l'origine de la vie. La vie, en effet, implique rigoureusement certains besoins de l'organisation. Or, ces besoins ne peuvent être satisfaits que par le secours de l'une ou de l'autre de ces deux puissances qu'on appelle l'instinct et l'intelligence.

Moins avisés que lui certains philosophes ont prétendu que les premières lueurs de l'intelligence sont nées de la multiplication et de la coordination d'actions réflexes. Mais nous voudrions bien que ces philosophes nous disent ce qui distingue d'une action réflexe la plupart des instincts simples, la succion, par exemple, chez les jeunes animaux. En poursuivant les conséquences d'un semblable principe, on serait conduit à affirmer que les facultés intellectuelles des animaux supérieurs ne seraient que des instincts graduellement développés. Cette thèse est tout aussi insoutenable que celle de Darwin dont elle est, d'ailleurs, la contre-partie.

Il faut bien qu'on renonce à nous représenter l'instinct et l'intelligence comme ayant un lien étroit : on ne peut même pas vraiment s'expliquer la faveur avec laquelle cette opinion a été accueillie. Car ils diffèrent profondément par leur nature et par la qualité des actes auxquels ils donnent naissance. L'instinct est une propriété : l'intelligence est une faculté. « L'instinct, dit Flourens, a trois caractères qui le distinguent : 1° il agit sans instruction, sans méditation, sans expérience : l'araignée n'apprend pas à faire sa toile, ni le ver à soie son cocon, ni l'abeille sa ruche, ni l'oiseau son nid, ni le castor sa cabane ; 2° il ne fait jamais de progrès ; l'araignée ne fait pas mieux sa toile le dernier jour de sa vie que le premier, elle la fait bien du premier coup, elle ne la fait jamais mieux ; 3° l'instinct est toujours particulier, c'est-à-dire relatif à un objet particulier : le castor a la merveilleuse industrie de bâtir sa cabane, mais son industrie se borne à cela (1) ». Les deux der-

---

1. Flourens, *De l'instinct et de l'intelligence des animaux.*

nières propositions sont contestables : la première seule est indiscutable, mais elle suffit à caractériser l'instinct et à le différencier de l'intelligence.

De par l'instinct l'animal sait sans avoir appris ; il sait de naissance et il sait si bien qu'il ne se trompe pas, même dans les actes d'une extrême complication. Nous voyons les petits canards couvés par une poule s'en aller droit à la flaque d'eau voisine et se jeter hardiment à la nage malgré les cris et le désespoir de leur mère adoptive. L'écureuil fait sa provision de noisettes pour l'hiver avant même de savoir qu'il y a un hiver. Le grand ingénieur des lacs, le castor, qui prévoit la crue des eaux se fait, sans indication d'aucune sorte, plusieurs étages où il montera à volonté. L'abeille fait son rayon ; l'araignée tisse, sans apprentissage préalable, le réseau géométrique de sa toile. Tous ces actes accomplis spontanément, sans méditation, sans instruction aucune sont des actes instinctifs. Et si nous comparons les actes de l'homme à ceux des animaux nous ne tardons pas à constater cette grande différence : que l'homme ne peut pas, malgré sa faculté d'imitation, fabriquer d'emblée, par exemple un outil, un instrument quelconque. Il faut qu'il apprenne à les fabriquer, il faut un exercice préalable de ses facultés intellectuelles.

L'intelligence domine donc chez l'homme, tandis que c'est l'instinct qui domine chez l'animal. Nous retrouverions pourtant bien chez l'homme des actes instinctifs, mais à la condition de les rechercher;

car, masqués par l'éducation, ils sont moins apparents.

L'instinct est-il essentiellement stationnaire ? On a longtemps soutenu, et cette opinion compte encore beaucoup de partisans, que l'immutabilité était son caractère distinctif. A vrai dire, il ne semble pas que, par lui-même, l'instinct soit susceptible de progresser. Bon nombre d'exemples tendent à le prouver : ainsi le grillon est, très probablement aujourd'hui, ce qu'il était lorsqu'il fit, il y a quelques centaines de siècles, son apparition sur notre globe ; il est, à coup sûr, ce qu'il était il y a deux mille ans, lorsque les Latins disaient de lui : *stultior gryllo!* plus insensé qu'un grillon. Toutefois, il paraît certain que l'instinct est susceptible d'acquérir un certain degré de variabilité par suite de la réaction que l'intelligence exerce sur lui. C'est la seule manière d'expliquer certains faits connus de tous. Ainsi le castor d'Europe qui vit sur les affluents du Rhône et du Danube a la même conformation que le castor d'Amérique, et il a une industrie tout à fait différente. Celui d'Amérique bâtit ses fameuses cabanes sur les lacs et les larges rivières désertes ; celui d'Europe dresse sous terre de longues galeries à la manière des taupes. S'il l'a toujours fait que devient la théorie de la corrélation nécessaire entre les organes et l'instinct d'un animal qui est fouisseur sur un continent, bâtisseur sur l'autre, d'un animal qui a les mêmes membres pour deux fins si différentes ? Si le castor d'Europe s'est bâti autrefois des cabanes il fournit une preuve éclatante de la mutabilité des instincts. N'est-il pas rationnel de penser que le castor recherché pour sa chair et pour sa chaude toison a compris qu'il avait à conjurer de nouveaux dangers et qu'il a modifié, dans un but de conservation, un acte éminemment instinctif? Les grands oiseaux chassés comme des proies pour leur chair ou leurs plumes s'éloignent de l'homme instinctivement; tandis que, pour Darwin, ils auraient *d'abord pris l'habitude et plus tard ils auraient eu l'instinct de s'éloigner.*

Nous avons déjà fait connaître l'origine que Darwin assigne aux instincts complexes. Pour lui, la variabilité des instincts simples déterminerait, dans la constitution cérébrale, des modifications héréditaires dont nous ne nous rendrions pas compte et que, dans notre ignorance, nous considèrerions comme s'étant spontanément produites. Le cerveau serait l'objet de modifications analogues à celles qui se produiraient, sous l'influence de la sélection, dans les autres parties du corps.

Mais les fourmis et les abeilles ouvrières stériles ont des instincts vraiment remarquables qui ne leur sont pas transmis par hérédité puisque leurs ascendants ne les possèdent pas.

Darwin a prévu cette objection dont le sérieux ne lui a point échappé : et il a bien vite reconnu la nécessité d'en fournir une réfutation. Il s'est donc appliqué à démontrer la réalité de cette proposition éminemment paradoxale qu'on peut définir *l'héré-*

dité dans la stérilité. Nous devons exposer son raisonnement et nous demander s'il est plausible, s'il est décisif.

Il commence par énoncer que le principe de la sélection naturelle s'applique aux communautés aussi bien qu'aux individus. « La force d'un seul mâle dans un troupeau sauvage, la fécondité extraordinaire d'une seule femelle seront, dit-il, des éléments de prospérité : le troupeau réussira mieux que les autres. Les qualités de l'individu d'où il tire son avantage auront chance de se transmettre d'abord à tout le troupeau, et celui-ci, de plus en plus favorisé dans sa lutte contre le monde extérieur, absorbera les autres. La modification, d'abord individuelle, deviendra générale. Il en serait de même si le membre du troupeau avantagé dans le principe avait été un neutre. Il s'agit ici des formes extérieures. Supposons qu'un certain nombre de neutres aient apporté, de naissance, dans une communauté une modification organique favorable et que, par elle, cette communauté ait prospéré. Les mâles et les femelles qui auront produit ces neutres auront donc, par eux, les plus grandes chances de prospérité possible. Il peut arriver, dès lors, qu'ils transmettent à leurs descendants ce qu'ils avaient eux-mêmes, c'est-à-dire la propriété de procréer des neutres ayant la même modification organique favorable, et nous retombons ainsi dans le procédé commun de la sélection naturelle. » Darwin fait suivre cet exposé d'un exemple : « Il y a, dit-il, des bœufs dont les cornes sont plus longues que celles des taureaux et des génisses qui leur ont donné naissance. Eh bien, unissez les uns aux autres, par une sélection attentive, les descendants féconds des taureaux et des génisses qui ont produit les bœufs aux plus longues cornes, et avant peu vous aurez une race de bœufs où la longueur des cornes sera héréditaire quoique l'animal soit stérile. » Ce raisonnement est spécieux, mais il n'est pas péremptoire. En effet, les bœufs aux plus longues cornes empruntent évidemment ici ce caractère à leurs ascendants indirects Or les lois de l'hérédité sont telles que les individus reproduisent tantôt le type des ascendants directs, tantôt celui des ascendants indirects. Mais en admettant même le principe de la transmission comme l'entend Darwin, il faut songer que le moment va venir où les reproducteurs seront les fils du taureau et de la génisse que nous avons pris pour chefs de famille, et alors reparaîtront les bœufs à cornes courtes. Il y aura nécessairement des produits de toute sorte, et rien ne permet d'affirmer que les bœufs à longues cornes prédomineront.

De l'étude à laquelle nous venons de nous livrer il résulte que l'instinct est un des facteurs de la vie, naissant avec elle, mais qu'il est un facteur *sui generis*, ayant une existence propre, distinct de l'intelligence et pouvant toutefois être influencé par elle. Trouver son origine est une opération que la philosophie ne saurait mener à bonne fin. Darwin a dû comprendre qu'il se heurtait à une difficulté insurmontable. Il l'a compris assurément. Pourquoi n'en a-t-il point fait l'aveu ?

IV. — L'intelligence de l'animal démontrée par l'observation, par le raisonnement et par les données historiques.

Mais les animaux en sont-ils réduits à l'instinct ? Quelque développé qu'il soit dans une espèce l'instinct est-il le mobile unique de toutes les actions accomplies par les individus de cette espèce ? En un mot, les animaux sont-ils absolument dépourvus d'intelligence ? On ne saurait le prétendre : l'observation et la réflexion s'accordent pour démontrer qu'il n'en est point ainsi.

Le chien, chacun le sait, se prête à une foule d'exercices bien différents. Or, il serait insensé de rattacher à l'instinct les aptitudes diverses qui se remarquent dans les nombreuses races de l'espèce canine. La garde d'un troupeau, la conduite d'un aveugle, le sauvetage de gens tombés dans l'eau, les exercices de ce qu'on appelle les chiens savants, la pratique de telle ou telle chasse, voilà bien des choses n'ayant entre elles aucun lien, aucun rapport, que le chien apprend et accomplit à merveille, mais qu'il n'accomplit pas *proprio motu*, sans y avoir été préalablement façonné.

Ce que nous disons du chien nous pourrions le dire de bien d'autres animaux. Et il n'est pas jusqu'aux oies, dont la stupidité était cependant proverbiale, qui ne soient susceptibles de montrer quelque intelligence. Leur instruction n'est plus au-dessus de la patience de l'homme : nous avons nos oies savantes auxquelles on enseigne des exercices qui, depuis quelque temps, tiennent une place importante dans le programme des jeux de nos cirques.

Le fait suivant qui s'est passé sous mes yeux me semble convaincant : un chien menant un aveugle rencontre une charrette sur laquelle étaient des pièces de bois dont les extrémités dépassaient les ridelles, de telle sorte que le chemin était obstrué dans presque toute sa largeur. L'animal comprit le péril qu'il y avait à maintenir son maître sur la route et non seulement il ne chercha pas à passer, mais il attira prudemment l'aveugle dans un champ voisin où il attendit que le chemin fut libre. Or ce n'est pas pour se mettre lui-même à l'abri du danger qu'il a fait cette manœuvre : car sa taille lui permettait très bien de passer sous les pièces de bois.

Voici une seconde observation assez probante : en 1875 je fus appelé à donner mes soins à M. L.D. qui avait éprouvé un accident de voiture et s'était fracturé le bras. Dans la chambre où je procédai à la réduction de cette fracture se trouvait un perroquet. L'opération donna lieu à quelques souffrances que le malade accusa assez vivement. Eh bien, pendant toute la durée de l'opération, j'eus à subir, de la part du perroquet, toutes sortes d'injures ; les épithètes les plus malsonnantes me furent prodiguées, et l'animal réitéra ses aménités toutes les fois que je vins modifier l'appareil. Or, j'ai pu constater que ce langage ne lui était pas habituel. Il avait donc compris que je faisais souffrir son maître.

Tout le monde connaît le moyen qu'on emploie pour prendre les éléphants sauvages ; on a des femelles dressées à cela qui les attirent. Or, dit Tennent, quand on a vu la façon dont elles s'acquittent de leur tâche, il est impossible de ne pas admettre qu'elles savent très bien ce qu'elles font, et qu'elles agissent avec l'intention bien arrêtée de les tromper.

Brehm nous fait un récit très curieux d'une expédition à laquelle il prit part avec le duc de Cobourg-Gotha. Munis d'armes à feu ils attaquèrent une troupe de babouins dans la passe de Mensa (Abyssinie). Incapables de résister par suite de l'inégalité des conditions de la lutte ceux-ci gravirent la montagne, et quand ils furent hors de portée des balles ennemies ils firent rouler une telle quantité de pierres, dont quelques-unes étaient énormes, que les assaillants furent obligés de battre en retraite et de renoncer à franchir la passe.

Un homme absolument digne de foi m'a raconté un fait bien significatif dont il a été le témoin. Deux vaches étaient à pacager dans une prairie située sur les bords d'une rivière. Là était aussi un jeune veau né de l'une d'elles et qui, en folâtrant, tombe dans l'eau. Ce que voyant, les deux vaches poussent des mugissements inusités ; elles suivent le jeune imprudent que le courant entraîne et ne cessent leurs cris désespérés que lorsqu'elles ont attiré l'attention du propriétaire et assuré le sauvetage du veau. Il est bien difficile de ne voir dans de pareils faits que l'instinct s'appliquant à la conservation. En tout état de cause, une semblable interprétation mettrait en évidence tout ce qu'a d'arbitraire la ligne de démarcation entre l'instinct et l'intelligence.

Chacun de nous a commis, dans son enfance, le crime de ravir à des oiseaux chanteurs leur précieuse nichée. Nous avons ensuite renfermé ces petits êtres dans une cage, confiant, pour quelques jours, à ceux qui les avaient fait naître le soin de les nourrir. Nous avons été témoins de la sollicitude avec laquelle le père et la mère ont rempli leur tâche. Et la surprise, chez nous, a égalé le désenchantement lorsque nous avons vu ces pourvoyeurs, jusque là admirables de tendresse, servir froidement à leurs petits la plante ou la graine qui doit mettre fin à leurs jours. Eh bien, comment ne pas voir là un acte raisonné, un acte intelligent? Ces oiseaux ont consenti à alimenter leurs nouveau-nés jusqu'au moment où ceux-ci pourraient s'envoler et se suffire. Mais quand, ce jour venu, ils ont compris qu'il s'agissait d'une détention en règle, d'une détention à long terme, ils ont eu recours au poison pour arracher ces chers prisonniers à une captivité dont ils se sont exagéré les rigueurs.

M. Pommerol rapporte plusieurs faits qui ne laissent aucun doute sur l'intelligence des hirondelles. Je lui emprunte le récit d'un de ces faits qui semble attester des sentiments très complexes : une hirondelle s'était laissé prendre une patte entre deux branches qui se touchaient. Sa force épuisée, elle pendait et criait. Toutes les hirondelles du voisinage se réunirent, poussant le cri d'alarme. Après une longue hésitation et un conseil tumultueux une d'entre elles donna un coup de bec sur les branches pour essayer de les écarter. Les autres l'imitèrent ; mais le travail eut beau durer une demi-heure, tous les efforts de ces charitables petites bêtes furent inutiles. Elles prirent alors une résolution héroïque. L'hirondelle captive souffrait, était perdue ; son agonie pouvait durer longtemps, lui imposer de vaines tortures. Puisqu'on n'avait pu la délivrer ne valait-il pas mieux abréger ses tourments? Comme avec tristesse ses compagnes s'approchèrent donc de la prisonnière et la tuèrent à coups de bec rapidement. Il faut assurément une certaine dose d'intelligence pour qu'un animal arrive à penser qu'il vaut mieux, après toutes les tentatives de sauvetage demeurées vaines, tuer son semblable irrévocablement condamné que de le laisser périr misérablement dans les plus atroces douleurs; la cruauté, ici, est de la pitié.

Le raisonnement, avons-nous dit, vient à l'appui de l'observation dans l'étude de cette intéressante question. Nous avons contre nous, il est vrai, de grandes et respectables autorités. Descartes, en refusant l'intelligence à l'animal, a prouvé que les plus grands génies ne sont pas à l'abri de l'erreur. « *L'âme des brutes*, dit le père de la métaphysique moderne, *n'est rien autre chose que leur sang, à savoir celui qui, étant échauffé dans le cerveau et converti en esprit, se répand des artères par le cerveau en tous les nerfs et tous les muscles* (1). » De son côté, Buffon s'exprime ainsi : « *Comme la substance spirituelle n'a été accordée qu'à l'homme, et que ce n'est que par elle qu'il pense et qu'il réfléchit ; que l'animal est, au contraire, un être purement matériel qui ne pense ni ne réfléchit, et qui, cependant, agit et semble se déterminer, nous ne pouvons pas douter que le principe de la détermination du mouvement ne soit, dans l'animal, un effet purement mécanique et absolument dépendant de son organisation.* » Plus loin il dit encore : « *Le sens intérieur de l'animal est, aussi bien que ses sens extérieurs, un organe, un résultat de mécanique, un sens purement matériel.* » Enfin il ajoute : « *Le cerveau de l'animal est donc un sens interne, général et commun qui reçoit toutes les impressions transmises par les sens externes* (2). »

Le doute n'est donc pas possible : l'âme est refusée à l'animal par Descartes et par Buffon, mais avec cette différence que le premier est beaucoup plus absolu que le second. Car, pour l'un,

(1) Descartes, *Lettre* 49⁴.
(2) Buffon, *De la nature des animaux*.

l'automatisme des bêtes est un principe formel, tandis que l'autre leur fait d'importantes concessions. « Si je me suis bien expliqué, dit le grand naturaliste, on doit avoir déjà vu que, bien loin de tout ôter aux animaux, je leur accorde tout à l'exception de la pensée et de la réflexion : ils ont le sentiment et ils l'ont même à un plus haut degré que nous ne l'avons. Ils ont aussi la conscience de leur existence actuelle, mais ils n'ont pas celle de leur existence passée. Ils ont des sensations, mais ils n'ont pas la faculté de les comparer, c'est-à-dire la puissance qui produit les idées. » Retenons l'aveu par lequel il attribue à l'animal le sentiment, la conscience de son existence actuelle. Ajoutons que bon nombre d'entre eux ont la mémoire, le pouvoir de comparer et la faculté de se mouvoir qui, pour Buffon, n'est qu'un *ébranlement mécanique*. Avec ces données nous démontrerons que, outre l'instinct, l'animal possède l'intelligence et, conséquemment, une âme sans laquelle ces diverses puissances sont impossibles.

Les animaux se meuvent et agissent à leur gré : on ne croit plus aujourd'hui à ce *ressort mécanique* dont le jeu impliquerait, d'ailleurs, l'intervention d'une force. Ils sentent aussi sans aucun doute. Mais ils font plus : certains se souviennent, comparent et généralisent. Un fait rapporté par Cuvier le démontre. Ce naturaliste avait un orang-outang qui aimait à grimper sur les arbres et à s'y tenir perché. On feignit, un jour, de vouloir monter sur l'arbre pour le prendre. Aussitôt le singe se mit à secouer l'arbre pour effrayer la personne qui s'approchait. Cette personne s'étant éloignée, l'animal suspendit sa manœuvre : dès qu'il la vit se rapprocher il renouvela sa tentative, il se prit de nouveau à agiter l'arbre avec force. Il est difficile de ne pas voir là le résultat d'une combinaison d'idées et de ne pas reconnaître à cet animal la faculté de généraliser. Car il concluait évidemment ici de lui aux autres, du particulier au général. Il avait été effrayé lui-même par l'agitation imprimée aux arbres sur lesquels il était perché, et il concluait de la crainte par lui éprouvée à la crainte qu'éprouveraient ses agresseurs.

Indépendamment de l'instinct, l'animal a donc l'intelligence : il connaît, sent et se meut. Mais il n'en demeure pas moins bien inférieur à l'homme parce que si, dans une certaine mesure, il compare et généralise quelquefois, il ne s'élève jamais jusqu'aux vérités universelles et n'a pas l'intuition du vrai, du beau et du bien. De plus, l'homme a été doté des plus nobles puissances de l'âme : il a reçu, en même temps, la faculté d'en connaître la loi ou l'ordre et de les exercer conformément à cette loi. Les animaux agissent et se meuvent bien, suivant l'ordre ; mais cet ordre, ils l'ignorent ; ils ne peuvent pas le violer à leur gré.

Par le seul fait qu'il connaît, sent et agit, l'animal a une âme immatérielle, un principe spirituel. En effet, en dépit des différences profondes qui séparent la nature animale de la nature humaine, le sentiment éprouvé par l'animal est essentiellement semblable à celui qu'éprouve l'homme. Nous en pouvons dire autant de l'action, du mouvement imprimé à des organes tels que les mains, les jambes. Or nous savons de science certaine, car cela résulte du témoignage de notre sens intime, que c'est par notre âme invisible que nous connaissons, sentons et agissons. Nous savons également que ces trois sortes de phénomènes sont dus, non pas à trois âmes différentes mais à une seule et même âme. Obéissant à la loi des analogies nous sommes obligés de croire que les faits marqués dans l'homme d'un caractère manifestement psychologique ont fatalement le même caractère chez les animaux.

Du reste, l'analyse des actes extérieurs accomplis par l'animal en dehors de toute comparaison avec nous-mêmes fait ressortir, d'une manière frappante, l'existence d'une force unique et immatérielle. Nous aurons à revenir sur cette question.

Donc l'animal possède une âme, force maîtresse présidant au jeu de forces secondaires analogues aux nôtres. Nous trouvons aussi chez lui la force vitale, principe formateur et conservateur du corps et propagateur de l'espèce. Seulement, il est des animaux chez lesquels la force maîtresse est en possession de l'intelligence, de la sensibilité et de l'activité ; chez d'autres, l'intelligence est à peine apparente ; chez d'autres, c'est l'activité motrice qui fait défaut ; mais, chez tous, il y a de la sensibilité.

Et c'est probablement la prédominance et l'universalité de cette dernière faculté qui a donné naissance à la théorie développée avec autant d'insistance que de talent dans les œuvres de Bossuet.

Ce profond penseur accorde à l'animal la force ou faculté de sentir. Mais cette faculté est inséparable de celle de connaître et de celle de vouloir. La sensibilité ne s'exercerait pas si les deux autres facultés étaient inactives. De même l'intelligence n'agirait pas sans la coopération de la sensibilité et de la volonté; pas plus que cette dernière n'arriverait à effet si l'intelligence et la sensibilité n'intervenaient point. Il existe entre ces trois facultés une solidarité parfaite. En d'autres termes, « l'âme ne se démembre pas : elle vit tout entière avec toutes ses principales puissances ou elle ne vit pas. »

L'âme ne se comprend donc que par l'harmonie des forces qui la composent. Seulement, dans certaines conditions, la sensibilité pourra être la force prédominante, imprimer aux autres une impulsion, de manière à les rendre actives et ordonnées, et faire ensuite son profit de l'activité qu'elles auront déployée, de l'ordre par elles établi. De même, l'intelligence pourra être force prépondérante et mettre en jeu l'amour et la liberté. Enfin celle-ci pourra, non pas agir seule, car son ordre serait lettre-morte, mais agir à la lumière de la raison et atteindre son but porté sur les ailes d'une passion noble ou basse. Mais il y aura toujours alliance de toutes les facultés de l'âme, et les actes de celle-ci prendront tel ou tel caractère selon que l'impulsion première et permanente émanera de l'une ou de l'autre de ces trois facultés.

Nous ne prétendons pas pourtant violenter un principe généralement admis et attribuer à la sensibilité un pouvoir que l'intelligence et la liberté possèdent seules, le pouvoir de produire, par elle-même, des actes. Non, la sensibilité n'est pas une énergie active, mais il est incontestable qu'elle aiguillonne l'intelligence et l'activité : il est certain qu'elle les entraîne vers le but qu'elle veut atteindre.

Un fait qui se produit journellement sous nos yeux fera ressortir cette solidarité, ce lien harmonieux qui unit ces trois facultés, et démontrera clairement l'existence, chez l'animal, d'une force unique et indivisible. Un chien menacé du fouet baisse les oreilles, se tapit, en tremblant, sous un meuble, n'ose bouger et regarde son maître d'un œil suppliant. L'animal a vu le fouet et il a compris ce qu'il en devait attendre : phénomène de connaissance. Il a eu peur : phénomène de sensibilité. Il s'est blotti sous la table : phénomène d'activité. Il est évident qu'ici les trois faits s'enchaînent : le chien ne s'est caché que parce qu'il a eu peur, et il n'a eu peur que parce qu'il a connu le fouet et compris l'usage qui en pouvait être fait. Or, peut-on retrouver là un fait produit par ce sens interne dont parle Buffon, par le cerveau qui est une masse matérielle et multiple ? Assurément non, car si ce sont trois parties distinctes du cerveau qui ont, la première connu, la seconde senti, la troisième agi, comment se sont-elles entendues ? Comment s'est opéré entre elles cet accord sans lequel les trois faits ne se seraient pas enchaînés ? On devra admettre qu'elles se sont comprises, et alors placer de l'intelligence dans chacune d'entre elles, ce qui est absurde. Donc cette série de phénomènes reliés entre eux implique chez l'animal, comme chez l'homme, l'unité, la simplicité et, par conséquent, l'immatérialité de la force qui les a accomplis.

De nos jours, un savant du plus grand mérite, M. de Saint-Projet, partageant, sans réserve, les idées de Bossuet accorde à l'animal ce qu'il appelle la *connaissance sensible*; mais il lui refuse la *connaissance réfléchie* que l'homme seul posséderait. Cette connaissance sensible aurait pour objet le particulier, le singulier, le concret et comprendrait la mémoire des choses sensibles, la faculté de retenir, de rappeler, d'associer les impressions extérieures. Il n'y a pas à s'y tromper : cette thèse est bien celle qui est développée dans le *Traité de la connaissance de Dieu et de soi-même*.

La thèse soutenue par M. Fabre d'Envieu est absolument la même. Voici comment s'exprime l'éminent professeur de la Sorbonne : « L'homme n'a pas seulement les facultés cognitives qui sont tournées vers les choses sensibles, facultés que l'on voit poindre chez les zoophytes et qui se révèlent même dans l'huître. C'est à tort qu'on donne le nom d'intelligence à cette faculté sensitive qui va croissant à chaque échelon de l'animalité jusqu'à ce qu'elle se développe dans les animaux supérieurs. S'il n'y avait dans l'homme que des connaissances acquises par les organes des sens on ne trouverait pas dans la faculté de connaître une différence générique ; car la gradation continue d'un seul et même caractère ne conduit pas la science d'un règne à un autre. Pour qu'il y ait coupure, il faut un caractère nouveau. »

M. de Quatrefages n'est pas moins affirmatif : « l'intensité des phénomènes ne suffit pas pour établir la différence qui sépare l'homme de l'animal : il faut que l'intelligence soit d'une nature différente. » Or, il ne trouve, ni sous le rapport anatomique et physiologique, ni sous le rapport de l'intelligence aucune ligne de démarcation bien tranchée.

Mais si la nature d'une chose se déduit de ses éléments constitutifs, si l'entendement se caractérise par la somme des facultés qu'il comprend, nul doute qu'il ne soit essentiellement différent chez l'homme et chez l'animal. Car la connaissance de l'infini, de l'absolu, du nécessaire, la faculté de raisonner sur le beau moral, sur les grandes vérités religieuses n'appartiennent, à aucun degré, à l'intelligence de la brute.

La constitution intime de l'intelligence étant différente chez l'homme et chez l'animal, nous devrions rigoureusement avoir deux expressions différentes pour dénommer la faculté de connaître selon qu'elle appartiendrait à l'un ou à l'autre. Mais chacun sait que nous employons souvent le même terme pour désigner deux choses qui diffèrent cependant. Certes, il n'est jamais venu à la pensée de qui que ce soit d'établir un rapprochement entre l'intelligence divine et l'intelligence humaine, entre l'intelligence pour laquelle il n'existe point de mystères impénétrables et celle pour laquelle tout est mystère. A-t-on pourtant jamais songé à leur donner des appellations différentes ? Qu'il n'existe des points de contact entre l'intelligence de l'homme et celle de l'animal, on ne saurait le contester. Et en pourrait-il être autrement lorsque l'une et l'autre ont la même source, lorsque l'une et l'autre sont des émanations de la suprême intelligence du Créateur?

Nous ne saurions trop le répéter : ne pas accorder à l'animal une certaine intelligence, le resserrer dans les limites étroites de l'instinct, c'est assurément rétrécir à l'excès son domaine. Le chien n'apprend pas, de par l'instinct, les divers exercices à l'aide desquels il nous récrée ou se rend utile. La vache qui, par ses cris répétés, appelle au secours du veau tombé dans la rivière et menacé d'une mort prochaine, n'accomplit-elle pas un acte réfléchi, un acte calculé, un acte intelligent ?

Il ne nous paraît pas, non plus, absolument vrai que l'homme, seul, soit susceptible d'amélioration progressive. Tout le monde sait que les vieux renards, les vieux lièvres s'entendent beaucoup mieux que les jeunes à dépister le chasseur et à éviter les pièges. Il est impossible de prendre beaucoup d'animaux âgés dans un même lieu et dans un même piège, ou de les détruire au moyen d'une seule espèce de poison. Et l'on ne saurait admettre qu'ils aient tous été pris dans la même trappe ou qu'ils aient tous goûté au même poison. C'est donc la capture ou l'empoisonnement de leurs semblables qui a dû les rendre prudents. Tous les chasseurs s'accordent à reconnaître que le chien devenu vieux découvre et déjoue beaucoup mieux les ruses du gibier qu'il a mission de poursuivre.

Aux yeux de tout homme impartial, il y a dans ces divers cas un fait de réflexion et aussi un fait d'amélioration progressive.

On ne saurait, à notre avis, refuser à l'animal une certaine intelligence : innombrables sont les faits qui viennent à l'appui de cette assertion. Cette manière de voir qui est en opposition formelle avec la doctrine cartésienne nous paraît cependant irréfutable. Bossuet lui-même discutant la question de l'automatisme des bêtes éprouve un réel embarras et voit ce que son système a d'insoutenable. Il évite d'aller trop loin sur le terrain des concessions et en adjugeant aux animaux tout ce qu'il y a dans la partie sensitive de l'âme humaine, il ajoute que *sa doctrine sauve parfaitement la nature de l'homme en lui réservant la raison.* Dans cette argumentation Bossuet n'a pas certainement envisagé la *raison* comme étant l'intelligence en général, la faculté collective de connaître. Il était trop imbu des vrais principes philosophiques pour ne pas prendre ce mot dans son sens rigoureux et précis, pour ne pas considérer la raison comme étant l'intelligence humaine, en tant qu'elle est capable d'atteindre l'infini et l'absolu. Or, si l'on interprète ainsi, et je ne vois pas qu'on puisse l'interpréter autrement, ce passage du *Traité de la connaissance de Dieu et de soi-même,* on voit que Bossuet concède aux animaux quelques-unes des facultés de l'entendement.

Les partisans de la création ont voulu pousser trop loin les caractères différentiels de l'homme et de l'animal et cette exagération se retrouve dans l'obstination avec laquelle ils ont fait de l'intelligence une prérogative de l'homme. Mais ils n'ont pas vu qu'en procédant de la sorte ils cessaient d'être conséquents avec eux-mêmes et que refuser une certaine intelligence à l'animal, c'était violer les lois fondamentales de cette unité typique à l'aide de laquelle ils expliquent l'analogie de l'organisme dans les diverses classes de mammifères.

Nous croyons à l'intelligence des animaux : comme Lafontaine nous les croyons pourvus *d'un morceau de matière subtilisée.* Et il faut bien le reconnaître, c'était chez notre grand fabuliste une conviction absolue : il ne perd pas une occasion de l'affirmer. Ainsi, après avoir décrit les travaux du castor il ajoute :

> Que ces castors ne soient qu'un corps vide d'esprit
> Jamais on ne pourra m'obliger à le croire.

Après avoir raconté la façon dont s'y prennent deux rats pour transporter un œuf il s'écrie :

> Qu'on prétende après ce récit
> Que les bêtes manquent d'esprit.

De plus, nous nous sommes souvent demandé pourquoi cette thèse inspirait autant de répulsion à des hommes de génie. Ont-ils supposé qu'en exaltant les bêtes on rabaissait l'homme? Ont-ils pensé qu'on rehaussait la dignité humaine en faisant des bêtes de simples machines ? Il n'en est rien : l'homme est bien le roi de la création, et, loin de se trouver accrue par l'infériorité absolue des êtres qu'il domine, sa grandeur en est amoindrie. Il y a plus de noblesse à régner sur des êtres intelligents que sur de simples automates.

D'un autre côté, une semblable croyance n'a rien qui heurte la plus stricte orthodoxie. Pourquoi Dieu n'aurait-il pas départi aux animaux le principe immatériel qui, tout en révélant l'unité des œuvres divines, établit cette gradation assez généralement constatée dans la série des êtres? Pourquoi les espèces animales n'auraient-elles pas reçu quelques gouttes de cet océan d'intelligence, de sensibilité et d'activité?

Enfin l'opinion dont nous nous faisons ici le défenseur n'est pas de date récente : nous la retrouvons, dès la plus haute antiquité, chez un des peuples qui passent, à bon droit, pour avoir présenté le plus haut degré de culture intellectuelle. Suidas cite, en effet, une cosmogonie étrusque d'après laquelle le grand Démiurge, ou architecte de l'univers, aurait employé à son œuvre douze mille ans partagés en douze périodes correspondant aux douze mansions du soleil. Eh bien, la cinquième période est consacrée à la *création de l'âme des oiseaux, des reptiles, des animaux vivant dans l'air, sur la terre et dans les eaux.*

On est donc obligé d'admettre la simultanéité d'existence, non l'identité de l'intelligence et de l'instinct : mais on doit reconnaître qu'il existe un abîme entre l'intelligence de l'homme et celle de l'animal. Car, seule, l'intelligence humaine se replie sur elle-même, fait participer les autres à ses progrès; seule, elle a le privilège de s'élever à la connaissance des vérités primordiales, des vérités éternelles et nécessaires.

Darwin ne s'est pas dissimulé la difficulté que crée à la pleine adoption de sa doctrine la hauteur du niveau intellectuel et moral auquel s'est élevé l'homme. « Mais quiconque, dit-il, admet le principe général de l'évolution doit reconnaître que, chez les animaux supérieurs, les facultés mentales sont, à un degré très inférieur, de même nature que celles de l'espèce humaine et susceptibles de développement. L'intervalle qui sépare les facultés intellectuelles de l'un des singes supérieurs de celles du poisson, ou les facultés intellectuelles d'une fourmi de celles d'un insecte parasite est immense ». Nous l'avons déjà dit, nous ne saurions trop le répéter, notre intelligence diffère, quant à sa nature, de celle de la brute. Sans doute, l'homme et l'animal ont en commun quelques-uns des éléments fondamentaux de la faculté générale de connaître. Mais il est difficile de contester que la conscience de soi, le pouvoir d'abstraire, celui de s'élever jusqu'aux grandioses conceptions de l'infini, du juste, du beau et du bien ne soient le privilège exclusif de l'espèce humaine. Certainement Darwin est dans le vrai quand il proclame que les facultés intellectuelles de l'animal sont susceptibles de se développer : seulement le cercle assigné à ce développement n'est pas très étendu. L'horizon intellectuel, pour la brute, est très circonscrit et fatalement limité, tandis qu'on se demande quelles sont les bornes imposées au savoir de l'homme. Enfin le naturaliste anglais signale la distance qui sépare, au point de vue intellectuel, les singes supérieurs du poisson et la fourmi, des insectes parasites. Les exemples choisis semblent établir deux échelons intellectuels bien éloignés, les deux termes extrêmes de la série graduée dont parle Darwin. Seulement on peut, comme nous l'avons déjà dit, prouver qu'il n'y a pas dans l'intelligence des animaux une gradation réelle, et l'on est bien convaincu de cela quand on compare la fourmi à la plupart des mammifères.

V. — **Mémoire.** — **Attention.** — **Imagination.** — **Raison.**

Darwin passe en revue les divers modes de l'activité intellectuelle et prétend établir, par des exemples, que les animaux les possèdent tous. Il n'a pas de peine à le prouver pour quelques-uns ;

ainsi la *mémoire* existe chez les animaux ; nous pouvons tous les jours nous en convaincre. Le lièvre, le renard évitent soigneusement de fréquenter les endroits où ils ont éludé des pièges, échappé à des dangers. Le cheval prend spontanément le chemin d'une maison où il est allé autrefois ; le chien a soin de revenir, sans indication aucune, visiter le coin de terre où il a, quelques jours auparavant, déniché une pièce de gibier. Ce sont là des actes qui impliquent le souvenir et qui, en mettant hors de doute la mémoire chez la brute, autorisent à affirmer que, contrairement aux assertions de Buffon, l'animal a conscience de son existence passée.

L'*attention* est une faculté que Darwin accorde aussi à l'animal ; à l'appui de son opinion il cite le chat qui guette à côté du trou, tout prêt à s'élancer sur sa proie et que rien ne détourne de sa visée. Il cite aussi les animaux sauvages absorbés, à certains moments, au point de se laisser approcher par des ennemis qu'ils redoutent. Dans ces divers cas, les animaux sont tout entiers au but qu'ils poursuivent. Il y a là certainement un fait d'attention. Mais l'attention dirigée par le chat sur la souris qu'il guette représente-t-elle ce travail mental qui fait arriver, chez nous, à un état de netteté et de clarté parfaites certaines impressions reçues? Retrouvons-nous bien là cet état de l'esprit concentrant son activité sur un acte de perception intérieure, en précisant l'origine et en calculant la portée ? Il serait absurde de le prétendre.

L'imagination se retrouverait aussi chez les animaux, et la preuve en est, dit Darwin, en ce que les chats, les chiens, les chevaux et probablement tous les animaux supérieurs, même les oiseaux, sont sujets aux rêves, ce qui ressort des mouvements qu'ils exécutent et des cris qu'ils poussent pendant le sommeil. *Car, ajoute-t-il, le rêve nous donne la meilleure notion de cette faculté.* Si, par *imagination*, on entend, comme le voulaient Platon et son disciple Aristote, cette faculté élémentaire et passive de conserver et de reproduire les perceptions du sens de la vue, en l'absence des objets, nous admettrons volontiers que les animaux en sont doués ; car entre l'imagination ainsi comprise et la mémoire nous ne voyons pas de ligne de démarcation bien tranchée. Mais si l'imagination est une faculté active et créatrice, une faculté produisant, de toutes pièces, des objets ou des idées, et c'est le sens qui, selon nous, doit être donné à ce mot, nous nous refusons à l'accorder à l'animal et nous la considérons comme une des grandes prérogatives de l'homme.

Il n'est pas jusqu'à la *raison* qui ne soit attribuée par Darwin aux animaux. Il se base, pour cela, sur des faits qui ne sont pas plus probants les uns que les autres. Nous en mentionnerons quelques-uns : un éléphant du jardin zoologique, dans le but de rapprocher un objet qu'il ne pouvait atteindre, soufflait violemment avec sa trompe au delà de cet objet *pour que l'air réfléchi de tous côtés l'amenât à sa portée*. Voilà donc un éléphant familier avec les lois de la physique et tirant profit de la propriété qu'a l'air atmosphérique de refouler les corps en se réfléchissant. Darwin pousse un peu loin la crédulité de ses lecteurs. Qu'un jour cet animal inquiété par l'éloignement de l'objet qu'il voulait saisir ait soufflé avec force, qu'il ait vu, sous l'influence de cette manœuvre inconsciente, l'objet se rapprocher et que, plus tard, il l'ait répétée dans des conditions identiques, je le veux. Mais qu'il ait créé le procédé, qu'il l'ait employé une première fois, sachant bien à quel résultat il aboutirait, connaissant le rapport de la manœuvre employée avec le but à atteindre, en un mot, qu'il ait raisonné le moyen, cela n'est pas soutenable. — A côté de ce fait se trouve celui de l'ours qu'on aurait vu à Vienne créant, avec sa patte, un courant d'air artificiel pour ramener dans sa cage un morceau de pain qui flottait en dehors des barreaux. C'est presque le cas de dire que si les animaux ne sont pas doués d'imagination, il n'en est pas de même de certains naturalistes. Que les animaux dont nous venons de parler se soient fait une habitude de certains exercices dont le hasard leur a fait apprécier l'opportunité, qu'ils les répètent sous l'empire du souvenir, cela se conçoit. Mais que leurs actes naissent du raisonnement ou même d'une simple association des idées, Darwin lui-même n'a pu y croire ! Ou tout au moins aurait-il dû livrer ces animaux à la reproduction : la sélection, l'hérédité et l'habitude aidant, on pouvait espérer voir leurs descendants directs occuper, un jour, une chaire dans nos facultés des sciences.

Je vais plus loin et je dis que si l'on examine avec soin les actes accomplis par un animal quelconque, si bas soit-il dans l'échelle, on en trouvera toujours qui semblent émaner de la raison, tant il est difficile quelquefois de distinguer les produits de l'instinct de ceux de la raison. Toutefois, je crois que l'animal est doué d'une faculté élémentaire de raisonner ; et il est difficile de ne pas professer cette croyance quand on se rappelle l'histoire de l'orang-outang de Cuvier. Seulement cette raison ne ressemble en rien à cette haute faculté à l'aide de laquelle nous discernons le bien du mal, le vrai du faux, au moyen de laquelle nous nous élevons à la perception de l'absolu et de l'infini. Nous sommes donc autorisé à dire que la raison est la plus haute faculté, le plus noble privilège de l'esprit humain.

VI. — Langage.

Le *langage* a été donné comme un des plus importants caractères distinctifs entre l'homme et l'animal. Ce sentiment est bien le nôtre si l'on envisage la forme que revêt, dans l'espèce humaine, l'expression de la pensée. Mais si l'on entend par le mot langage, et c'est le sens qu'on doit lui donner, tout mode, tout procédé à l'aide duquel un être communique ses idées, ses pensées, ses volontés, le langage cesse d'être une prérogative appartenant, d'une manière exclusive, à l'homme. Je suis porté à penser, en effet, que, dans la série zoologique, chaque espèce a son langage. Ainsi, le chien a des aboiements bien différents selon qu'il veut exprimer tels ou tels sentiments : le cri par lequel cet animal demande qu'on lui ouvre la porte de la loge dans laquelle il est enfermé est très suppliant et ne ressemble en rien à son cri de colère et à son grognement ; pas plus qu'il ne ressemble au glapissement du désespoir lorsqu'il est enfermé. Le corbeau qui se perche et monte la garde pour éviter toute surprise à ses camarades occupés à la pâture est bien vite entendu et compris par ceux-ci lorsqu'il pousse le cri d'alarme. La poule qui aperçoit un oiseau de proie avertit ses compagnes du danger qu'elles courent à l'aide d'un cri sur le sens duquel les autres poules ne se trompent point. N'a-t-elle pas aussi un signal pour convoquer ses poussins au partage d'un épi de blé qu'elle vient de découvrir ? Le cheval n'a-t-il pas une phrase particulière pour rappeler que l'heure du repas a sonné et que le ratelier attend sa provende ? Il en est de même chez les singes et probablement chez tous les autres animaux. Un curieux détail de la vie des scarabées montre bien l'exactitude de ma proposition : la femelle enveloppe l'œuf qu'elle vient de pondre d'une boule de fumier qui doit être la nourriture de la future larve. Il s'agit de porter cette boule en un lieu convenable où elle sera enfouie. L'animal roule avec ses pattes et, au besoin, soulève avec sa tête ce petit monde. Le trajet quelquefois est assez long. La boule hissée au sommet d'une taupinière roule de l'autre côté : tout est au mieux. Mais qu'il se rencontre une ornière, une crevasse, le précieux globe tombe au fond et serait perdu sans retour si, pour remonter ces parois à pic, le scarabée ne disposait que de ses propres forces. Vainement il s'évertue à l'exécution de ce travail : il est impuissant à le réaliser. Il s'envole alors, paraissant abandonner le fardeau. Quelques instants après, vous voyez l'insecte revenir, mais non plus seul : il est suivi d'un plus ou moins grand nombre de compagnons qui, s'abattant sur l'endroit désigné, unissent leurs efforts, enlèvent le globe et le placent convenablement. Qu'a dit le scarabée à ses congénères ? Comment s'est-il fait comprendre ? Comment les a-t-il amenés ? Il est impossible de répondre à ces questions. Mais ce qu'il y a de certain, c'est qu'il y a eu là concert d'intelligences s'entendant et s'unissant. Donc l'insecte délibère, veut et parle un langage dont nous ne connaissons encore ni les signes, ni les organes. Car il est évident que, du moment, où chaque variation du cri répond à une situation nettement caractérisée et provoque la même sensation chez ceux auxquels ce cri s'adresse, on serait mal venu à lui refuser le titre de langage. Langage circonscrit sans doute, ne répondant qu'à certains cas prévus, limité par la faculté qu'ont les êtres qui sentent bien plus qu'ils ne pensent de se communiquer leurs impressions, mais assez riche néanmoins pour qu'avec quelque attention nous arrivions très aisément à en distinguer les nuances essentielles.

On ne saurait mettre en doute l'existence d'un langage propre à chaque espèce, d'un mode d'expression de la pensée et de transmission des sentiments. Mais quelle distance sépare ce langage de celui de l'homme ! Peut-on, en aucune façon, l'assimiler à la parole, à ce langage articulé grâce auquel notre intelligence réfléchit sur elle-même et raisonne sur les rapports qu'elle est capable de percevoir, sans lequel il n'y aurait de science d'aucune sorte, sans lequel l'expérimentation ne donnerait que des résultats individuels et, par suite, stériles, sans lequel enfin toute civilisation serait impossible et tout progrès irréalisable. Car le progrès naît uniquement du commerce des esprits et du choc des idées à travers le temps et l'espace.

Le langage articulé constitue certainement une objection sérieuse à l'hypothèse darwinienne sur la descendance de l'homme : nos adversaires les plus résolus sont obligés d'en convenir. « Quant à l'origine des matériaux du langage, de ces racines qui mettent à l'épreuve la sagacité du chercheur, les opinions diffèrent. Une grande autorité, Max Muller, voit dans la présence des racines la preuve de la séparation absolue de l'homme et de l'animal. Locke dit que l'homme se distingue de l'animal parce que l'homme peut former des notions générales. Mais le philologue doit dire que la langue humaine se distingue des moyens de communication existant entre les animaux parce qu'elle possède la faculté de former des racines. Il est inadmissible que tous les mots remontent à des sons imitatifs ou à des cris d'appel. Il est bien plus fréquent, au contraire, de rencontrer des racines inexplicables en soi dont la forme est fixe et la signification universelle. La présence de ces racines, devant lesquelles la linguistique s'arrête, présenterait un obstacle insurmontable à l'admission de l'homme comme membre du développement universel des organismes (1). »

Voyons maintenant quelle est l'origine que l'on attribue au langage. Pour Darwin, le langage articulé est né des imitations et des modifications de divers sons naturels, des cris d'autres animaux et des cris instinctifs de l'homme lui-même. Il admet que les hommes primitifs ou plutôt quelque ancêtre de l'homme s'est beaucoup servi de la voix pour chanter, comme le font aujourd'hui certains gibbons, et qu'il se livrait à cet exercice principalement à l'époque où les sexes se rapprochent, pour exprimer l'amour, la jalousie, pour annoncer une victoire ou pour défier ses rivaux. Et très probablement, ajoute-t-il, l'imitation des cris musicaux par des sons articulés a engendré des mots exprimant diverses émotions complexes. A mesure que la voix s'est exercée, les organes vocaux ont dû se renforcer et se perfectionner en vertu des effets héréditaires de l'usage, ce qui a dû réagir sur la faculté de

---

(1) Schmidt, *Descendance et darwinisme*.

la parole. Mais les rapports entre les usages continus du langage et le développement du cerveau auraient été beaucoup plus importants.

Expliquant ensuite la rapidité avec laquelle les organes servant au langage se sont originellement perfectionnés, Darwin dit que nous avons été forcés de façonner ces organes à leur usage actuel, ne pouvant pas utiliser pour cela nos mains dont nous avions besoin pour autre chose et créer un moyen de communication analogue à celui des fourmis qui se servent, pour cela, de leurs antennes. La fréquence et l'importance des communications durent développer ces organes en raison des nouveaux besoins, et, grâce à l'admirable agencement des lèvres et de la langue, la parole fut au service de l'homme.

Nous n'avons pas à réfuter une semblable opinion puisqu'elle est rejetée par les darwinistes eux-mêmes et que M. Schmidt reconnaît *qu'il est inadmissible que tous les mots remontent à des sons imitatifs ou à des cris d'appel.*

Darwin nous représente le charme de la musique comme étant répandu chez tous les peuples, même les plus sauvages. Il est vrai que chaque peuple a sa musique et aussi que chacun a son goût spécial. Cette aptitude au développement musical que possèdent les races sauvages humaines, est due, d'après le philosophe anglais, soit à ce que leurs ancêtres semi-humains ont pratiqué quelque forme grossière de musique, soit simplement à ce qu'ils ont acquis des organes vocaux appropriés : absolument comme le perroquet apprend à siffler des airs imaginés par l'homme, bien que le perroquet ne descende probablement pas de quelque ancêtre chanteur. Nous serions certainement curieux de savoir si nos ancêtres semi-humains ont eu leurs Mozard ou leurs Halévy ; mais nous le serions beaucoup plus de connaître le moyen qu'ils ont employé pour arriver à cette appropriation des organes vocaux. Darwin pense que leur aptitude pour la musique est née d'une appropriation de ces organes. L'étrangeté de cette conception n'échappe à personne; car les organes n'ont pu s'adapter à quelque chose qu'autant que ce quelque chose existait, de sorte qu'au lieu de la précéder, l'appropriation des organes a dû nécessairement suivre ce que l'on appelle l'aptitude musicale ou le penchant pour la musique.

Les divers sentiments sont exprimés chez nous par des intonations différentes, et nous avons tous remarqué le rythme, les cadences musicales de l'orateur qui traduit de vives émotions. Le nègre procède de la même façon ; et ainsi des singes qui expriment la colère et l'impatience par des tons bas, la crainte et la douleur, par des tons aigus. Darwin estime que les « sensations ou les idées que la musique ou les cadences d'un discours passionné peuvent évoquer en nous paraissent, par leur étendue vague et leur profondeur, comme des retours vers les émotions et les pensées d'une époque depuis longtemps disparue.|» J'avoue que jamais les discours qu'il m'a été donné d'entendre n'avaient produit chez moi un pareil effet : jamais les périodes harmonieuses des Berryer, des Jules Favre ne m'avaient paru provenir de facultés musicales précédemment développées chez nos ancêtres éloignés ; jamais ma pensée n'était, à cette occasion, remontée jusqu'aux notes musicales, jusqu'aux octaves exécutés par les Gibbons : jamais, par suite, je n'avais été amené à me dire « que les ancêtres de l'homme, mâles ou femelles, ou tous deux, avant d'avoir acquis la faculté d'exprimer leurs tendres sentiments en langage articulé, avaient cherché à se charmer l'un l'autre par des notes musicales et par un rythme » ; jamais, enfin, je n'avais supposé que le langage articulé, « une des dernières et des plus sublimes acquisitions de l'homme », avait puisé son origine dans la faculté d'émettre des notes musicales. Cette opinion n'est pas acceptable : et je doute fort que l'orateur qui charme ou passionne son auditoire, songe qu'il emploie des moyens nés de ceux dont se servaient, à une époque reculée, ses ancêtres semi-humains ou simiens pour exciter les passions ardentes pendant leurs rivalités et leurs assiduités réciproques.

Nous venons d'exposer la thèse de Darwin sur l'origine du langage articulé. Il nous reste à démontrer qu'elle n'a pour elle ni le raisonnement ni l'autorité des faits. Les opérations de l'esprit peuvent s'accomplir dans deux conditions différentes : ou bien elles portent sur des objets matériels perçus par nos organes des sens, et alors nous comprenons très bien que la pensée s'exerce indépendamment de tout langage. Nous pouvons, en effet, nous retracer, sans le secours de la parole, l'image, la forme de l'objet que nos yeux auront vu. L'animal aura le même pouvoir que nous : cela ne fait pas un doute. Mais qu'il s'agisse d'objets incorporels, d'idées morales, d'idées nécessaires, il est matériellement impossible de percevoir nos propres pensées, de les rapprocher les unes des autres, de les comparer et de juger entre elles si nous n'avons à notre service des expressions qui nous les représentent. Essayons de réfléchir, de comparer, de juger sans avoir sensibles à l'esprit aucun mot, aucune parole : nous ne tardons pas à voir l'impossibilité de ces diverses opérations ; nous constatons immédiatement dans notre esprit le vide le plus complet. Donc les idées sociales, les idées morales qui ont dû naître le même jour que l'homme n'ont pu exister en dehors du langage, en dehors de la parole. Le langage n'est donc pas, ne peut donc pas être une invention de l'homme ; car il aurait fallu que celui-ci commence par inventer ce qui est le moyen premier de toute invention, il aurait fallu qu'il pensât et qu'ensuite il inventât l'expression de sa pensée, alors que faute d'expression, il ne pouvait même avoir la pensée de l'invention. Du reste, ne suffit-il pas, pour rendre évidente l'origine du langage, de dire qu'il est le lien nécessaire de toute société, la condition d'existence de toutes les facultés intellectuelles, le révélateur de toutes les vérités, le propagateur de toutes les lois et le divulgateur de tous les devoirs ?

Dire, comme Steinthal, « qu'avec la langue apparaît l'esprit » c'est venir, quoi qu'en puisse dire M. Schmidt, à l'appui de notre thèse. Car nous croyons que le langage et la raison ont été indispensables à l'homme dès son apparition et que, grâce à cette double faculté, il a pu se constituer et vivre en société. Quant à l'opinion de Geiger « que la langue a créé la raison et qu'avant elle l'homme en était dépourvu », c'est une opinion qui n'a pas de base, que rien ne justifie et que contredisent, à égal titre, le raisonnement et la nature éminemment sociable de l'homme.

Nous en avons certainement dit assez pour démontrer combien peu fondée est l'opinion de M. de Quatrefages qui prétend que la parole, prérogative de l'homme, n'est qu'un progrès de la voix que possèdent deux classes d'animaux, les mammifères et les oiseaux. Alors qu'il ne voit là qu'une différence d'intensité dans la production d'un même phénomène, nous y voyons deux phénomènes distincts par leur nature et par leurs effets. Autant nous dire que l'écriture qui fixe nos idées et permet les relations sociales à distance ne diffère pas des lignes informes que projette sur le papier la main inexpérimentée de l'enfant en bas âge : autant nous dire que l'admirable organisation cosmique n'est que l'échelon le plus élevé du chaos.

Il faut donc renoncer à donner une explication plausible de la formation du langage articulé et à chercher la démonstration de son développement graduel. Et maintenant, qu'on la regarde, avec de Bonald, comme étant d'institution divine, ou que l'on adopte la manière de voir de Humbold qui consiste à admettre que, dans l'homme primitif, le langage a été une explosion spontanée et mystérieuse de l'intelligence humaine, peu importe ; d'autant que cette dernière formule me semble être simplement un artifice employé par l'orgueil philosophique refusant de reconnaître l'autorité de la révélation.

Il y a une opinion qui gêne plus sensiblement les partisans de la descendance : c'est celle de Max Muller : cet éminent philologue appelle les racines des langues « types phonétiques fondamentaux qui ont été produits par une force inhérente à la nature humaine. » Pour lui, l'homme « aurait possédé, à un état plus complet, le pouvoir de donner aux conceptions intellectuelles de son esprit une expression meilleure, plus délicatement articulée. » Pour réfuter cette assertion on nous oppose les affirmations de *l'ingénieux* Lazarus Geiger qui se borne à dire que « l'hypothèse d'une faculté de création de langage actuellement perdue et celle d'un état primitif plus complet sont un appel à l'incompréhensible et un retour au mysticisme. » En tout état de cause, quand ce savant appelé à élucider cette mystérieuse question attribue, en grande partie, la formation des mots aux perceptions visuelles, il prouve que Max

Muller ne s'est pas approprié, d'une manière exclusive, le champ de l'incompréhensible.

En fait, Darwin avance que tous les mammifères supérieurs ont les organes vocaux construits sur le même plan général. Pourquoi ne s'en servent-ils pas comme nous ? Il reconnaît que les singes possèdent des organes qui pourraient leur donner la parole. « Seulement, dit-il, ils ne s'en sont jamais servis. » Et ce qu'il y a de singulier c'est que ce naturaliste affirme que les singes comprennent une grande partie de ce que l'homme leur dit. Comment ! le singe comprend une grande partie des mots que nous articulons, il a les organes de la phonation conformés comme les nôtres et il n'a point appris à les adapter à cet usage ! La conclusion qui se déduit de ce double aveu ne saurait profiter, ce me semble, au système transformiste. Et quelques-uns de nos adversaires conviennent qu'il y a là un caractère d'infériorité bien évident dont la persistance traduit l'exécution d'une volonté régulatrice. C'est la seule manière d'expliquer comment le singe, depuis qu'il vit au contact de l'homme n'est pas encore parvenu à réaliser l'adaptation de ses organes vocaux.

VII. — Sentiment du beau. — Sentiment religieux.

Prêter le *sentiment du beau* à l'animal est aller un peu loin. Se baser, pour étayer cette opinion, sur l'étalage que fait l'oiseau mâle de son riche plumage ou sur les douces mélodies qu'il soupire pendant la saison des amours c'est interpréter les choses en vue d'un système. Car le paon étale ses belles couleurs machinalement en dehors de la présence des femelles. Les oiseaux chanteurs exécutent leurs chants au printemps, plus pour célébrer le réveil de la nature que pour plaire aux femelles. Comment expliquer autrement le chant de ceux qui vivent dans l'isolement depuis leur naissance? Cette opinion est si peu fondée que des faits connus de nous tous lui donnent journellement un démenti formel. Ainsi nous savons que si un oiseau mâle vit avec la femelle il chante peu, et que si l'on veut jouir des agréments de sa voix il faut l'isoler. Du reste, pourquoi le mâle aurait-il recours à de semblables expédients quand la femelle se charge de faire les frais vis-à-vis de lui? Et les oiseaux qui n'ont pour eux ni l'attrait du plumage ni celui de la voix ne trouvent-ils donc pas à s'accoupler.

Quoi qu'il en soit de ce sentiment attribué à l'animal, il est certain qu'il n'a rien de commun avec le sentiment du beau qui, chez l'homme, s'associe à des idées complexes, qui a l'idéal dans son domaine, qui illumine l'âme et s'impose à elle.

Pénétré de la pensée que la *croyance en Dieu et le sentiment religieux* donnent à l'espèce humaine un immense prestige, dans l'impossibilité où il est, d'ailleurs, de les attribuer à l'animal, Darwin conteste que cette croyance ait existé primitivement chez l'homme. « *Nous possédons, au contraire,* dit-il, *des preuves nombreuses fournies par des hommes ayant vécu longtemps avec les sauvages, desquelles il résulte qu'il a existé et qu'il existe encore un grand nombre de peuplades qui ne croient ni à un, ni à plusieurs dieux et qui n'ont même pas dans leur langage de mot pour exprimer l'idée de la divinité.* » Cette assertion se trouve contredite par les affirmations nettes et précises des philosophes anciens et modernes. Cicéron dit : « *chaque ville à sa religion* », et Plutarque, non moins explicite, s'exprime ainsi : « *Si vous parcourez la terre, vous trouverez des villes n'ayant pas de murs, pas de littérature, ne possédant ni lois, ni palais, ni richesses, ni gymnases, ni théâtres ; mais on n'a jamais vu une ville n'ayant ni temples, ni dieux, ne faisant point de sacrifices et de prières pour obtenir des biens ou conjurer des maux.* » Au dix-huitième siècle, Helvétius et d'Holbach cherchèrent vainement des peuplades, parmi celles récemment découvertes par les navigateurs, qui n'eussent ni le sentiment de la divinité, ni un culte quelconque.

M. Duval invoque les rapports qui arrivent fréquemment à l'école d'anthropologie pour contester ce caractère d'universalité. Il y a là une question de fait qui se trouve vidée à l'avantage de notre doctrine par les déclarations formelles des naturalistes des diverses époques. Mais il va plus loin : et admettant que cette religiosité, sous sa forme la plus élémentaire, se retrouve chez toutes les races, il tente de démontrer qu'il existe, chez les animaux,

quelque chose d'analogue. Plus loin, il établit que
« la croyance au surnaturel représente simplement
un caractère d'une intelligence peu développée qui,
mise au service du sentiment de curiosité propre
aussi bien au singe qu'à l'homme, se contente de
solutions naïves pour l'explication des phénomènes
du monde ambiant »... « La croyance au surnaturel,
ajoute-t-il, n'est autre chose que la croyance à
l'infraction des lois de la nature. Mais y a-t-il à parler de surnaturel pour les races inférieures qui
n'ont jamais entendu expliquer scientifiquement un
phénomène et ne se sont jamais posé la question
de savoir si une chose est conforme ou contraire à
des lois qu'elles ne soupçonnent pas? » Evidemment, les sauvages n'ont pas fait une étude approfondie des lois de la nature : ils n'ont pas eu leur
Newton ou leur Laplace ; mais si rudimentaires que
soient leurs connaissances, ils savent distinguer
une chose normale, naturelle d'une chose qui ne
l'est pas. Nous voulons bien admettre l'extrême
bizarrerie des suppositions à l'aides desquelles ils
expliquent certains phénomènes naturels, comme la
foudre, l'éclair. Mais qu'importe la puérilité de
leurs explications? Ils constatent un fait qui est
au-dessus de la puissance humaine et ils l'attribuent à un être supérieur à l'homme. Ils ne confondent pas, le moins du monde, la notion du
naturel et du surnaturel : ils la distinguent, au contraire, très bien.

Après cela M. Duval soutient, qu'on ne peut faire

de ce rudiment de religiosité un caractère de distinction fondamentale entre l'homme et les animaux. « En effet, dit-il, la croyance au surnaturel se réduit, en dernière analyse, à attribuer à des êtres animés (esprits, puissances surnaturelles, divinités) la production des phénomènes physiques. Mais cette interprétation est l'œuvre des animaux tout aussi bien que de l'homme. » A l'appui de son affirmation il rapporte le fait cité par Darwin d'un chien couché sur le gazon à quelque distance d'une ombrelle ouverte que la brise agitait de temps en temps. Chaque mouvement imprimé à l'ombrelle provoquait le grognement, les aboiements du chien. Pour ce naturaliste, le chien attribuait ces mouvements se produisant sans cause apparente à la présence de quelque agent surnaturel et il aboyait pour chasser l'intrus qui n'avait aucun droit de pénétrer dans la propriété de son maître. Nous avons tous vu des faits analogues à celui que rapporte Darwin, mais, à coup sûr, nul de nous n'a eu l'idée de le commenter de semblable façon. Bien des fois nous avons vu un chien aboyer, se hérisser et reculer tout tremblant en face d'un objet qui lui paraissait étrange et de la nature duquel il ne se rendait pas très bien compte. C'est un sentiment du même ordre qui provoquait l'attitude du chien de Darwin : et l'on montre de la bonne volonté en prêtant à cet animal un raisonnement aussi complexe.

Il ne faut donc pas, comme le fait observer avec toute raison M. de Quatrefages, juger la conception de la divinité chez les sauvages d'après l'idée qu'en ont les peuples civilisés. Quelque simple, incomplète, naïve, enfantine que soit une croyance, il ne faut pas lui refuser le caractère religieux, du moment qu'elle se rattache à ce que les religions développées ont de commun et d'essentiel, à savoir l'idée d'êtres supérieurs à l'homme pouvant influer en bien ou en mal sur sa destinée.

Enfin M. Duval formule un argument emprunté à Broca (*Bulletin d'anthropologie*, 1880) et qui se tire de la modification que subissent, avec l'âge et le développement de l'intelligence, les croyances religieuses inculquées, pendant l'enfance à chacun de nous. « Si tous les sujets, dit-il, acceptent pendant leur enfance, les croyances dans lesquelles on les élève et auxquelles on façonne leur esprit il n'y a rien là qui puisse nous révéler l'existence d'une faculté, d'une aptitude ou d'une aspiration particulière. Mais avec l'âge, avec l'expérience, avec l'étude surtout, pour beaucoup d'entre eux cet état passif de l'esprit fait place presque toujours à un certain degré de scepticisme, à un esprit de critique dont le développement marche de front avec celui de l'intelligence elle-même et qui, s'appliquant aux conceptions religieuses, aboutit finalement à ce que dans tous les pays, mais surtout dans ceux où l'homme cultive son intelligence, on voit un grand nombre d'individus abandonner la presque totalité de leurs croyances. » On ne peut nier qu'il n'y ait là une apparence de vérité : il est certain que le scepticisme germe, à notre époque, dans bien des cerveaux. Mais de ce qu'un certain nombre d'esprits sont dévoyés, de ce que l'incrédulité se substitue chez quelques-uns à une foi aussi rationnelle que consolante, doit-on conclure qu'il est conforme aux lois du bon sens de proscrire les croyances religieuses ? Est-on autorisé à considérer la négation de la divinité et de ses attributs comme le signe du développement intellectuel ? On l'est d'autant moins que ces professions de foi d'athéisme sont, le plus souvent, de ridicules fanfaronnades qui s'évanouissent lorsque l'heure suprême arrive pour ces philosophes d'un jour. Nous n'en sommes pas à chercher des faits à l'appui de cette dernière assertion. Mais n'est-il pas intéressant de noter le langage d'un homme qui se recommande assurément par l'intelligence et le savoir et qui était justement considéré comme le porte-drapeau du matérialisme ? Dans un spirituel discours prononcé récemment M. Renan disait : « J'aime encore mieux l'enfer que le néant. » A coup sûr il supposait, comme nous-même, que l'enfer est moins affreux qu'on ne se plaît à nous le représenter.

Le raisonnement lui-même de M. Duval est entaché d'erreur. Que penserait-on de celui qui rejetterait la nécessité et la sublimité de la morale parce qu'il aurait constaté l'immoralité d'un certain nombre d'hommes primitivement moraux et qui auraient cessé de l'être à mesure que leurs facultés intellectuelles prenaient du développement ? Une pareille argumentation met en évidence les aberrations auxquelles conduisent les entraînements systématiques et passionnés.

En dehors de toute donnée historique, on ne saurait comprendre l'homme sans une notion de la divinité. Car cette croyance est une conséquence même de la nature de son intelligence qui est finie et qui conçoit l'infini, qui est relative et qui conçoit l'absolu, qui est contingente et qui comprend le nécessaire. Si peu civilisé qu'on le suppose l'homme a conscience de sa grandeur, mais de son infériorité relative ; il reconnaît qu'il ne s'est pas fait lui-même et qu'il était incapable de se faire ; par suite, qu'il émane d'une puissance supérieure sous la dépendance de laquelle il demeure placé.

VIII. — Sens moral.

De toutes les facultés psychiques de l'homme celle qui embarrasse le plus visiblement Darwin est le *sens moral*, et il ne peut s'empêcher de proclamer que la conscience est le plus noble attribut de l'humanité. Pour lui, le sens moral dérive primitivement des instincts sociaux qui sont la *sympathie, la bienveillance et l'amour* auxquels nous aimons mieux conserver la dénomination générique *d'affections sociales*. « *Les animaux sont pourvus de ces instincts sociaux*, dit-il, *et conséquemment d'un certain sens moral.* » Cette proposition fondamentale suppose résolues deux questions qui sont loin de l'être.

D'abord nous n'admettons pas l'origine assignée par Darwin au sens moral. Nous voulons bien qu'il ait pour base le sentiment social, mais nous ne croyons pas que le sentiment social soit instinctif. S'il en était ainsi, le sens moral serait une faculté innée, tandis qu'il nous paraît être une faculté acquise. Cette opinion est celle d'un homme qui fait autorité dans la science. Dans un remarquable ouvrage publié en 1864 sous le titre *Utilitarianisme* M. Mill nous dit : « Comme toutes les autres facultés acquises auxquelles j'ai déjà fait allusion, la faculté morale, si elle ne fait pas partie de notre nature, en est, pour ainsi dire, une excroissance naturelle, susceptible, dans une certaine mesure, de surgir spontanément, comme toutes les autres facultés. » En second lieu, il nous paraît absolument contestable que les animaux possèdent ce que Darwin appelle les instincts sociaux. Il n'est pas prouvé, en effet, que la *sociabilité* soit dans leur nature, et nous voyons les animaux supérieurs s'accommoder très bien de l'isolement. Et peuvent-ils bien avoir le sentiment social quand ils ne possèdent pas ou ne possèdent que d'une façon rudimentaire le sentiment de la famille? Car la famille n'est autre chose qu'une société à l'état embryonnaire. Peut-on admettre qu'ils possèdent les instincts sociaux qui s'appliquent à la vie commune et qui font partie des règles de la morale sociale quand ils ne présentent pas trace des instincts ou des affections qui se rapportent à la morale individuelle? Car quand Darwin avance que le chien possède l'empire sur lui-même, quand Agassiz attribue à ce même animal quelque chose qui ressemble à la conscience, ils mettent sur le compte du sens moral des actes qui sont exclusivement du ressort de la crainte. Quelle est l'espèce animale dans laquelle la patience, la pudeur, la chasteté soient en honneur?

Peut-être, à propos de pudeur, serait-on tenté de nous représenter les habitudes indécentes de certaines peuplades grossières. Mais là-dessus M. de Quatrefages nous donne encore des indications précieuses. Voici ce qu'il raconte des Tasmaniens qui sont considérés par les naturalistes comme caractérisant l'état sauvage à son degré le plus bas :
« Leurs habitudes grossières accusent un profond sentiment de décence et de pudeur. Les garçons qui avaient dépassé la première enfance avaient leurs feux et leur quartier à part dans le campement. Ils s'éloignaient de bonne heure pour ne pas assister au réveil de la tribu. Les jeunes gens ne rôdaient jamais dans les bois avec les femmes ; et s'ils rencontraient un groupe de l'autre sexe ils devaient s'éloigner dans une autre direction. »

Soucieux pourtant de justifier son opinion et de prouver que les animaux possèdent la sympathie, la bienveillance et l'amour Darwin cite certains faits.
« Les loups et quelques autres bêtes féroces, dit-il, chassent en commun et s'aident mutuellement pour attraper leurs victimes. Les hamadryas soulèvent des pierres pour chercher des insectes : quand ils

en rencontrent une trop grosse, ils interviennent en grand nombre, la soulèvent et partagent le butin. Les singes et bien d'autres animaux confient à l'un d'eux le soin de veiller à ce que le troupeau ne soit pas surpris par un ennemi. » J'avoue que je ne vois pas là des actes de sympathie bien caractérisés, mais plutôt des actes instinctifs s'appliquant à la conservation de l'individu. Car dans la chasse entreprise par les loups et dans le travail accompli par les hamadryas, il est probable que chacun concourt à l'opération pour le bien qui doit lui en revenir et non pour le plaisir qu'il trouve à donner main forte à ses compagnons. Darwin reproduit également une relation fort curieuse du capitaine Stansbury qui prétend avoir rencontré sur les bords du lac de l'Utah un pélican vieux et aveugle qui était fort gras et qui *devait* être nourri par ses compagnons depuis fort longtemps. Cette observation laisse beaucoup à désirer : il aurait fallu que le capitaine anglais nous dise depuis quand le pélican était aveugle et qu'il eut vu les animaux de son espèce lui apporter de la nourriture.

Pour certains philosophes de la même école la sympathie repose sur le vif souvenir que nous ont laissé d'anciens états de douleur ou de plaisir. De telle sorte qu'en voyant quelqu'un souffrir de la faim, du froid nous éprouverions nous-même, sous l'influence du souvenir de ces sensations, une impression douloureuse et que nous serions portés à soulager les souffrances d'autrui pour nous soustraire à des sentiments pénibles. Mais la sympathie du jeune enfant qui voit quelqu'un souffrir de la faim ne peut avoir cette origine puisqu'il n'a jamais éprouvé lui-même de sensations de cet ordre. Et comment cette hypothèse expliquerait-elle le degré de la sympathie? comment rendrait-elle compte d'un fait constant, à savoir que nous ressentons beaucoup plus de sympathie, toutes choses égales d'ailleurs, pour une personne qui nous est chère que pour une personne qui nous est indifférente.

Telle n'est pas assurément l'origine de la sympathie ; celle-ci est un phénomène tout à fait désintéressé ; elle n'est pas plus le ressouvenir de nos propres maux que la crainte des maux à venir ; car nous ne faisons alors aucun retour sur nous-même ; parfois même le malheur qui s'éveille en nous ne saurait jamais nous atteindre. La spontanéité en est le caractère principal. Elle est tellement liée à la constitution de l'organisme qu'on pourrait la qualifier de phénomène physiologique ; elle est tellement involontaire qu'on pourrait dire qu'elle est un phénomène instinctif: elle est enfin tellement variable dans les divers individus qu'on peut dire qu'il n'y a pas deux hommes dont la sensibilité s'émeuve au même degré à la vue du même spectacle de misère ou de malheur.

Ajoutons qu'elle n'est pas, quoi qu'en disent certains philosophes, le fondement de la morale ; car si elle nous porte à soulager celui qui souffre, à nous réjouir du bonheur des autres, elle ne nous y oblige pas ; elle ne contient pas l'idée de devoir. Il en est de même de la bienveillance et de l'amour.

Le sens moral, quoi qu'on en puisse dire, est spécial à l'homme ; lui seul a la faculté de discerner le bien du mal ; lui seul connaît les devoirs imposés par la morale sociale et par la morale individuelle. Lui seul pratique la justice, la bonté et l'amour envers tous les hommes, quelle que soit leur race ; ce ne sont pas les limites d'une tribu qui circonscrivent cette sphère morale. Lui seul a conscience des devoirs que chacun doit remplir au triple point de vue du corps, de l'esprit et du cœur. Lui seul risque, sans hésitation, sa vie pour celle d'un de ses semblables ou la sacrifie, après réflexion, à quelque grande cause. Kant, dont le système philosophique prouve que la contradiction est quelquefois le signe d'une haute raison, Kant s'exprime ainsi : « Devoir ! pensée merveilleuse qui n'agis ni par l'insinuation, ni par la flatterie, ni par la menace, mais en te contentant de te présenter à nous sous ton austère simplicité, tu commandes ainsi le respect, sinon toujours l'obéissance ; devant toi les appétits restent muets, si rebelles qu'ils soient en secret ! D'où tires-tu ton origine ? » Le philosophe allemand pose là un point d'interrogation qui a, dans sa bouche, une bien grande signification. Car il ne peut attribuer l'idée première de devoir à une puissance humaine, et, dans la partie métaphysique de ses œuvres, il n'a reconnu à l'idée d'âme et de Dieu aucune certitude objective.

Le devoir n'est pas et ne saurait être une attribution héréditaire ; il n'est même pas une invention humaine. C'est le sceau dont le créateur a marqué l'homme. L'histoire naturelle n'a rien à voir dans la naissance et le développement de cet incomparable sentiment. Les espèces auraient beau disparaître successivement, les plus faibles étant absorbées par les plus fortes ; l'hérédité et l'habitude auraient beau exercer l'empire que Darwin leur accorde, rien ne nous donnerait l'explication de ce sentiment si élevé, si noble dans sa simplicité même. En face de l'idée de devoir, l'homme n'a qu'à s'incliner malgré sa grandeur et à reconnaître le doigt de Dieu.

Que peut bien venir faire ici, d'ailleurs, la sélection naturelle ? Les facultés intellectuelles ne suffisent-elles pas ou, tout au moins, ne remplacent-elles pas avantageusement la sélection quand il s'agit d'adapter le corps aux conditions d'existence et de milieux qui sont susceptibles de varier à tout instant ? L'action de la sélection se comprend, à la rigueur, chez les animaux qui sont incapables de remédier, par leur intelligence propre, aux mauvaises conditions d'existence que leur font les modifications incessantes dont l'univers est le théâtre. Quand les rigueurs du climat l'exigent, l'homme se prémunit et se couvre de vêtements plus chauds ; en pareille occurence, l'animal ne sait pas obvier à l'insuffisance de sa fourrure.

Quoi qu'en dise M. Wallace dans un remarquable

travail publié par la *Revue anthropologique* de 1864 il en doit être de même quand il s'agit des facultés intellectuelles et morales. Le niveau intellectuel de l'homme ne s'élève que par l'usage que nous faisons de nos facultés. Et les choses ont dû se passer de la même manière aux époques les plus reculées. Darwin admet que le nombre des habitants d'un pays est en proportion des ressources matérielles que ce pays présente, et que ces ressources dépendent surtout des arts que l'on cultive dans la contrée. Nous partageons son sentiment. Mais de quel avantage pourra être la sélection pour le progrès artistique? Il est clair que l'homme comprenant le bien qui résultera, pour lui, du progrès des arts étudiera, avec son intelligence, les moyens de réaliser ce progrès. Cela se produit journellement. Et peut-on douter qu'à l'époque de l'homme primitif les choses se soient passées de la même façon? Assurément son intelligence était moins développée, mais les applications qui en devaient être faites étaient beaucoup plus simples, beaucoup plus élémentaires. Qu'avait-il à faire, en effet? perfectionner cette lame de silex terminée par un taillant en biseau oblique et à rendre de plus en plus reconnaissable la tête d'un renne ou d'un mammouth gravée, à l'aide de ce burin, sur le manche d'un poignard. Nos ancêtres de ces temps éloignés n'avaient pas à construire des appareils destinés à régler la puissance de la vapeur ou de l'électricité. Mais la marche suivie par eux ne devait en rien différer de la marche suivie par nous. Ils calculaient le but à atteindre, ils appréciaient les défectuosités du système en vigueur et, par la réflexion, ils arrivaient à saisir les modifications qu'il y avait lieu d'introduire dans leur outillage artistique ou industriel.

Nous ne procédons pas autrement : quand une découverte a lieu nous l'étudions en elle-même et dans les applications qui en peuvent être faites. Nous mettons en jeu notre intelligence ; nous n'attendons pas, le moins du monde, les effets de la sélection naturelle ; nous n'attendons pas les descendants directs ou indirects d'un individu mieux doué que les autres.

Le raisonnement que nous venons de faire relativement au progrès dans l'ordre artistique convient, de tous points, au progrès réalisé dans le domaine intellectuel et moral. Ce dernier est une conséquence nécessaire de l'état dans lequel l'homme a toujours vécu. Car nous n'admettons pas, comme le voudrait Darwin, que la sociabilité soit seulement de date très reculée ; nous croyons que l'homme a vécu en société dès qu'il a paru sur la terre et nous ne comprenons pas son existence en dehors de cette condition. Les nations humaines n'ont pas pu commencer par une banale convention, par un simple contrat. Et cet *état de nature* rêvé par Hobbes, Spinosa et J.-J. Rousseau dans lequel les hommes auraient vécu isolés sans liens d'aucune sorte, cet état, disons-nous, ne saurait être accepté même à titre d'hypothèse scientifique. La société est le résultat de la constitution organique, intellectuelle et morale de l'homme, et en dehors de toute société l'individu ne pourrait accomplir sa destinée. En effet, grâce à la *propriété* et au travail l'homme pourvoit à sa conservation, à son bien-être, ainsi qu'à l'avenir de ses enfants ; par la *famille* il perpétue l'espèce et assure le développement intellectuel et moral.

Or le contact de l'homme avec ses semblables a pour effet de faire naître ce que Darwin appelle les instincts sociaux, c'est-à-dire la sympathie, la bienveillance et l'amour. Son intelligence lui permettant de voir que s'il oblige les autres aujourd'hui, il sera obligé par eux demain, que s'il prend part à la douleur d'autrui il sera, à son tour, consolé et secouru plus tard, son intelligence, disons-nous, lui permet d'apprécier les avantages qu'il y a à nourrir ces sentiments et le porte, naturellement, à les cultiver, à les développer. A nos yeux, le rôle de l'intelligence est indubitable. Bien plus, quand on examine attentivement les pratiques des peuples civilisés on ne tarde pas à reconnaître que ces pratiques entravent la libre action de la sélection naturelle. Ainsi, tandis que chez les sauvages l'élimination des hommes faibles de corps et d'esprit se poursuit sans relâche, on voit les nations civilisées venir en aide aux infirmes, aux idiots, et chercher, par tous moyens, à prolonger leur existence. Ceux-ci ont une entière liberté pour contracter des alliances et se reproduire. Les armées permanentes qui n'existent que chez les peuples civilisés sont aussi une cause puissante de dégénérescence.

Sous le rapport intellectuel et moral peut-il donc venir à l'idée d'un homme sensé de prétendre que nous devons à la sélection un niveau de moralité plus élevé ou un nombre plus considérable d'hommes éminents? Darwin lui-même ne soutient cette thèse qu'avec une timidité manifeste. « Comme l'homme, dit-il, subit les mêmes maux physiques que les autres animaux, et qu'il n'a aucun droit à l'immunité contre ceux qui résultent de la lutte pour l'existence, s'il n'avait pas été soumis à la sélection naturelle *pendant les temps primitifs*, il n'aurait certainement jamais atteint le rang qu'il occupe aujourd'hui. » Il relègue, on le voit, le rôle de la sélection à une époque où tout contrôle est impossible. C'est là une opinion personnelle, sans base solide, sans fondement sérieux et justifiant fort peu la prétention affichée, par M. Duval *d'expliquer l'inconnu du passé par le connu du présent.*

Je ne veux pas clore cette discussion sans réfuter une assertion relative aux progrès de la morale. Darwin estime que *l'amour des louanges, le désir de gloire et la crainte encore plus vive du mépris* contribuent puissamment à élever le niveau de la morale, c'est-à-dire à nous entraîner à l'accomplissement du devoir. L'application de cette théorie fausserait la nature même du devoir. Eh quoi! quand je compatis au malheur d'un autre, quand je lui viens en aide, quand je me dévoue pour un de mes semblables ou pour ma patrie en danger, je me préoccupe surtout de mériter des éloges ou d'éviter le blâme ! Mais le devoir rempli dans l'ombre, mais le bien accompli dans le silence, mais l'acte de dévouement réalisé dans le mystère ont-ils donc ce mobile ? N'est-il pas rationnel de penser que le soldat qui court au devant d'une mort certaine pour sauver l'honneur de son drapeau ou empêcher la ruine de son pays accomplit le devoir pour le devoir lui-même ? Est-il admissible que ce soldat ait calculé avec l'auréole dont une mort glorieuse entourera son nom ? Envisager ainsi le devoir, c'est le rapetisser, je dis plus, c'est le dénaturer.

M. de Quatrefages a pensé que la *moralité ou notion du bien et du mal moral, indépendamment de tout bien-être et de toute souffrance physique*, devait être considérée comme la caractéristique d'un règne humain. Le phénomène fondamental énoncé par l'éminent paléontologiste est d'une vérité saisissante que ne sauraient ébranler les arguments tirés par M. Duval de quelques actes d'atrocité commis par les Fuégiens ou d'autres races inférieures. Nous prouverons aussi que cette façon de pratiquer la moralité est un privilège de l'espèce humaine.

La distinction du bien et du mal est *nécessaire :* nous ne pouvons pas ne pas affirmer que telle action est bonne ou que telle autre est mauvaise. Cette idée du bien et du mal a un autre caractère tout aussi général que le premier : c'est que, aussitôt que nous la concevons, nous concevons aussi *l'obligation* de la réaliser ou de l'éviter. Cette obligation est *absolue* et, par suite, immuable et universelle. Car si l'obligation du moment pouvait ne pas être celle d'un autre moment ou si l'obligation pouvait varier avec les individus, elle différerait d'avec elle-même, elle serait relative et contingente. A l'idée d'obligation se rattache évidemment la faculté d'accomplir ou de ne pas accomplir le devoir qui est imposé à l'homme. En d'autres termes, celui-ci a la liberté au moment de l'action. Mais les mobiles de nos actions sont-ils toujours, sont-ils fatalement le plaisir ou l'intérêt ? M. Duval semble accepter cette défectueuse théorie. Sachant bien que l'homme est instinctivement porté à rechercher le plaisir et à éviter la peine, Epicure n'avait pas hésité à faire du plaisir le fondement de la morale. Quand cette doctrine a été examinée dans ses conséquences on n'a pas tardé à voir qu'elle était la négation de toute morale, et elle a été, comme de raison, universellement abandonnée. La doctrine de l'intérêt compte encore pas mal de défenseurs : et cependant il faut bien reconnaître qu'elle a, avec l'autre, une connexion intime, qu'elle ne fait que substituer l'utile à l'agréable, qu'elle n'est, somme toute, que la morale du plaisir élevée à la hauteur d'un calcul. Tout comme l'autre, cette doctrine détruit la notion du bien et du mal moral : car, par le seul fait que le bien ne diffère pas de l'utile et que le mal est ce qui nous nuit, le bien et le mal cessent de résider dans l'intention qui dirige l'acte accompli par nous : ils se confondent avec les résultats avantageux ou funestes de cet acte. En outre, la morale de l'intérêt exclut l'un des principes fondamentaux de la moralité, je veux dire l'obligation. En effet, chaque homme a ses passions propres et, conséquemment, sa manière de comprendre son intérêt : bien mieux, nos intérêts peuvent changer du jour au lendemain ; notre situation et nos désirs peuvent se modifier d'un instant à l'autre. Le plus ou moins de bonheur individuel étant le dernier terme de cette théorie, si nous appliquons le principe de l'obligation nous en arrivons à cette double interrogation : Sommes-nous obligés d'être heureux ? L'obligation peut-elle porter sur le bonheur, c'est-à-dire sur une chose que je ne puis pas ne pas rechercher et que je ne peux pas obtenir à volonté ?

M. Duval soucieux de faire prévaloir son opinion et sentant peut-être le faible de son premier argument ajoute que notre définition de la moralité est *en contradiction avec la religiosité, ou tout au moins avec les religions formulées qui donnent précisément pour sanction au bien et au mal la menace de tortures ou la promesse de bonheurs particuliers dans une vie future.* Il n'y a pas là de contradiction : en effet, l'obligation morale, ou le devoir, entraîne l'idée d'un droit, tout aussi bien celle de mérite ou de démérite, de récompense ou de châtiment. Mais de ce que telle ou telle religion assigne une sanction à la loi morale, il ne s'ensuit pas que cette sanction soit le mobile de tous nos actes. Après avoir fait le bien nous éprouvons une satisfaction intérieure. Mais nous n'avons pas fait le bien en vue de la jouissance qui a suivi notre acte ou de l'éloge qui lui a été donné. Quand je soulage une infortune, quand je recherche le propriétaire d'un porte-monnaie bien garni que j'ai trouvé sous mes pas je ne cède point à la pensée de gagner le ciel ou de conquérir une mention à la troisième page d'un journal. J'obéis à la voix de ma conscience qui me dit que je *dois* faire le bien et qu'en agissant de la sorte, je le fais.

Plus loin, M. de Quatrefages traitant des caractères moraux des races humaines inférieures et voulant mettre en évidence l'universalité de ces caractères ajoute : « Il n'est pas de société ou de simple association humaine dans laquelle la notion du bien et du mal ne se traduise par certains actes regardés par les membres de cette association comme moralement mauvais. Entre voleurs et pirates même le vol est regardé comme un méfait, parfois même comme un crime et sévèrement puni. » Aux yeux de M. Duval ce sont là tout simplement « des manifestations de la faculté de sociabilité et de respect du bien de la communauté. » Le professeur d'anthropologie nous paraît confondre les règles de la sociabilité avec les principes de la moralité. Si l'on adoptait son raisonnement on serait forcé d'avouer que les associations humaines le cèdent, sous ce rapport, aux associations animales ; car il n'est pas douteux que les abeilles et les fourmis ne poursuivent plus activement que l'homme le bien de la communauté. Mais est-ce à dire que ces industrieux insectes apprécient le plus ou moins de moralité des actes accomplis par l'un des membres de la société ! Evidemment non : il n'y a dans l'apport fait par chaque membre de l'association qu'un acte instinctif ne ressemblant en rien à l'acte raisonné auquel nous attribuons un caractère bon ou mauvais suivi, chez nous, d'une joie intérieure ou d'un remords.

Enfin M. de Quatrefages établit la moralité des races inférieures de l'humanité par l'existence du sentiment de la propriété qui se constaterait chez tous les peuples sans distinction. L'universalité de ce sentiment est chose indubitable : on peut même dire que l'institution de la propriété a son fondement véritable dans la nature propre de l'homme. « Chez tous les peuples, quelque grossiers qu'ils soient, dit Thiers, on trouve la propriété comme un fait d'abord, et puis comme une idée, idée plus ou moins claire selon le degré de civilisation auquel ils sont parvenus, mais toujours invariablement arrêtée. Ainsi, le sauvage chasseur a en mains la propriété de son arc, de ses flèches et du gibier qu'il a tué ; le nomade qui est pasteur a, du moins, la propriété de ses tentes, de ses troupeaux. Il n'a pas encore admis celle de la terre parce qu'il n'a pas jugé à propos d'y appliquer ses efforts. Mais l'arabe qui a élevé de nombreux troupeaux entend bien en être le propriétaire et vient en échanger les produits contre ceux qu'un autre arabe, déjà fixé sur le sol, a fait naître ailleurs. Il mesure exactement la valeur de l'objet qu'il donne contre la valeur de celui qu'on lui cède : il entend bien être propriétaire du premier avant le marché, propriétaire du second, après. La propriété immobilière n'existe pas encore chez lui. Parfois seulement on le voit, pendant deux ou trois mois de l'année, se fixer sur des terres qui ne sont à personne, y donner un labour, y jeter du grain, le cueillir, puis s'en aller en d'autres lieux. Mais pendant le temps qu'il a employé à travailler la terre, à l'ensemencer, à la moissonner, le nomade entend en être le propriétaire, et il se jetterait avec ses armes sur celui qui lui en disputerait les fruits. Sa propriété dure en proportion de son travail. Peu à peu cependant le nomade se fixe et devient agriculteur : il finit par choisir un territoire, par le distribuer en patrimoines où chaque famille s'établit, travaille, cultive pour elle et pour sa postérité. Alors à la propriété mobilière du nomade succède la propriété immobilière du peuple agriculteur. La propriété résultant d'un premier effet de l'instinct devient une convention sociale, car je protège votre propriété pour que vous protégiez la mienne. A mesure que l'homme se développe il devient plus attaché à ce qu'il possède, plus propriétaire, en un mot. A l'état barbare, il l'est à peine, à l'état civilisé, il l'est avec passion. On a dit que l'idée de propriété s'affaiblissait dans le monde. C'est une erreur de fait. Elle se règle, se précise et s'affermit; loin de s'affaiblir. Elle cesse, il est vrai, de s'appliquer à ce qui n'est pas susceptible d'être une chose possédée, c'est-à-dire à l'homme, et, dès lors, l'esclavage cesse. C'est un progrès dans les idées de justice : ce n'est pas un affaiblissement de l'idée de propriété. » Nul doute donc que le sentiment de la propriété ne soit universel : nul doute qu'il ne soit aussi très fortement enraciné chez les peuples les plus sauvages. Seulement, dans ce dernier cas, la réglementation de la propriété fait défaut : le travail d'appropriation qui en fixe la permanence et la transmissibilité n'est point encore réalisé.

M. Duval estime que ce sentiment se retrouve aussi dans l'espèce animale. Il nous paraît difficile de ménager bon accueil à cette paradoxale proposition. Comment existerait-il chez la brute alors que le droit de propriété n'est autre chose que la liberté même de l'homme considérée dans une de ses manifestations les plus essentielles, alors qu'il est une éclatante sanction de la personnalité humaine.

Pour se rendre compte de la valeur du principe formulé par M. de Quatrefages il n'y a qu'à voir les efforts tentés par M. Duval pour en saper le fondement. Nous avons vu qu'il n'est pas très heureux dans le choix de ses arguments. Le dernier qu'il développe n'est pas plus probant que les autres. Il affirme d'abord que « l'amour du bien moral et l'amour de la propreté physique se rapprochent, se ressemblent par plus d'un côté. Or, ajoute-t-il, ce dernier n'est pas général, car on n'a jamais vu une femme hottentote ou boschimane débarbouiller son enfant. Donc le premier, l'amour du bien moral, n'a pas, non plus, une existence universelle. » Le rapprochement qui sert de base à ce raisonnement est absolument contestable et ne fixe, en aucune façon, la logique des conséquences déduites.

Les facultés intellectuelles et morales, dit Darwin, ont toujours présenté une variabilité assez grande pour que la sélection naturelle pût déterminer leur perfectionnement. Nous avons vu que cette variabilité très habilement exploitée dans l'étude des conformations physiques n'avait pas fait faire un grand pas au transformisme. Nous sommes dès maintenant en mesure d'affirmer qu'elle ne lui a pas beaucoup servi non plus dans l'étude comparative des facultés mentales.

IX. — Etat primitif des peuples civilisés. système du duc d'Argyll.

L'état de barbarie aurait été l'état primitif de tous les peuples civilisés. Pour justifier cette proposition le naturaliste anglais invoque deux ordres de preuves : en premier lieu, ce sont les traces évidentes que présentent les nations civilisées de leur ancienne condition inférieure, traces qui existent dans leurs coutumes, dans leurs mœurs, dans leur langage. Cet argument n'est pas très convaincant : en effet, si nos coutumes, notre langage offrent quelques restes de leur ancien état, cela signifie tout simplement qu'ils ont pris part à ce mouvement qu'on appelle la perfectibilité. Certainement, la divinité est aujourd'hui ce qu'elle était dans les temps primitifs; la justice, l'amour, le dévouement n'ont pas changé de nature; mais nous en avons, grâce au progrès intellectuel accompli, une idée plus élevée et plus juste que les anciens peuples. L'histoire nous a dévoilé l'existence de religions erronées qui, pour un esprit attentif, sont toutes nées d'une fausse interprétation et renferment toutes quelques vestiges des dogmes révélés; ces religions ont donné naissance à des croyances étranges et à des pratiques superstitieuses dont il reste peut-être quelque chose encore. Mais cela n'établit pas, le moins du monde, cet état de barbarie dont on parle; tout au plus, un état intellectuel, moral et religieux moins avancé que le nôtre. Il est évident que les sciences et les arts n'étaient pas, il y a quelques milliers d'années, ce qu'ils sont aujourd'hui; et les peuples de cette époque, étudiés à ce point de vue, nous paraissent bien primitifs et bien arriérés. Mais il en sera de même de nous dans quelques centaines de siècles : nous produirons exactement le même effet à ceux qui auront agrandi le champ des découvertes et reculé sensiblement les limites du savoir humain.

Du reste, cette infériorité dans les mœurs, dans le langage est-elle un état originel ou bien un état acquis, conséquence d'une dégradation croissante? En d'autres termes, les nations civilisées sont-elles parties de là ou bien sont-elles remontées après être descendues jusque-là ? Qui peut dire que les peuples sauvages n'avaient point perdu leurs notions primitivement élevées de justice, de morale, de religiosité ? N'y a-t-il pas un fond réel de philosophie dans cette pensée : que l'histoire n'est autre chose qu'un *perpétuel recommencement ?*

Il ne serait pas nécessaire de remonter très haut pour voir combien l'intelligence des peuples peut être atteinte par des circonstances diverses. Si le moyen-âge avait poursuivi quelque temps ses pratiques, si l'Eglise catholique qui recrutait tous les hommes se livrant à la culture de l'esprit et qui leur imposait le célibat eût continué son œuvre, si l'Inquisition n'avait cessé de renfermer et de brûler les hommes les plus indépendants et les plus hardis, si elle eût éliminé, comme elle le fit en Espagne pendant trois siècles, l'élite d'une nation à raison d'un millier par an, nul doute que cet état de choses n'eût abêti les peuples soumis à ces influences désastreuses. Est-il possible d'affirmer que, dans la série des siècles, il ne s'est pas produit des conditions analogues ?

Un autre genre de preuves serait fourni par les progrès qu'ont réalisés les sauvages dans leurs arts jusqu'à présent si simples. Mais le progrès n'est pas l'apanage d'un peuple ou d'une race. Pourquoi l'heure de la marche en avant ne sonnerait-elle pas pour les Fuégiens, les Botocudos et les habitants de la plupart des îles polynésiennes ? Enfin de ce que le silex, cet instrument primitif, a été trouvé dans presque toutes les contrées habitées par des peuples civilisés s'ensuit-il que tous ces peuples aient vécu à l'état de barbarie? Cela ne prouve qu'une chose : c'est que l'industrie a eu son enfance. D'autre part, a-t-on bien établi que les progrès signalés dans les simples arts des sauvages fussent leur œuvre? A-t-on démontré que leurs découvertes fussent indépendantes? On est assez généralement d'accord pour reconnaître que l'art de faire le feu n'a pas ce caractère Pourquoi n'en serait-il pas de même des perfectionnements apportés dans la fabrication de leurs armes et de leurs outils?

Rien n'autorise donc à croire que toutes les nations civilisées aient eu pour premier état un état de barbarie. Il y a mieux : un système a été opposé à celui-là et il a été développé par le duc d'Argyll. Ce savant a cherché à démontrer que l'homme a paru sur la terre à l'état d'être civilisé et que les sauvages ne sont arrivés à être ce qu'ils sont que par le fait d'une dégradation. Sans me constituer le défenseur de ce système qui n'a, d'ailleurs, jamais fait le sujet de mes études, je puis dire qu'il n'a rien qui ne soit admissible. Et si nous interrogeons les historiens, les philosophes, les législateurs des diverses époques nous voyons que l'histoire de l'humanité présente de ces mouvements de recul. Nous voyons, en effet, dans l'antiquité, la croyance à la déchéance progressive de l'humanité se formuler symboliquement dans le mythe poétique des quatre âges successifs de l'espèce humaine. Le poète latin Horace s'en fait plus tard l'apôtre : « *Une génération plus perverse que celle dont elle a reçu le jour a engendré en nous une race pire qu'elle même, et de cette race naîtra une génération encore plus corrompue.* » Et ce n'est pas seulement dans l'histoire ancienne que nous trouvons la formule de cette croyance : elle a survécu même à l'apparition du christianisme et nous la retrouvons très explicitement consignée jusqu'au treizième siècle dans les écrits des philosophes, des poètes, des législateurs : ils sont, peut-on dire, unanimes à afûrmer que les choses allaient en empirant. Peut-être un semblable jugement est-il entaché de quelque exagération. Néanmoins on est obligé de convenir qu'il indique un mouvement longtemps continué vers la décroissance intellectuelle et morale. Des statistiques dressées, de nos jours, avec soin, par des auteurs dignes de foi, sembleraient également donner raison à ce système. Voici le langage tenu, à ce sujet, par M. Greg : « L'Irlandais, malpropre, sans ambition, insouciant, multiplie comme le lapin ; l'Écossais, frugal, prévoyant, plein de respect pour lui-même, ambitieux, moraliste rigide, spiritualiste, sagace et très intelligent, passe ses plus belles années dans la lutte et le célibat, se marie tard et ne laisse que peu de descendants. Étant donné un pays primitivement peuplé de mille Saxons et de mille Celtes, au bout d'une douzaine de générations, les cinq sixièmes de la population seront Celtes, mais le dernier sixième, composé de Saxons, possèdera les cinq sixièmes des biens, du pouvoir et de l'intelligence. Dans l'éternelle lutte pour l'existence, c'est la race inférieure et la *moins* favorisée qui aura prévalu, et cela, non en vertu de ses bonnes qualités, mais en vertu de ses défauts. »

L'histoire nous fournit de nombreux exemples de nations ayant suivi cette marche rétrograde et nous apprend d'une manière certaine que le progrès n'est pas une règle invariable. Ne savons-nous pas que le peuple qui a atteint le niveau intellectuel le plus élevé, les Grecs, est tombé après *s'être énervé et corrompu jusqu'à la moëlle?* Ne savons nous pas que les contrées d'Afrique arbitrairement signalées comme la patrie primitive de l'homme, sont habitées par les peuplades les plus sauvages après avoir été le siège de civilisations peut-être plus anciennes et plus brillantes que celles de l'Asie?

N'est-il donc pas possible que cette tendance se soit accentuée chez certains peuples et qu'elle ait abouti à l'abrutissement des sauvages ? Ce qui militerait en faveur de cette opinion c'est la facilité avec laquelle les sauvages s'approprient les idées, les coutumes et même le langage des peuples civilisés. On raconte que trois Fuégiens (un des peuples les plus barbares et les plus grossiers), après avoir passé quelque temps à Londres, avaient contracté les mœurs anglaises et parlaient même assez bien la langue. Cette facilité ne témoignerait-elle pas d'un ancien état de culture intellectuelle et morale? N'y aurait-il pas là un fait de *retour?*

Un détail très curieux rapporté par M. Blake, professeur de géologie au collège de Californie, tendrait également à donner raison à ce système. Ce savant, cherchant à établir l'existence de l'homme tertiaire, s'exprime ainsi : « On trouve dans les dépôts aurifères de la Californie des instruments de pierre travaillés par l'homme, associés à des restes de mammouth et de mastodonte : ce sont des mortiers, des pilons, des vases de stéatite en forme de cuillers avec manches grossiers, des pointes de lance et de flèche, des anneaux de pierre, etc... Quelques-uns de ces objets qui peut-être ne proviennent pas des assises les plus anciennes sont travaillés avec beaucoup de soin et peuvent être considérés comme étant polis. J'ai vu des têtes de lance longues de vingt-cinq centimètres parfaitement lisses, ainsi qu'une aiguille en pierre à peu près de la même longueur et d'un diamètre moindre de deux centimètres nettement perforée à l'un des bouts. *Cet objet indique un développement industriel bien supérieur à celui des aborigènes actuels de la même région.* »

CHAPITRE VI

Coup d'œil rétrospectif. — Objections contre le transformisme. — Interruptions dans la série animale. — Fragment d'un crane trouvé en Belgique. — Crane de Néanderthal. — Les Australiens et M. de Rienzi. — Les microcéphales et M. Vogt. — Les silex de Thenay. — Les silex de St. Priest (Eure-et-Loir) et M. Desnoyers. — Découverte d'une prétendue race intermédiaire entre le singe et l'homme faite récemment dans le royaume de Siam. — La descendance et la génération hétérogène de Ed. Hartman. — L'anthropopithèque et M. de Mortillet. — Types d'une organisation complexe retrouvés au premier age de la vie. — Impossibilité d'expliquer la transition des *articulés* aux *vertébrés*. — Persistance des types inférieurs. — Moritz Wagner et la ségrégation.

I. — Coup d'œil rétrospectif.

Nous venons de voir Darwin reprenant les idées de Lamark et de Geoffroy-Saint-Hilaire ; nous l'avons vu cherchant à déplacer la grande question de l'origine de l'homme et à la porter sur un terrain nouveau, celui de l'observation et de l'expérimentation. Nous avons passé en revue les principaux faits sur lesquels il étale son système. Nous avons discuté les arguments qu'il formule. Le moment est venu de jeter un coup-d'œil d'ensemble sur cette doctrine, de nous demander si elle repose sur des bases solides et si elle fournit une solution satisfaisante du grand problème biologique qui se dresse devant nous aujourd'hui après avoir déconcerté les générations éteintes.

L'étude à laquelle nous nous sommes livré relativement à la structure anatomique révèle une frappante analogie entre l'homme et les animaux supérieurs. Seulement ces affinités entre les types, sont, pour nous, le fait d'une puissance créatrice : celle-ci, après avoir conçu un plan organique général, a voulu marquer chaque degré de ce plan et, dans ce but, elle a mis au jour une série de formes rattachées entre elles par la pensée organisatrice, mais n'ayant aucun autre lien matériel et ne permettant pas de concevoir le passage possible d'un type à un autre, ou des modifications d'un type actuel suffisantes pour amener un type nouveau. Nous avons donc pu donner l'explication de cette analogie de structure, et j'avoue que nous ne saurions trouver dans ce fait les éléments de conviction pour attribuer à l'espèce humaine une origine animale. Bien plus, nous avons fait ressortir que, s'il y avait lieu de reconnaître une organisation analogue, on ne saurait, du moins, y retrouver une organisation identique et que, à ce point de vue, le corps humain présentait des caractères qui lui sont propres : ainsi l'attitude verticale, la forme du crâne, le volume du cerveau, la conformation du pied pour la station et la marche, la disposition de la main pour la préhension, etc.

Nous avons vainement recherché les caractères zoologiques permettant de disposer les divers animaux dans des ordres sériaires : nous avons inutilement cherché à découvrir *comment chaque caractère évolue d'une espèce inférieure à une espèce plus élevée.* D'ailleurs, nous nous demandons quel est le bénéfice que la doctrine transformiste retire des caractères sériaires : nous affirmons même que la sélection ne les explique pas. Et, en effet, y a-t-il quelque avantage à ce que la soudure de l'os intermaxillaire soit plus ou moins précoce ? Pourquoi la sélection aurait-elle cherché à la rendre de plus en plus hâtive lorsqu'on passe des pithéciens au gorille, de celui-ci au chimpanzé et du chimpanzé à l'homme? Le plus ou moins de précocité dans ce travail peut-il constituer un progrès ? Il est vrai que l'éminent anthropologiste Broca fait, à ce sujet, une restriction qui a son importance : il admet que *le rôle de ces caractères sériaires n'a pas été encore démontré dans le fait de la concurrence vitale, mais qu'il pourra l'être un jour.* Ce jour n'est pas encore venu ; et nous n'avons, pour cette démonstration comme pour bien d'autres, qu'à attendre patiemment. Ce que nous venons de dire à l'endroit de l'os intermaxillaire s'applique exactement à l'atrophie graduelle des vertèbres caudales. Après avoir vu dans ce fait un caractère indifférent Broca est revenu sur son opinion et il a affirmé que cette atrophie avait pour conséquence de fournir une paroi plus fixe et plus résistante aux viscères du bassin. On ne comprend guère cette conclusion et il paraît plus rationnel que la chûte de l'intestin dans la station verticale soit empêchée par des vertèbres fortes et bien développées que par des vertèbres atrophiées : l'effet de la pesanteur se produira plus difficilement dans le premier cas que dans le second.

Ce travail nous a conduit à dévoiler quelques-uns des artifices au moyen desquels on a prétendu établir notre descendance, à relever quelques-unes des contradictions que renferme le darwinisme, à mettre en relief quelques-unes des erreurs qu'il propage et, enfin, à signaler le caractère essentiellement hypothétique des faits invoqués par lui.

Poursuivant le même but et abordant un autre ordre d'idées nous avons cherché à démontrer que, sous le rapport intellectuel et moral, il y avait entre l'homme et les animaux une distance incommensurable : nous avons péremptoirement établi que l'animal possédait certaines facultés de l'entendement : en d'autres termes, qu'il était doué d'une intelligence spéciale, mais que la différence entre l'intelligence de l'homme et celle des bêtes était autre chose qu'une question de degré. Vérité admirablement mise en relief par l'*Inimitable* dans les vers suivants d'une fable ayant pour titre : *les deux rats, le renard et l'œuf* :

> Par un exemple tout égal
> J'attribuerais à l'animal
> Non point une raison selon notre manière
> Mais beaucoup plus qu'un aveugle ressort.

De cette double étude il est résulté, pour nous, la certitude que, de par l'organisation physique et surtout de par la constitution mentale, l'homme avait droit à une place spéciale dans la classification des êtres, qu'il n'a pas de racines dans le passé, qu'il n'est pas le produit d'un minéral parce qu'il a du phosphate de chaux dans ses os, qu'il ne se rattache pas aux végétaux parce qu'il est plus ou moins impressionné au moment où la sève exécute son mouvement ; en un mot, qu'il n'est pas ce qu'il est uniquement parce qu'il a hérité du meilleur patrimoine de ses ancêtres de la série zoologique, qu'il n'est pas un simple échelon de la série animale.

Vainement la science arrive avec ses classifications zoologiques dont les faits viennent à tout instant ébranler les bases ; vainement elle argue de la ressemblance anatomique de l'homme avec les singes pour en faire un ordre unique, celui des Primates comprenant les *hominiens* et les *anthropoïdes*. On oublie, dans ces sortes de rapprochements, que l'homme n'est pas ce qu'il est surtout par la disposition de quelques pièces osseuses ou la distribution de quelques nerfs et de quelques vaisseaux. Rien n'est plus arbitraire, d'ailleurs, que les classifications qu'on nous oppose. Car nous sommes en droit de demander à la science comment elle a pu rattacher les Lémuriens (maki, Indri, etc.) aux Primates dont ils diffèrent essentiellement, surtout au point de vue embryologique.

II. — **Objections contre le transformisme.** — **Interruptions dans la série animale.**

Il nous reste à présenter d'une manière succincte les objections qui se dégagent de l'examen attentif du darwinisme. Mais avant de passer aux faits particuliers nous devons soulever une objection contre le principe même de cette doctrine. L'auteur procède autrement qu'on ne le fait d'habitude : au lieu de prendre les faits, de les grouper et de s'élever ensuite progressivement pour arriver à une généralisation, à une synthèse, il ne cherche des faits que pour s'en servir au profit d'une idée, au profit d'une conception personnelle. Cette façon d'agir n'a pas échappé à la sagacité d'Agassiz qui dit : « De toutes les théories qui se sont fait jour sur l'histoire naturelle, celle de Darwin est la seule qui ait été aussi bruyamment acclamée sous le nom de son auteur. Malgré un fond commun de bienveillance dans l'appréciation, on a reconnu qu'il y a dans la doctrine quelque chose d'autre que ce que la masse y a généralement reconnu. Ce que Darwin a présenté comme la théorie de l'origine des espèces n'est pas le résultat graduellement conquis de recherches pénibles s'appliquant à la solution de quelques points de détail pour s'élever ensuite à une synthèse générale et compréhensive : non, c'est une doctrine qui de la conception descend aux faits et cherche des faits pour soutenir une idée. Il n'est pas surprenant qu'un tel ensemble de vues ait été décoré du nom d'*unisme*. Est-ce un éloge? Est-ce un blâme? Je ne le sais; mais le fait reste. Le darwinisme sera une des phases par lesquelles l'histoire naturelle aura passé dans le cours de ce siècle. Je reconnais dans le caractère et la portée de cet enseignement une certaine analogie avec ce qui s'est produit lorsque les physio-philosophes, s'inspirant de Schelling, appliquèrent la philosophie à l'histoire naturelle. Alors aussi on vit acclamer une doctrine toute faite, embrassant la nature tout entière..... Toute la science acquise jusqu'à cette époque-là, au prix des plus longues et des plus laborieuses recherches, fut mise de côté et remplacée par des conceptions purement théoriques. L'infatuation alla si loin que les travaux les plus spéciaux et les mieux faits de l'époque contemporaine n'étaient accueillis dans l'École qu'après avoir été recouverts du vernis de la doctrine. Je crois qu'il en sera de l'enseignement de Darwin comme de celui de la secte. Il y a toutefois une différence : le système des philosophes de la nature a pu contribuer aux progrès de la science; le darwinisme, lui, exclut presque toute la masse des connaissances acquises pour s'assimiler et faire ressortir exclusivement ce qui peut servir la doctrine. Ce ne sont pas les faits qui déterminent, pour les darwinistes, le caractère des généralisations, c'est le système qui prétend dicter les caractères de l'ordre des choses. »

Parmi les objections que soulève l'examen du darwinisme, il en est véritablement auxquelles il ne résiste pas. Une des plus graves se tire des interruptions qu'on remarque dans la série animale. Est-il possible de concevoir que les monotrèmes servent de transition entre les reptiles et les mammifères? Et la timidité que montre Darwin quand il avance ce fait, ne prouve-t-elle pas le peu de sérieux de ce chaînon organique? « Les monotrèmes, dit-il, rattachent *faiblement* les mammifères aux reptiles. »

Un savant a-t-il jamais tenté de préciser la ligne de descendance au moyen de laquelle les trois classes supérieures de vertébrés (mammifères, oiseaux et reptiles), dérivaient des deux classes inférieures (les amphibies et les poissons)? Par quel artifice parviendra-t-on à faire descendre les poissons de l'amphioxus, cet animal si simple qui n'a ni cerveau, ni organes des sens, ni membres?

A-t-on jamais donné une apparence de fondement à la prétendue filiation entre les oiseaux et les mammifères? Le transformisme a-t-il jamais essayé de résoudre les inextricables difficultés que soulève cette question, difficultés que la science moderne est venue accroître encore? On savait, en effet, que le sang des oiseaux diffère de celui des mammifères au point de vue anatomique ; on savait que la forme du globule sanguin est elliptique chez les premiers et sphérique chez les seconds. Mais ce que des observations récentes ont mis en lumière, c'est qu'il doit exister une différence dans la composition chimique de ce liquide dans les deux classes; car le sang des mammifères transfusé aux oiseaux et réciproquement agit comme un véritable poison.

Où est le lien qui, dans la classe des mammifères, unit les monotrèmes aux marsupiaux, et ceux-ci aux mammifères placentaires ? Qu'on nous indique les affinités génésiques qui relient les lémuriens aux simiadés ?

Qu'on nous fasse toucher du doigt cette transmutation de l'espèce dans l'examen des diverses assises des terrains. Où est donc cet accroissement de différences légères constituant les variétés et arrivant, par degrés, à caractériser les espèces et les genres ? Serait-ce dans l'étude comparative du terrain dévonien succédant sans transition brusque, au terrain silurien ? Et n'est-il pas tout à fait remarquable que ce dernier présente à peine quelques rares vertébrés alors que nous en trouvons des espèces innombrables dans la couche dévonienne ?

Peut-on nous faire accepter l'*Archéoptérix*, oiseau à queue, comme formant la transition des reptiles aux oiseaux ? Eh quoi ! parce qu'à une époque reculée de l'histoire de la terre on aura constaté l'existence d'une variété d'oiseaux pourvus d'une queue, on serait en droit d'affirmer que cette variété marque la transition entre deux classes d'animaux ? Ce serait faire bon marché de la logique.

A-t-on surtout jamais comblé l'importante lacune qui interrompt la chaîne organique entre l'homme et ses voisins les plus proches ? Car on a beau nous dire que des êtres intermédiaires ont dû exister, mais que la découverte des fossiles des diverses classes de vertébrés a été lente et fortuite ; on a beau insinuer que toutes les parties du monde n'ont pas été encore explorées. Nous ne pouvons pas admettre que les paléontologistes, qui ont tant fouillé, aient tout découvert, peut-on dire, si ce n'est les restes fossiles des êtres qui relieraient l'homme à ses ancêtres simiens.

Darwin prévoyant bien cette objection, a voulu la prévenir et voici comment il s'exprime : « D'un bout à l'autre de la série, nous rencontrons des lacunes plus ou moins importantes : mais toutes ces lacunes ne dépendent que du nombre des formes voisines qui se sont éteintes. » Nous nous refusons à croire à l'existence de ces formes, parce que vous ne produisez pas leurs restes fossiles. Plus loin il ajoute : « Dans un avenir assez prochain, si nous comptons par siècles, les races humaines auront certainement exterminé et remplacé les races sauvages dans le monde entier. Il est à peu près hors de doute que, à la même époque, ainsi que le fait remarquer le professeur Schaaffhausen, les singes anthropomorphes auront aussi disparu. La lacune sera donc beaucoup plus considérable encore; car il n'y aura plus de chaînon intermédiaire entre la race humaine qui, nous pouvons l'espérer, aura alors surpassé en civilisation la race caucasienne et quelque espèce de singes inférieurs, tels que le babouin, au lieu que, actuellement, la lacune n'existe qu'entre le nègre ou l'australien et le gorille. » Les prévisions du professeur anglais se réaliseraient-elles, la lacune ne serait pas agrandie : il y aurait toujours un abîme entre l'espèce humaine et l'espèce simienne. Mais si l'homme et les singes supérieurs ont trouvé le moyen de vivre côte à côte depuis l'époque tertiaire, tout porte à croire qu'ils feront encore bon ménage et que la même époque géologique marquera la disparition de l'un et de l'autre.

Rien ne justifiant les assertions de Darwin, notre argumentation demeure entière et n'est nullement ébranlée par les hypothèses qu'on lui oppose.

Lyell n'a pas été très heureusement inspiré lorsque, dans le but de réfuter cette importante objection, il prétend que « les régions les plus propres à fournir des restes rattachant l'homme à quelque forme pseudo-simienne éteinte n'ont pas été fouillées jusqu'à présent par les géologues. » Cette affirmation tombe devant des faits connus de tous ; absolument comme s'évanouit l'assertion de Darwin qui dit que lorsque « nos ancêtres se sont écartés du groupe catarrhinin ils habitaient l'Afrique. » Certes le Dryopithèque de Lartet, le grand singe de M. Fontan trouvés, l'un à Sansan (Gers), l'autre aux environs de Saint-Gaudens (Haute-Garonne) habitaient l'Europe, et ils paraissent avoir appartenu au groupe simien le plus élevé. De plus, comme ces contrées se trouvent habitées aujourd'hui par les peuplades les plus sauvages il faut nécessairement conclure que ces peuplades ont été soustraites à la loi constante du progrès ou qu'il s'est produit un mouvement en arrière bien prononcé.

III. — Crâne trouvé en Belgique ; Crâne de Néanderthal ; Les Australiens ; Les idiots microcéphales.

Un jour cependant les transformistes ont cru avoir fait la précieuse trouvaille : ce fut d'abord le fragment d'un crâne trouvé en Belgique. Mais la pièce bien examinée ne répondit pas aux espérances qu'on avait conçues. Huxley lui-même fut obligé de convenir que ce pouvait être le crâne d'un philosophe aussi bien que celui d'un sauvage : Pruner-bey alla plus loin et le rattacha à un type relativement moderne, puisqu'il jugea que ce devait être celui d'une femme celtique. Ce jugement déconcerta les darwinistes. Ceux-ci reportèrent plus tard leurs espérances sur un crâne trouvé dans la vallée de Néander, le crâne de Néanderthal qui a eu un si grand retentissement. On lui attribua une haute antiquité et tout de suite, avant même d'en avoir fait une étude consciencieuse, on lui reconnut tous les caractères que l'on cherchait. Malheureusement, pour celui-ci comme pour l'autre, l'heure de la désillusion sonna bientôt. D'après Lyell, qu'on ne saurait suspecter de tendresse pour nos doctrines, on ne serait point autorisé à voir là le crâne d'un être tenant le milieu entre le singe et l'homme. Et en dehors même de toute interprétation scientifique une semblable induction peut-elle naître d'un cas isolé ? Tout au plus cette découverte pouvait-elle permettre d'affirmer qu'à une époque plus ou moins éloignée il y eut un homme dont le crâne avait une conformation assez analogue à celle du singe. Au surplus, M. Pruner-bey a montré que le caractère étrange présenté par ce crâne, la saillie considérable des arcades sourcilières, avait été, de la part des darwinistes, l'objet d'une méprise et que la même saillie se présentait chez le gorille dans un sens diamétralement opposé. M. de Quatrefages conclut également de ses études que le crâne de Néanderthal est le crâne d'un Celte. Enfin M. Gratiolet a pu produire la boîte crânienne d'un idiot contemporain qui représente, sous des proportions moindres, celle de Néanderthal.

M. de Rienzi, à son tour, a cherché à combler la lacune : il a cru que les Australiens, une des peuplades dépendant de la race océanienne, pourraient très bien constituer l'espèce intermédiaire, entre le singe et l'homme. Il a dès lors proposé de grouper ces êtres dans un genre spécial sous le nom de *Pithécomorphes*, ou hommes en forme de singes. Pour établir cette classification il s'appuie sur l'angle facial qui serait, chez ces sauvages, de 60 à 62 degrés. Il est facile de prouver que l'argumentation de ce naturaliste pèche par la base et que sa conclusion porte à faux. En effet, il résulte des recherches consignées dans les œuvres de Prichard et de Hollard que, chez les individus de la race américaine et même chez une grande partie de ceux de la race nègre, l'angle facial ne dépasse pas 62 degrés. Il y a plus : les Taïtiens sont considérés comme représentant ce qu'il y a de plus général dans la caractéristique des races océaniennes. Et il est constant que l'on retrouve chez eux de beaux traits, un développement remarquable du front, en un mot, qu'ils se rapprochent beaucoup du type européen et qu'ils ne s'en éloignent que par la face qui est proportionnellement un peu forte, le nez qui est large, la mâchoire supérieure et les deux lèvres qui sont saillantes. La classification de M. de Rienzi ne nous paraît donc pas sérieuse. Quoi qu'il en dise, il y a entre l'australien et la brute l'infranchissable abîme qui sépare les genres. Et Pascal a mis ce principe en relief avec sa concision habituelle quand il a dit : *l'homme n'est brute nulle part.* Peut-être a-t-il ajouté avec non moins de sagesse : *ni ange non plus.*

M. Vogt a voulu donner aussi sa note dans ce concert ; et dans ses *Leçons sur l'homme* il prétend que cet être transitionnel que l'on cherche n'est autre que l'*homme microcéphale.* Pour lui, l'idiot microcéphale « marque, dans son anomalie, une conformation intermédiaire qui, à une certaine époque, était normale. » Il n'existe qu'une toute petite difficulté pour faire adopter pareille manière de voir : c'est que les microcéphales sont *incapables de se perpétuer.*

Cette opinion est donc simplement absurde : le plus élémentaire bon sens suffit pour comprendre que, loin d'être atteints originellement d'imbécillité mentale, les premiers hommes ont dû posséder plus d'intelligence pratique et plus d'énergie, exposés qu'ils étaient à des causes plus nombreuses de destruction.

IV. — Les silex de Thenay et de Saint-Priest.

Les partisans de la descendance animale de l'homme ont voulu aussi tirer parti de la découverte des silex de Thenay retirés des strates profondes du terrain tertiaire. Ils ont prétendu que, l'homme n'ayant probablement pas vécu à une époque aussi reculée, le travail accusé par les silex devait être attribué à l'être servant de trait d'union entre le singe anthropoïde et l'homme. Mais on s'accorde assez généralement aujourd'hui à reconnaître que l'opération qui a produit la forme d'un éclat de silex n'est pas nécessairement intentionnelle. Et le professeur Wirchow a pu produire devant des sociétés savantes des échantillons de silex recueillis dans des conditions telles que la main de l'homme était absolument étrangère à leur forme.

Les silex retirés des sablières de Saint Priest (Eure-et-Loir) viennent à l'appui de cette opinion. Avec les nombreux ossements fossiles renfermés dans ces sablières M. Desnoyers trouva des silex fortement striés : les stries allaient jusqu'à la rainure. C'était le cas d'invoquer l'action de l'homme et de lui attribuer l'œuvre. M. Desnoyers n'y manqua pas. Mais la science a repris son étude, examiné de près son appréciation et, tout bien pesé, elle a proclamé que ces stries étaient l'effet d'un frottement violent ou d'une très forte pression avec glissement. Certes si ces deux conditions expliquent d'une manière satisfaisante la formation des stries et des rainures, elles doivent bien rendre compte de la forme et du poli des silex.

Dans le but de démontrer l'ancienneté de l'homme, dogme absolument nécessaire pour faire comprendre comment une espèce remplit, par degrés infiniment petits, le cycle de ses formes, M. Charlesworth a produit des dents d'un squaloïde provenant du crag rouge de Suffolk (pliocène ou étage tertiaire supérieur). Ces dents étaient percées à la base, et il admettait que ces perforations étaient analogues à celles que pratiquent les insulaires de la mer du sud sur les dents de poisson qu'ils fixent sur leur armes pour les rendre plus meurtrières. Mais M. Hugues a prouvé que l'on trouvait des perforations identiques à celles-là dans le grès vert, c'est-à-dire à une époque où il serait insensé de vouloir faire remonter l'homme.

Nous ne voyons pas, d'ailleurs, que la haute antiquité attribuée à l'homme puisse servir bien avantageusement la doctrine évolutionniste. En effet, l'expérience montre que les modifications de nature morphologique, les seules servant à caractériser les espèces, se produisent dans celles-ci d'une façon brusque. Ainsi en est-il des monstruosités.

Du reste, l'existence du singe fossile n'est plus douteuse : la colline de Sansan si bien étudiée par Edouard Lartet a mis en évidence ce fait et renversé les assertions de Cuvier. Or les singes fossiles découverts étaient de grands singes *se rattachant au groupe des singes supérieurs*, aussi bien celui de Lartet que celui du docteur Fontan. De plus, les *Bulletins de la société géologique* (année 1858) contiennent une étude très complète des éléphants fossiles, et dans ce remarquable travail Edouard Lartet démontre la contemporanéité de l'homme et du mammouth ou *Elephas primigenius* à l'aide d'une plaque d'ivoire fossile sur laquelle était gravé un mammouth très reconnaissable à sa trompe, à ses grandes défenses et à sa grosse crinière. Mais si l'homme remonte aux faluns du terrain tertiaire, s'il est le contemporain des singes et des grands mammifères il cesse d'être un produit de transformation de ces diverses espèces. De plus, la découverte du grand singe fossile de M. Fontan dans une molasse qui est du même âge que celle de Sansan prouve que les singes supérieurs existaient dans les premiers temps géologiques et conséquemment qu'ils ne sont pas un simple progrès des variétés inférieures du genre.

L'objection que nous venons de développer fait, à vrai dire, le tourment des transformistes. Cela résulte manifestement des efforts tentés par eux pour retrouver les formes intermédiaires. Et naguère il a été fait grand bruit des découvertes de M. Gaudry. L'éminent paléontologiste a constaté, à Pikermi, les restes du *Mesopithecus pentelici* : il a reconstitué d'une façon complète cet animal et il a cru y voir une forme intermédiaire entre les Semnopithèques dont il avait la tête et les Macaques dont il avait les membres. Mais cette découverte ne prouve qu'une chose, c'est qu'il a existé, au milieu de l'époque secondaire, un genre de singes qui aurait disparu aujourd'hui et qui tiendrait à la fois de deux variétés existant actuellement. Quant à la filiation, elle ne se déduit pas de cette trouvaille.

Du reste le désir de fixer cette filiation, si naturel qu'il puisse être, est véritablement poussé jusqu'à l'exagération par certains naturalistes. Ainsi le *Mesembryotherium Brocæ* découvert par Moreno dans le Rio Santa-Crux a été considéré comme une forme marsupiale transitionnelle, et cela parce qu'on a trouvé chez lui une seule molaire ayant la même forme que celle des masurpiaux. En dehors de ce caractère, en somme fort secondaire, le Mesembryotherium présente un crâne qui le rapproche à la fois des carnivores terrestres et des phoques ou des morses. Avons-nous besoin de dire que de telles prétentions sont irrationnelles ? En résumé, nous croyons que les espèces éteintes dont les archives de la vie nous révèlent l'existence ne répondent pas très exactement aux aspirations de nos transformistes. Que bien des variétés, bien des espèces aient disparu, qu'elles aient présenté dans leurs organismes des points de ressemblance avec des espèces actuelles, le fait n'est pas douteux; mais les quelques caractères communs qu'on leur trouve sont généralement insuffisants pour mettre en évidence une forme transitionnelle : ils ne permettent pas de dire que ces diverses espèces sont des jets issus d'un tronc commun.

Lartet a bien trouvé à Sansan les restes fossiles du *Pliopithecus antiquus* qu'il croit être voisin des Gibbons ; il a également retiré du miocène moyen et décrit le *Dryopithecus* que M. Gaudry nous donne comme un singe d'un genre très élevé, se rapprochant de l'homme par plusieurs particularités. Voilà une découverte qui ne nous semble pas plaider la cause évolutionniste ; car nous retrouverons déjà, à une époque très reculée de la formation du globe, des singes anthropomorphes. Il est vrai que les partisans de l'évolution admettent la haute antiquité de l'homme. Mais s'il est vrai, ce qu'il ne nous répugne pas d'admettre, qu'il y ait eu l'homme du diluvium gris et l'homme des divers étages du terrain tertiaire et qu'à ces diverses époques se rapportent aussi ces genres de singes voisins de l'homme pourquoi ne pas admettre, avec bon nombre de savants, qu'il y a eu plusieurs cycles de créations successives dont l'homme aurait toujours été le couronnement? Cette hypothèse, fort ingénieuse tout au moins, aurait son point d'appui sur des faits géologiques : elle expliquerait comment la découverte de préadamites (1)

(1) Hommes venus avant Adam.

dans les terrains tertiaires et dans la première partie des terrains quaternaires trouverait sa place dans la science sans être en désaccord avec la Bible, la révélation biblique ne s'étant pas préoccupée des créations antérieures à l'avant-dernier déluge.

V. — Découverte d'une prétendue race intermédiaire dans le royaume de Siam.

Nous supposions la question jugée et nous en étions à mesurer le degré de découragement de nos adversaires lorsque le docteur Knobloch nous a servi un extrait de *l'Athénée louisianais* du 1ᵉʳ mars 1887 qui annonce la découverte d'une race intermédiaire entre le singe et l'homme, d'une race *nouvellement évoluée*. Voici cette communication : « On vient de découvrir dans le royaume de Siam, dans le district de Mayoux-Gui, à l'est du lac Siamois, une race intermédiaire entre le singe et l'homme. C'est une population nomade, vivant dans les bois, sans chefs, sans religion, ignorant ce que l'on entend par le mariage, nouvellement évoluée. Une petite fille âgée de douze ans, appelée Krao, venant de ce pays, vient d'arriver à Turin. Elle parle bien anglais et même se fait comprendre en allemand et en français. Le système pileux de cette enfant est très développé sur le nez, les bras et le front. Ses membres inférieurs sont très courts et ses bras très longs. Son nez est plat et sa bouche, simienne. L'organe nasal n'a pas de cartilages, ainsi que les oreilles. Elle a treize côtes comme les ruminants. Elle est intelligente et son visage est sympathique grâce à la douceur de ses grands yeux noirs. Noirs et luisants sont aussi ses cheveux. Elle s'habille avec coquetterie, comme les filles d'Eve. Ce phénomène simio-humain est la plus belle preuve à l'appui du darvinisme (1). » Décidément cette terre de Siam est la terre des merveilles. Après nous avoir envoyé les frères Siamois dont chacun connaît l'histoire, elle nous expédie Krao, un être humain, nouvellement évolué, ayant peut-être conservé le souvenir de son récent état et pouvant, dès lors, nous initier aux charmes de la vie simienne. La ville de Turin a eu la primeur de ce spécimen qui fera, nous l'espérons bien, le tour de l'Europe. Mais quelle que puisse être la structure anatomique de Krao, quelle que soit la ressemblance qu'elle présente avec le singe nous ne verrons pas dans ce fait isolé une *belle preuve en faveur du darwinisme.* Nous y verrons simplement une dérogation aux règles de la nature, une fausse manœuvre de la force vitale. Le district de Mayoux-Gui fût-il peuplé de personnages à physionomie simienne, nous n'y trouverions pas encore des éléments susceptibles de nous convaincre du fait d'une transformation récente. Invoquant, à notre tour, la puissance de l'hérédité nous dirons qu'une bizarrerie de nature s'étant produite, les alliances ont pu la perpétuer et engendrer un peuple

(1) *Répertoire de médecine dosimétrique.* Août 1887.

ayant les apparences des quadrumanes mais possédant, au point de vue intellectuel, les attributs de l'humanité.

Le fait que nous venons d'énoncer et de discuter offrirait, d'ailleurs, quelque chose de bien insolite, quelque chose de bien extraordinaire. S'il était admis comme fait de transition, il prouverait que le travail de transformation s'effectue en deux temps, que l'évolution porte d'abord sur les facultés mentales et que celles-ci ont acquis déjà un développement considérable lorsque le crâne n'a encore que des proportions restreintes et que le cerveau, par voie de conséquence, a un volume relativement très petit. Nous demandons aux darwinistes de nous expliquer cette anomalie qui nous semble ne pas consolider leur système. Car, dans l'espèce, la fonction n'a pas créé l'organe.

Il demeure donc parfaitement établi que jamais on n'a trouvé la moindre trace de ces êtres dont l'existence importerait tant à l'avenir du transformisme? Avons-nous besoin d'ajouter que toutes les recherches faites dans ce but seront certainement infructueuses et que ces êtres intermédiaires n'ont d'existence que dans l'imagination des darwinistes? Car comment comprendrait-on la disparition, l'extinction absolue de l'espèce qui se rapprocherait le plus de l'espèce humaine, alors que tant d'autres beaucoup plus reculées se sont perpétuées?

Au reste, le fait d'une ressemblance, fût-elle typique, caractéristique, ne permettrait pas de conclure à une parenté généalogique. Ainsi le gorille ressemble à l'homme surtout par la forme du pied, l'orang-outang, par le cerveau, le chimpanzé, par la conformation générale du corps. Induire de l'une de ces ressemblances que l'homme descend de l'une ou de l'autre de ces différentes espèces de singes serait insensé. Tout aussi peu naturelle serait la conclusion de celui qui verrait une filiation entre les oiseaux et les crocodiles parce que le corps se ressemblerait dans ces deux espèces. Pour autoriser de semblables inductions il faudrait constater des ressemblances d'une importance particulière. Mais où est la limite qui précisera, dans une analogie constatée, une importance assez grande pour déterminer la filiation généalogique?

Si l'on interroge les couches terrestres on acquiert la conviction que des groupes entiers d'espèces voisines seraient subitement apparues; ce n'est pas tout, l'étude comparative des degrés intermédiaires faite au point de vue morphologique et anatomique démontre que ces groupes n'ont aucune relation avec des espèces-souches antérieures ou contemporaines. Ainsi en est-il des lézards volants, des oiseaux, etc.

Peut-on croire à la descendance lorsque l'on considère l'état de perfection des organes des sens chez les animaux des classes inférieures, lorsqu'on songe que l'œil des poissons est, à peu de choses près, aussi compliqué que celui des mammifères et que les poissons auraient pour souche l'amphioxus qui est privé de toute trace d'organe de la vision ?

Des naturalistes très autorisés affirment un fait qui contredit aussi d'une manière éclatante, la théorie de la descendance. Celle-ci, en effet, s'appuie sur la divergence des caractères, et des observations précises en démontrent la convergence. Ainsi on a vu des espèces provenant de genres différents se rapprocher et finalement se confondre en un genre unique. Darwin n'a pas méconnu l'importance de ces faits et il s'est appliqué à faire ressortir l'invraisemblance d'un tel mode d'action. Mais ses disciples les plus fidèles n'ont pas voulu renoncer au bénéfice de leurs observations personnelles et M. Schmidt déclare « qu'on ne peut repousser absolument la convergence ou le rapprochement des branches d'origine diverse ». Seulement, comme il fallait atténuer la gravité de cette affirmation ce naturaliste ajoute « que, dans le cas même le plus favorable, il y a plutôt analogie qu'identité, et que, d'ailleurs, le phénomène tout à fait général de la divergence n'est pas même compromis par une convergence exceptionnelle ».

VI. La descendance et la génération hétérogène de Ed. Hartmann. — Doctrine de Wygand.

Un philosophe allemand, Ed. Hartmann, partisan résolu de la descendance a jugé que le darwinisme expliquait ce dogme d'une manière tout à fait insuffisante et il a proposé une autre théorie à l'examen de laquelle nous devons nous arrêter quelques instants. Il proclame que le principe même est inattaquable. Seulement, dit-il, « le transformisme n'est pas la conjecture la plus naturelle ; car l'expérience directe ne montre aucun cas de transformation effective et incontestable d'une espèce dans une autre. » Plus loin il ajoute : « L'hypothèse la plus probable est plutôt que le premier œuf de l'espèce nouvelle doive prendre naissance dans l'ovaire d'une espèce parente par la modification des circonstances embryogéniques dans le stade primitif de l'évolution. Ce mode de formation dans lequel les parents d'une espèce produisent un jeune d'une nouvelle espèce est désigné par Kolliker sous le nom de *génération hétérogène.* Il y a ici une transformation ou une transmutation, mais qui se ferait en une fois au lieu d'être la résultante d'un grand nombre de modifications infinitésimales. En outre, cette transformation subite ne se réaliserait pas dans l'individu complet ; ce serait une métamorphose du germe, une segmentation morphologique différente des cellules dans l'embryon qui conduirait à la création d'une nouvelle espèce. » D'abord, il est évident que le reproche adressé par Hartmann au darwinisme se retourne contre son propre système qui, pas plus que le transformisme, ne nous montre un cas de transmutation *effective* et *incontestable.* Et certes, la génération hétérogène est atteinte par cet argument plus sérieusement que la doctrine de Darwin. Car si la transmutation est subite elle frappera notre attention beaucoup plus que si elle est une conséquence graduelle de variations infinitésimales. Le philosophe allemand admet la soudaineté d'apparition des caractères morphologiques, c'est-à-dire de ceux qui caractérisent les espèces. Mais, à ce compte, nous avons le droit de lui demander quelles sont les espèces résultant d'une transformation de cette nature qui ont surgi depuis l'époque déjà éloignée à laquelle remontent les observations de l'homme. Or, si nous lui posons cette simple question il nous répond « que la période dans laquelle l'observation de ces phénomènes est possible est, en réalité, trop courte pour pouvoir fournir des résultats saisissables d'évolutions semblables. » Ou le mot soudaineté a un sens bien élastique ou il y a dans les arguments que nous venons d'exposer une contradiction flagrante. Ah! c'est que le terrain sur lequel se meuvent les partisans de la descendance est un terrain peu ferme. Ils se débattent en face d'un principe que ne démontrent ni le transformisme de Darwin, ni la génération hétérogène de Kolliker, ni la combinaison de ces deux systèmes préconisée par Hartmann. Car, pour ce dernier, le transformisme serait un simple auxiliaire de la génération hétérogène. « Alors même, dit-il, que des découvertes et des observations ultérieures viendraient assigner à la théorie du transformisme un plus grand rôle que l'état actuel de nos connaissances ne permet de lui attribuer, néanmoins, et d'une manière permanente, la construction générale de l'échafaudage principal du système naturel reviendrait à la génération hétérogène; car le transformisme sert plutôt à habiller le squelette avec de la chair et de la peau, à développer la multiplicité des formes du règne organique, et aussi à préparer le terrain pour la prochaine génération hétérogène (1). »

La transformation des espèces n'est pas plus établie par les modifications du germe que par les variations de l'être complet : ni les attributions de la force vitale, ni les caprices du hasard ne vont jusqu'à faire naître dans l'ovaire d'une espèce des œufs d'une espèce différente. Nous n'admettons pas que l'humanité ait son point de départ dans l'ovaire d'une guenon, celle-ci ne pouvant donner ce qu'elle n'a pas, c'est-à-dire l'ensemble des caractères physiques et moraux qui sont l'apanage exclusif de l'espèce humaine.

Avec la doctrine de la génération hétérogène on prétend expliquer la descendance de l'homme sans se préoccuper de l'existence de ces formes intermédiaires que le darwinisme recherche et qu'il a raison de rechercher. « Il faudra se garder, dit Hartmann, toutes les fois qu'il s'agit de la filiation de deux espèces dont les formes présentent entre elles des lacunes considérables de se tirer d'embarras en supposant, comme termes intermédiaires, des variétés antérieures disparues. Nous ne pouvons savoir, en effet, de combien la nature peut

(1) *Le darwinisme.*

sauter dans la génération hétérogène. » De telle sorte que, aux termes de cette étrange théorie, il eût suffi d'un caprice de la nature pour effectuer un *saut* gigantesque et faire naître un œuf humain dans l'ovaire de quelque sarigue ou de quelque pangolin. On éprouve une certaine répugnance à discuter de pareilles excentricités.

Les traits principaux de l'organisation animale présentent, dans leur plan de construction, une différence manifeste et cette différence constitue, pour les transformistes, une difficulté insurmontable. Darwin avait certainement fait cette constatation et c'est sans doute pour cela qu'il a admis huit ou dix proto-types ou souches. Un naturaliste allemand, M. Wigand, a cru pouvoir résoudre le problème de la descendance ou de la naissance des espèces sans le secours de la sélection naturelle, par la simple généalogie des cellules primitives. Pour lui, il existe des cellules primitives d'ordre et de familles : ces cellules disparaissent après avoir fourni les cellules primitives des espèces. Mais si cette cellule primitive était un individu concret susceptible d'engendrer une espèce concrète elle devrait porter dans sa constitution embryologique le type de l'ordre comme élément d'un type de genre ou d'espèce. Car on ne saurait comprendre l'existence d'un type abstrait de genre ou d'ordre, même sous forme de cellule primitive. Et il est certain que tout ce qui est appelé à une existence concrète doit être spécifiquement déterminé dès son origine première. Le raisonnement condamne donc le principe du système de M. Wigand.

Cet auteur admet que, dans une période primordiale, toutes les cellules primitives vivent à l'état de monères; que, plus tard, elles se détachent de cette souche commune, qu'elles prennent alors la direction qui leur convient et que, du moment où elles sont affectées à une espèce, elles se perpétuent sans modification avec leurs propriétés latentes pour atteindre, enfin, l'époque de leur développement. Il y a, alors, une série d'états de larves qui aboutit à l'espèce parfaite laquelle, à partir de ce moment, est invariable.

Des objections sérieuses se dressent contre cette singulière théorie : en premier lieu, la parfaite conservation de ces cellules pendant les millions d'années que comporte leur évolution ne se comprend guère. De plus, si la cellule primitive était douée d'une énergie évolutive assez prodigieuse pour franchir, à un moment donné, la distance qui sépare la monère de l'homme, on se demande comment elle aurait pu maîtriser cette énergie pendant un temps aussi prodigieusement long. M. Wigand eut peut-être mieux fait de supposer que les cellules primitives étaient passées, toutes en même temps, à l'état de larves qui leur correspond aussitôt que l'état géologique de la terre l'aurait permis, et qu'ensuite ces larves s'étaient propagées sous cette forme. Nous avons, en effet, des animaux à métamorphoses dont les larves possèdent une réelle puissance de reproduction. On aurait pu dire que les larves du naturaliste allemand étaient de cette nature et que, comme celles-là, elles portent des appendices embryonnaires complets renfermant les germes de ce qui doit plus tard se développer. Ainsi présentée la théorie avait un peu plus de vraisemblance. Mais elle n'était pas non plus, sans réplique. Car les grandes perturbations géologiques auraient rendu incompréhensible la pérennité de ces larves soit par leur action propre, soit par les modifications profondes qu'elles imprimaient aux milieux.

Si nous nous sommes bien expliqué il est évident pour tous que M. Wigand a voulu concilier le principe de l'invariabilité des espèces avec celui de la descendance. Car, pour lui, les diverses espèces provenant toutes de cellules primitives à l'état de monères reconnaîtraient une souche unique. On remarquera que la doctrine de la descendance est présentée ici sous une forme bien différente de celles que nous avions étudiées. En effet, les ancêtres des formes supérieures ne jouent, dans l'économie de la nature, aucun rôle comme espèces particulières. Et tout le processus de la vie organique se trouve réduit au fonctionnement mécanique d'une machine que Dieu aurait créée et placée dans la cellule-mère avec mission de fonctionner à une époque déterminée.

Au point de vue scientifique, comme au point de

vue philosophique le système de M. Wigand ne mérite donc aucune créance.

M. de Mortillet (1) prétend que depuis le dépôt de marnes à silex brûlés et retouchés de Thenay, depuis l'époque du calcaire de Beauce à laquelle appartiennent ces marnes, la faune a varié de façon à permettre d'établir six grandes coupes géologiques. Quant à la faune mammalogique elle aurait changé au moins quatre fois complètement. En outre, les modifications, les variations qui séparent les mammifères actuels de ceux du calcaire de Beauce sont si profondes, si tranchées que les zoologues les considèrent non seulement comme déterminant des espèces distinctes, mais comme caractérisant des genres diffrents. M. de Mortillet qui admet l'homme tertiaire se demande si celui-ci serait seul resté nvariable, hypothèse peu probable avec cette loi paléontologique qu'il pose et de laquelle il résulterait que les animaux varient d'une assise géologique à l'autre, et que les variations sont d'autant plus rapides que les animaux ont une organisation plus complexe. Donc l'homme a varié, dit-il, dans les temps géologiques. Et se basant sur le crâne de Néanderthal et de Denise, ainsi que sur la mâchoire de la Naulette il n'hésite pas à proclamer que « l'homme quaternaire ancien n'était pas le même que l'homme actuel, que celui qui lui a succédé du temps des cavernes. Donc l'être intelligent qui savait

---

(1) De Mortillet, *Le préhistorique*.

faire du feu et tailler des pierres à l'époque tertiaire n'était pas un homme dans l'acception géologique et paléontologique du mot, mais un animal d'un autre genre, un précurseur de l'homme, *l'anthropopithèque.* » Les faits relatés par M. de Mortillet sont très discutables, et nous voudrions bien savoir ce qui l'autorise à affirmer que les variations sont plus rapides à mesure qu'on s'élève dans l'échelle animale. Où donc est la preuve d'une semblable assertion? Il se base sur des faits scientifiques qui n'ont eu qu'une heure de réalité ; il semble ignorer que les silex ne révèlent pas, d'une manière constante, un travail intentionnel. Les crânes qu'il invoque comme un argument n'en constituent pas un : car ces crânes soumis à l'examen des hommes les plus compétents n'ont rien présenté de particulier, et, d'ailleurs, les exemples seraient vraiment trop peu nombreux pour permettre d'asseoir une doctrine.

En second lieu, après avoir affirmé, sur de simples conjectures, sans preuve à l'appui, l'existence de l'anthropopithèque, M. de Mortillet nous donne de cet être un détail anatomique qui est, il faut en convenir, bien peu justifié aussi. Il nous dit que les anthropopithèques étaient plus petits que l'homme : et, pour cela, il se base sur les petites dimensions des silex trouvés à Thenay (terrain tertiaire). En vérité, si l'on n'a pas de preuves plus sérieuses pour fixer les rapports qui existeraient, au point de vue des formes, entre l'homme et son précurseur on risque de ne pas nous convaincre. Les dimensions des silex étaient probablement établies d'après la nature des travaux à exécuter et non d'après la taille de celui qui devait s'en servir. Et lorsque l'époque géologique de l'homme aura disparu, ceux qui rechercheront les traces de son existence sur le globe seraient-ils autorisés à juger de notre taille et de notre puissance musculaire sur des échantillons d'instruments trouvés dans les alluvions actuelles? Ne fabriquons nous pas, pour nos usages journaliers, des outils de toutes dimensions? Cette base d'appréciation n'est donc pas sérieuse, pas plus que l'étude toute fantaisiste de M. Hovelacque qui, dans un ouvrage ayant pour titre : *Notre ancêtre* compare les hommes les plus inférieurs aux singes supérieurs et constitue, en prenant les caractères intermédiaires, un être idéal qui devait, d'après lui, se rapprocher beaucoup de l'anthropopithèque.

La conclusion de Darwin est que ces lacunes ne constituent pas une objection sérieuse pour quiconque *puisant sa conviction dans des raisons générales admet le principe de l'évolution*. Nous ne sommes pas très bien fixé sur la nature de *ces raisons générales* qui font naître la conviction. Pour ce qui est du principe de l'évolution darwiniste, nous nous refusons à l'admettre parce que ce défaut de chaînons organiques lui enlève, à nos yeux, toute probalité.

Le transformisme nous donnera-t-il jamais une explication plausible de l'apparition *subite*, à l'époque silurienne, c'est-à-dire au premier âge de la vie, de certains types d'une organisation relativement très complexe et très élevée, les *trilobites* et les *céphalopodes*, par exemple? car ces genres se trouvent représentés par de nombreux individus atteignant la perfection de leur espèce.

Pour donner de la consistance à la doctrine qu'ils professent les darwinistes auraient dû surprendre le fait de l'évolution et nous montrer ces êtres inachevés marquant la transition d'une espèce à l'autre. Ils ont bien la prétention de la retrouver dans certaines espèces perdues. Ainsi, pour eux, les poissons sauroïdes précédant paléontologiquement les reptiles seraient la transition des poissons aux reptiles ; c'est-à-dire qu'à un moment donné il aurait existé une forme intermédiaire entre les poissons et les reptiles actuels et que cette forme aurait disparu en donnant naissance à des descendants qui se seraient différenciés, les uns selon certain type poisson, les autres selon le type reptile. Ils en concluent que cette forme a été la forme ancestrale de certains poissons et des reptiles. Mais pourquoi les sauroïdes ne seraient-ils pas une famille éteinte, comme l'est celle des ptérodactyles, ces êtres étranges qui étaient des chéiroptères pour Hermann, des oiseaux pour Blumenbach et que Cuvier a définitivement rattachés à la classe des reptiles?

Les découvertes paléontologiques nous permettent également d'affirmer qu'il a existé des espèces tenant du reptile et présentant quelques particularités qui se rapporteraient aux oiseaux. Mais on n'a pas le droit de conclure à une descendance, à une filiation parce qu'on ne démontre pas les différenciations successives qui auraient abouti à la constitution organique de l'oiseau actuel.

Les transformistes n'ont donc pas eu la bonne fortune de prendre les espèces en flagrant travail d'évolution. Quant aux explications théoriques de ce passage, elles sont loin de nous satisfaire. Car nous ne pouvons pas comprendre la manière dont se serait accomplie la vie chez les poissons pendant que se serait réalisée la transformation de la respiration branchiale en respiration pulmonaire, ces animaux n'étant, pendant cette période, ni aquatiques, ni terrestres, ni amphibies.

Il est vraiment curieux de suivre nos adversaires dans les explications qu'ils hasardent sur ce dernier point. Écoutons M. Schmidt : « L'observation de Duméril est très intéressante ; quelques-uns des milliers d'axolotls mexicains qu'il avait apportés à Paris dépassèrent la période de leur développement connue jusqu'alors, c'est-à-dire qu'ils perdirent leurs branchies, que la forme du corps subit des transformations essentielles et qu'ils passèrent de l'état d'animaux aquatiques à respiration branchiale à celui d'animaux terrestres à poumons. Il faut attendre des recherches ultérieures pour décider si le transport en Europe et le changement des conditions vitales qui en découle ont donné l'impulsion à une transformation progressive de ces individus, transformation qui, par l'effet de la persistance de ces conditions, s'étendrait, dans les générations ultérieures, à un nombre plus considérable d'individus et finalement à l'espèce elle-même ainsi renouvelée (1). » Aux termes de cette théorie il n'y aurait qu'à promener les individus d'un pays à un autre, à modifier ainsi leur manière d'être et de vivre pour arriver à la solution de ce gros problème qu'on appelle la transformation des espèces. A coup sûr, Darwin ne devait pas s'attendre à ce que l'on simplifie à ce point une question qui avait été l'objet de ses longues et laborieuses recherches.

Un examen tant soit peu attentif des considérations qui précèdent démontre qu'il y a dans le darwinisme un vice capital qui se dégage très bien lorsque ce système exploite l'habitabilité de la terre et la dépendance des organismes qui y naissent. Il fait là une confusion qui se déduit assurément des développements dans lesquels nous sommes entrés, mais que nous allons chercher à rendre manifeste ; il confond l'idée de cause avec celle de condition. Ainsi l'atmosphère doit présenter une certaine composition chimique pour que l'air se prête à la respiration des oiseaux et des mammifères et qu'il soit une *condition* d'existence pour ces animaux. Mais est-il possible de présenter la constitution de cette atmosphère comme une *cause* capable de faire que les mammifères et les oiseaux naissent de poissons, c'est-à-

---

(1). Schmidt, *Descendance et darwinisme.*

dire d'animaux dont la respiration est branchiale ?

Nous ne comprenons pas davantage comment s'y sont pris les *articulés* pour devenir *vertébrés*, comment des animaux habitués à marcher sur leur dos ont pu modifier leur attitude au point de marcher sur leur ventre.

VII. — Persistance des types inférieurs.

Quand nous demandons au darwinisme comment il se fait que la sélection ne se soit pas exercée sur l'ensemble des êtres constituant une espèce, comment des espèces admirablement pourvues pour la lutte, des espèces gigantesques comme le dinotherium, le mastodonte, etc., ont disparu, tandis que des espèces débiles ont traversé les âges, se montrant, de nos jours, telles qu'elles furent au début de la vie ; quand nous demandons comment il se fait que l'amphioxus, si tant est que nous ayons pour ancêtre primordial cet être si simple, n'ait pas pris part à la progression organique ; en un mot, quand nous demandons pourquoi ces espèces si reculées dans l'échelle animale ne se sont pas élevées, n'ont pas été absorbées par des espèces mieux constituées, on nous répond que ces animaux n'ont pas eu *sans doute* à soutenir le combat pour l'existence ; on nous dit qu'ils ont conservé leur premier état parce qu'ils sont, dans l'économie de la nature, beaucoup mieux qu'ils n'auraient été. Ainsi donc, en vertu de ce système, quelques organismes inférieurs auraient éludé le travail de sélection, ils auraient empêché les modifications de se produire parce qu'ils auraient compris que, en vue de leur bien-être, ils ne devaient pas chercher à être autre chose que ce qu'ils sont.

Aux yeux de M. Duval la persistance des types inférieurs est nécessaire pour maintenir l'équilibre résultant des rapports réciproques des organismes. En d'autres termes, l'existence des formes inférieures serait une condition d'existence des formes supérieures. Il est clair que si les oiseaux insectivores détruisaient sans mesure les insectes dont ils se nourrissent, le moment arriverait où ils périraient eux-mêmes faute d'une nourriture suffisante. Mais qu'est-ce qui maintient cet équilibre, quelle est l'intelligence qui veille à ce que l'harmonie subsiste dans ces rapports entre l'élément destructeur et l'élément détruit? Le professeur d'anthropologie oublie de nous le dire. Or, pour nous, pour tous ceux qui ne se paient ni de vains mots, ni d'hypothèses creuses, il y a là la trace indubitable d'une intelligence supérieure, d'une intelligence régulatrice, il y a, disons le mot, il y a le doigt de Dieu. M. Duval voit dans la *dégradation* le mécanisme à l'aide duquel se réalise la persistance de ces types inférieurs, et il part de là pour répondre à une objection fort sérieuse de Contegean. Celui-ci, en étudiant les diverses couches terrestres, a remarqué que les couches anciennes renfermaient les formes les plus parfaites, tandis que les formes imparfaites se trouvaient dans les couches les plus récentes. En d'autres termes, il a démontré qu'il n'y avait pas concordance entre l'évolution conçue d'après l'idée d'un perfectionnement graduel et l'évolution telle qu'elle ressort des faits géologiques. « Certains groupes, dit-il, ont débuté par leurs modèles les plus parfaits et produisent, en dernier lieu, leurs spécimens les plus dégradés. C'est ainsi que les crinoïdes siluriens priment leurs analogues des époques subséquentes, que les huîtres sont précédées par une foule de mollusques acéphales d'un ordre plus élevé, que les serpents, les plus imparfaits des reptiles, sont les derniers en date. » Ce sont là des faits scientifiquement établis, des faits irrécusables. Dire que les grands reptiles ont été détruits par les grands mammifères et que les serpents ont dû leur survivance à leur forme dégradée, au défaut de membres, c'est faire une hypothèse qui n'a pas pour elle la moindre probabilité. Car il n'est pas dans l'ordre des choses que les plus forts soient les premiers à succomber dans une lutte quelconque. Et qu'on ne vienne pas nous dire que les serpents se sont conservés parce que, grâce à leur forme rétrograde, ils ont pu se dérober plus facilement aux regards de leurs ennemis. Cela pourrait rigoureusement être admis pour certaines espèces de serpents; mais les boas, par exemple, et certaines autres variétés offrent des dimensions gigantesques qui leur rendent très difficiles la locomotion et la dissimulation.

Il est vraiment intéressant de suivre M. Duval

dans la discussion qu'il consacre aux effets de la sélection. Les coléoptères sont-ils pourvus d'ailes membraneuses et sont-ils, par suite, aptes au vol, ce qui leur donne sur leurs congénères un avantage incontestable au point de vue de la facilité de s'alimenter et d'attraper les femelles ? c'est à la sélection qu'ils doivent cette importante particularité organique. Sans sortir de l'ordre des coléoptères nous avons la grande section des scarabées dont quelques genres sont privés d'ailes membraneuses ou dont les élytres sont soudées de manière à empêcher le vol. C'est encore à la sélection que ces genres sont redevables de ce caractère d'infériorité. De sorte que les perfectionnements avérés d'un organisme, comme son atrophie ou son retour à un état d'infériorité sont classés, à égal titre, parmi les bienfaits de la sélection.

M. Duval attribue donc à la sélection l'adaptation stationnaire et aussi l'évolution régressive, la première maintenant, la seconde faisant reparaître les formes inférieures. Et pour rendre évidents ce genre de services dus à la sélection, il nous dit : « Quel avantage aura un infusoire ou un zoophyte à revêtir un organisme plus complexe, si non de se trouver, dès lors, en lutte avec ceux qui l'ont devancé et qui sont mieux armés pour la lutte ? » Mais cette situation n'est pas exclusivement celle des animaux les plus bas placés dans l'échelle. Le raisonnement de M. Duval s'applique de tous points aux diverses espèces zoologiques. Que peuvent gagner les reptiles à devenir mammifères et à venir dans un milieu nouveau pour eux soutenir, dans des conditions flagrantes d'inégalité, la lutte pour la vie? Pourquoi les amphibies et les poissons auraient-ils cherché à passer dans les classes supérieures de vertébrés où ils ne devaient arriver qu'après avoir subi un long travail d'adaptation et s'être préparés à de nouvelles conditions d'existence?

VIII. — Moritz Wagner et la ségrégation.

On serait donc mal venu à reprocher à la sélection naturelle le défaut de complaisance et d'élasticité. Et pourtant, faut-il le dire, elle a eu ses détracteurs dans le camp évolutionniste. Moritz Wagner n'a pas craint de lui faire un procès en règle, d'affirmer son impuissance à expliquer la transformation des espèces. Et comme il ne fallait pas seulement battre en brèche, renverser le système de Darwin, qu'il fallait aussi le remplacer, ce naturaliste a propagé celui de la *Ségrégation*. Ce système repose sur le fait d'immigration de certains individus dans un milieu nouveau pour eux. Les individus dépaysés se trouvent en face de conditions d'existence autres que celles où ils avaient été élevés; ils se trouvent séparés des sujets de l'espèce-souche et ne peuvent plus s'entrecroiser avec eux. Dès lors l'isolement produit son effet et les caractères acquis se transmettent héréditairement, cette transmission n'étant plus limitée par l'influence absorbante du croisement. Les darwinistes n'ont pas accepté cette méthode explicative de la transformation des espèces, et il n'est pas sans intérêt de préciser en quelques mots les prétentions respectives des parties. « Chaque forme nouvelle constante (espèce ou variété), dit Wagner, se constitue à l'origine par l'isolation d'unités émigrantes détachées d'un habitat occupé par une espèce-souche qui se trouve encore dans la phase de variabilité. Les vrais facteurs de ce processus sont : 1° adaptation des colons émigrés aux conditions extérieures de la vie (nourriture, climat, propriétés du sol, lutte pour l'existence dans le nouveau milieu); 2° empreinte et développement des caractères individuels des premiers colons dans leur prospérité par la reproduction consanguine. » Plus loin, après avoir observé que quand une espèce a un habitat étendu, ce n'est pas vers le centre de cet habitat mais bien dans les zones périphériques qu'apparaissent les variétés tendant à constituer des formes nouvelles, il ajoute : « Vu que la lutte pour l'existence sévit avec le plus d'acharnement entre individus de la même espèce, c'est dans le point où ces individus sont groupés avec le plus de densité, c'est-à-dire d'ordinaire auprès du point central de la région habitée par l'espèce que sa force créatrice devrait se manifester avec le plus de puissance. Or tous les faits de la géographie des animaux et des plantes viennent contredire cette assertion de la manière la plus décisive. » Plus loin encore il dit : « Les expériences de sélection artificielle faites par les botanistes aussi bien que par les zoologistes ont donné la preuve irréfutable que les variétés qui commencent à se constituer et ne sont point suffisamment protégées par l'isolation contre la masse de l'espèce souche succombent sous l'influence absorbante du croisement. Comme l'ont prouvé les expériences décisives des botanistes Kœlreuter et Gartner, aucune nouvelle race d'animaux domestiques ou de plantes ne saurait ni se constituer, ni se maintenir sans l'aide de l'isolation artificielle. » M. Duval n'entend pas que la ségrégation vienne se substituer, comme méthode, à la sélection. « Il faut vraiment, dit-il, avoir lu bien légèrement Darwin pour croire que la lutte entre individus de même espèce est autre chose qu'un des infinis détails de l'ensemble de la lutte pour l'existence : la lutte est surtout avec les conditions de milieux, elle est dans la résistance au froid, au chaud, à la sécheresse, à l'humidité, elle est dans les moyens de résister aux ennemis ou de se dérober à eux, etc., etc.; or c'est surtout vers les limites de l'habitat de l'espèce que cette lutte se présente avec toutes ses formes pour les individus répandus vers ces limites, et, dès lors, il est bien naturel que la sélection agisse surtout sur ces individus : là ils sont en plus petit nombre, et Wagner, ne voit que le fait de leur isolement relatif; mais ne pourrions-nous pas dire que cet isolement résulte de ce que ces individus, grâce à quelques particularités qui leur sont propres, ont pu dépasser les limites de l'ensemble de l'espèce, que, parmi leurs descendants, ceux-là dépasseront d'autant plus ces limites qui seront plus doués de ces caractères les rendant propres à vivre dans un nouveau milieu, c'est-à-dire qu'en définitive ce commencement de ségrégation nous apparaîtra alors comme résultant d'une sélection naturelle. ». Plus bas il dit : « Les partisans de ce système décomposent à plaisir les phases nécessaires et successives de l'acte de sélection ; ils jouent sur le choix des mots pour le plaisir de mettre en relief le mot de *ségrégation*. » On le voit, M. Duval n'est pas tendre pour cette méthode. Il est vrai qu'elle n'a pas un fondement bien sérieux. Mais c'est par là que pèche aussi le système de Darwin, car il faut bien reconnaître que si le croisement entre individus d'une même espèce se fait librement, il atténue les variations individuelles et que, dans les générations successives, ces variations disparaissent peu à peu sans avoir pu constituer des formes nouvelles.

A la question que nous venons d'étudier se rattache celle du *mimétisme* sur laquelle les deux parties en présence sont loin aussi d'être d'accord. Pour Wagner, tous les animaux sans exception ont sinon la conscience complète, du moins une vague perception des dangers qu'ils courent. Sous l'influence de ce sentiment ils cherchent leur refuge dans les endroits qui peuvent le mieux les cacher, et notamment dans les lieux dont la teinte est la même que celle de leur corps. « Une chambre tapissée aux couleurs diverses, dit-il, peut servir de lieu d'expérience pour ledit phénomène. Si on y laisse entrer des lépidoptères diurnes et nocturnes, nouvellement éclos, de nuances différentes, on ne tarde pas à observer que chacun d'eux ira se poser les ailes ployées, sur les tentures dont les couleurs concordent avec les siennes. » Wagner voit là exclusivement un fait de ségrégation : l'animal recherchant un milieu dont la couleur ressemble à la sienne, quittant les autres milieux pour celui-là ou quittant celui-là seulement aux heures où il n'a que faire de sa ressemblance protectrice, il y a là, d'après lui, un acte évident de migration.

Bien différente est l'opinion de M. Duval qui trouve là des *habitudes héréditaires*, c'est-à-dire des *instincts*. Nous partageons sa manière de voir quant à la constatation d'un acte instinctif, mais nous envisageons tout autrement que lui la nature de cet acte, comme nous avons eu précédemment l'occasion de l'établir. Quoi qu'on en puisse dire, il y a là quelque chose qui déroute les recherches scientifiques et provoque cette *admiration naïve* qui fait sourire le professeur d'anthropologie. Quel est donc le système qui nous expliquera scientifiquement pourquoi certains animaux ne conservent leur couleur que pendant une partie de l'année et qui en changent dès qu'ils changent de poils ou de plumes? Qui nous fera comprendre le mécanisme en vertu duquel le lièvre des Alpes n'est blanc qu'en hiver, c'est-à-dire durant la saison pendant laquelle cette couleur est protectrice pour lui? Qui nous démontrera le procédé par lequel le lagopède est protégé, en hiver, par son plumage blanc, tandis qu'en été il a la même couleur que les pierres couvertes de lichens au milieu desquels il se dérobe très efficacement aux regards de ses ennemis? Ce qui est plus significatif et ce qui met, d'une manière flagrante, la migration en défaut c'est que les insectes qui disposent de moyens de défense sérieux et qui peuvent, dès lors, se passer de couleurs protectrices n'en ont en réalité point. La sélection est demeurée absolument indifférente à l'endroit de leur couleur. Enfin, il est des insectes, les punaises des bois, les coccinelles par exemple, qui ont des couleurs très brillantes et qui peuvent impunément les avoir : car soit à raison de l'odeur qu'ils répandent, soit à raison du mauvais goût qu'ils possèdent ils sont délaissés des oiseaux insectivores. Il semble que ces espèces, mises par des circonstances diverses à l'abri de toutes poursuites, devraient se propager à l'infini. Il n'en est pourtant rien : c'est qu'une limite a été fixée, et cette limite ne doit point être dépassée. Là, comme dans tous les faits que nous venons de passer en revue, on ne peut raisonnablement se refuser à retrouver l'esprit de sagesse et de prévoyance du Créateur.

Toutes ces théories décidément dénoncent beaucoup plus le désir d'arriver à un but que la préoccupation d'y arriver par la voie du bon sens et de la saine raison. Si l'organisme du gorille et du chimpanzé a pu aboutir à l'organisme admirable de l'homme, pourquoi y a-t-il encore des gorilles et des chimpanzés ? Peut-être nous dira-t-on que le travail d'évolution n'est pas encore complet : et alors nous pouvons espérer que les gardiens de nos jardins zoologiques trouveront, un beau matin, ces divers animaux remplacés dans leurs cages par des hommes ou par ces anthropopithèques dont nous réclamons le type.

CHAPITRE VII

Parallélisme entre le développement embryogénique et le développement paléontologique. — La multiplication des espèces à mesure qu'on s'élève dans les couches terrestres. — Le cerveau et la sélection. — Role de certains muscles dans l'expression des émotions. — De la fixité des types organiques. — Le progrès et la perfectibilité : Prétentions injusticiables du transformisme. — Appréciation de l'œuvre de Darwin. — Les créations successives. — Exagérations de ses disciples.

I. — Parallélisme entre le développement embryogénique et le développement paléontologique. — Les darwiniens et la multiplication des espèces à mesure que l'on s'élève dans les couches terrestres.

Un des arguments présentés par les sectaires du transformisme comme ayant le plus d'importance est celui qu'ils ont tiré d'un prétendu parallélisme entre le développement embryogénique et le développement paléontologique. Voici comment s'exprime Lubbock sur cette question : « Les métamorphoses individuelles dont nous sommes journellement témoins ne sont-elles pas regardées comme chose très naturelle ? Or, il est incontestable que ces dernières amènent des différences beaucoup plus prononcées que celles qui caractérisent les faunes successives. Entre les phénomènes de métamorphose et les phénomènes de morphogénie embryonnaire rendus manifestes il n'y a pas de différence. » En s'appuyant sur les métamorphoses que nous voyons tous les jours se réaliser sous nos yeux, Lubbcck formule un argument qui n'est pas du tout en faveur de la mutabilité des espèces. En effet ces métamorphoses se produisent toujours d'une façon invariable : les animaux qui les subissent ne se transforment jamais en animaux d'espèces différentes. Le ver se transformera invariablement en une abeille; le ver à soie, la chrysalide donnera naissance à un papillon : le résultat des métamorphoses est, de tout temps, identiquement le même. En un mot, nous trouvons là ce caractère de stabilité qui distingue les œuvres du grand ordonnateur. Du reste, nous avons eu déjà l'occasion de dire combien peu fondées étaient les théories transformistes sur l'évolution embryonnaire : nous avons montré que si les phases successives du développement de l'embryon présentaient, dans les diverses espèces, certaines analogies, on y découvrait aussi des différences marquées. Il demeure donc certain pour nous que ce parallélisme dont on a fait tant de bruit est plus apparent que réel et qu'il ne saurait asseoir solidement la thèse que nous combattons.

La multiplication des espèces, à mesure qu'on s'élève dans les couches terrestres, a été exploitée par les darwinistes dans le sens de leur doctrine : ils y ont vu la preuve que les espèces ainsi croissantes dérivaient d'un petit nombre de types primitifs. Cette conséquence nous paraît un peu forcée. Car la sélection prenant son principal point d'appui sur l'hérédité lutte sans cesse contre une force, la dualité des auteurs concourant à l'acte de production, force qui tend sans cesse à ramener le type primitif. Cette tendance est rendue manifeste par un fait bien connu : nos animaux domestiques abandonnés à eux-mêmes reprennent bien vite les caractères propres à leurs frères demeurés sauvages. Chez le porc nous constatons que les oreilles se dressent, la tête s'élargit et la couleur devient entièrement noire. De même les chevaux prennent la teinte bai-châtain qui est constante chez ces animaux vivant à l'état sauvage.

Mais cette multiplication des espèces est peut-être plus apparente que réelle : tout au moins nous semble-t-elle singulièrement exagérée. La délimitation de l'espèce n'étant pas toujours très nettement définie on prend souvent pour des espèces ce qui n'est que des variétés. Ainsi il se produit quelquefois un mélange entre deux espèces voisines ; mais les hybrides qui en proviennent n'ont pas, d'une manière constante, la faculté de se reproduire. Et si les produits mixtes immédiats sont féconds, du du moins les êtres auxquels ils donnent naissance ne maintiennent pas leurs caractères de façon à constituer une espèce nouvelle, une espèce intermédiaire.

L'accroissement dans le nombre des espèces n'implique pas, d'ailleurs, comme on le prétend, l'existence d'un nombre très limité de types-souche. Voyons bien : les paléontologistes reconnaissent unanimement que la vie organique n'a pas toujours été la même sur la terre, que les espèces et même les genres ont varié d'une époque géologique à une autre : les couches récentes ne renferment pas certains organismes qu'on trouve dans les couches anciennes, pas plus que celles-ci ne nous présentent les débris d'espèces fournies par les couches nouvelles. Il y a donc eu une série d'époques sans relation entre elles et que caractérisait la présence d'espèces nouvellement apparues. Or Cuvier et bien d'autres naturalistes après lui ont démontré que les êtres organisés de la première couche quaternaire ne servent pas de types-souche aux formes animales et végétales qu'on remarque aujourd'hui à la surface du globe. On est donc autorisé à chercher l'explication de cette série d'apparitions dans des créations successives venant combler le vide fait par les grands cataclysmes, par les grands bouleversements. Quoi d'étonnant à ce que, les conditions de milieux s'étant modifiées, Dieu ait appelé à la vie un plus grand nombre d'espèces : un pareil acte révélait sa sagesse autant que sa puissance.

En résumé nous dirons que ce lien de parenté

directe affirmée par nos adversaires n'est pas, le moins du monde, démontré : nous dirons même que les plus grands naturalistes ont pu, après étude sérieuse, proclamer qu'entre les habitants de deux âges géologiques il n'y avait pas de descendance proprement dite.

Abstraction faite de toute donnée scientifique ne répugne-t-il pas de croire que des êtres absolument différents aient une origine commune? Et si, des profondeurs de l'Océan, l'Amphioxus contemple la variété et la richesse organique des produits qu'on lui attribue il doit être étonné de ses œuvres et en éprouver une grande, une légitime satisfaction.

II. — Le cerveau et la sélection.

Le travail le plus curieux de la sélection est celui dont le cerveau aurait été l'objet. Qu'on s'imagine le cerveau de notre premier ancêtre qui sera un de ces animaux marins ressemblant aux larves des ascidiens actuels : qu'on se représente cet atome de matière, siège des instincts tout à fait rudimentaires de ces animaux ou de cette intelligence qui devait être bien infime puisque les infusoires dérivaient de la monère qui n'en possédait point. Conçoit-on que cet atome puisse aboutir au cerveau humain, à cet organe si complex et si merveilleux dans sa constitution? Conçoit-on que pareil développement puisse être l'effet du progrès organique effectué dans le laps de temps qui s'est écoulé entre le moment où la vie a été possible et celui où l'on trouve les premières traces de l'existence humaine ? Et si le progrès s'était continué dans de semblables proportions depuis l'époque à laquelle on fait remonter l'apparition de l'anthropopithèque quel ne devrait pas être aujourd'hui le volume du cerveau humain ? Car la théorie veut que les actes intellectuels soient un effet des mouvements cérébraux et que le travail exécuté par un organe amène invariablement l'augmentation de volume de cet organe. Or il est permis de supposer que l'homme exerce aujourd'hui son intelligence tout autrement qu'il ne l'exerçait dans les premiers temps de son existence.

Il est indubitable qu'il y a un lien entre le travail physiologique et le développement anatomique des diverses parties du corps. Mais nous n'allons pas aussi loin que les darwinistes : nous n'admettons pas que la fonction crée l'organe. Nous croyons simplement que l'exagération fonctionnelle produit la supernutrition et, par suite, le développement des organes. Seulement les fonctions remplies par le cerveau sont d'un ordre spécial : il est difficile de dire par quel moyen il accomplit le travail intellectuel ; il est, dès lors, impossible de préciser le degré d'influence que ce travail peut exercer sur l'accroissement de volume des éléments anatomiques. Et si l'on poursuit cette thèse dans ses conséquences on arrive à se dire que le cerveau des hommes dont la vie s'écoule dans l'étude et la méditation devrait être énorme, et que leur crâne devrait avoir des proportions gigantesques par rapport à ceux des hommes qui ne cultivent pas, le moins du monde, leurs facultés psychiques. De plus, on ne comprend guère l'action du cerveau sur les dimensions de la boîte crânienne que dans les premiers temps de la vie, alors que les parois de cette boîte, incomplètement ossifiées, peuvent céder plus ou moins à une pression excentrique. Or, à cette époque, le jeu des facultés intellectuelles ne saurait être invoqué comme produisant le développement de la masse encéphalique. Enfin les faits ne justifieraient pas, non plus, la théorie : car si l'on se reporte à la relation du Dr Knoblock, si l'on rapproche la structure anatomique de Krao de l'état de ses facultés mentales, on est forcé de dire que le développement de ces facultés n'est pas lié au développement cérébral.

III. — Rôle de certains muscles dans l'expression des émotions.

Belt, un anatomiste de premier ordre, prétend que l'homme possède certains muscles ayant pour attributions spéciales d'exprimer ses émotions. Duchenne (de Boulogne) a publié sur cette intéressante question des travaux fort remarquables. Grâce à lui la mécanique du visage a été rigoureusement déterminée. Nous savons, en effet, quel est le rôle de plusieurs muscles dans l'expression des passions : ainsi le frontal est le muscle de l'attention, l'orbiculaire supérieur est le muscle de la réflexion, le grand zigomatique est le muscle du rire; certaine attitude des lèvres exprime le mépris, etc. Le savant physicien ayant voulu rechercher pourquoi tel muscle exprime telle passion ou telle autre a été contraint de voir là une *divine fantaisie* en vertu de laquelle tels ou tels muscles entreraient en action lorsqu'il s'agirait de fixer sur la face de l'homme les signes caractéristiques des passions qui l'assiègent. Darwin, naturellement, ne s'est pas contenté de cette explication. Pour lui, les animaux ont aussi des expressions, et leurs mouvements expressifs correspondent à des actions ou à des commencements d'actions liées à l'accomplissement d'une fonction qui serait en rapport avec la passion exprimée. En d'autres termes, l'expression ne serait autre chose que l'accomplissement d'une fonction : les expressions de la physionomie traduiraient des habitudes utiles. C'est pour cela que le langage de la physionomie serait identique dans toutes les races humaines et chez les singes ; c'est pour cela aussi que, chez les animaux, l'expression des émotions se rapprocherait d'autant plus de ce qu'elle est chez l'homme que le plan de leur organisme aurait plus d'analogie avec celui de l'espèce humaine.

Cette thèse de Darwin a été longuement développée dans les leçons de M. Duval ; mais il faut avouer que les arguments qu'ils donnent sont bien peu convaincants. Et l'on se demande s'il est possible de faire admettre qu'il existe une analogie quelconque entre le jeu de la physionomie de l'homme et celui de la physionomie d'un chien, d'un cheval ou même d'un singe. Le rire, par exemple, est un phénomène exclusivement réservé à l'espèce humaine et qui ne se manifeste pas chez les divers animaux. L'homme est, en effet, le seul de tous les êtres chez lequel se produisent ces expirations saccadées et résonnantes déterminées par les vibrations des cordes vocales et du voile du palais auxquelles se joignent les contractions de certains muscles de la face. Vainement on chercherait dans la série animale des êtres offrant ce caractère : comme l'a très justement fait observer Montaigne « le ris est le propre de l'homme ». Il en est de même des larmes : quelle est l'espèce animale avec laquelle nous partagerions le privilège de traduire par la sécrétion et l'écoulement des larmes une douleur que nous ressentirions vivement ?

Darwin estime que les cheveux qui se hérissent sous l'influence de la terreur, les dents qui se découvrent sous l'influence de la colère prouvent que l'homme a vécu autrefois dans une condition très inférieure et voisine de la bestialité. D'abord les faits énoncés sont très contestables; et c'est assurément dans le but d'imager le langage que l'on prête aux cheveux de l'homme la tendance à se hérisser quand nous sommes en proie à la terreur. Sous l'influence de ce sentiment il se produit tout simplement un trouble nerveux, une sorte de frémissement qui a pu faire supposer que les cheveux se dressaient. Mais c'est une sensation factice et le phénomène annoncé est purement imaginaire. La colère, l'emportement ne se traduisent pas, non plus, par l'étalage de nos arcades dentaires. Que le chien exhibe instinctivement les dents, qui sont ses armes naturelles dans le but d'intimider son adversaire, je le conçois. Mais rien dans les habitudes et dans la constitution de l'homme ne saurait rendre compte d'une semblable attitude. Quand celui-ci veut traduire sa colère, il le fait quelquefois à l'aide de paroles dont l'articulation nécessite certains jeux de physionomie, mais il n'y a là rien qui se rapporte à un acte instinctif, et l'exhibition des dents n'intervient que comme conséquence indirecte. Du reste, si le fait existait et qu'il fut sous la dépendance de l'habitude, on se demande comment cette habitude devenue inutile ne se serait pas perdue.

Bien plus, tout le monde s'accorde à reconnaître que, sous l'influence d'un chagrin profond, les cheveux peuvent blanchir, chez l'homme, dans l'espace de quelques heures. Quel est, dans la série animale, l'ancêtre auquel nous aurions emprunté cette particularité?

L'affirmation de Bell a donc une exactitude scientifiquement établie. Et cette constatation aide puissamment à la négation de l'idée que l'homme soit le descendant de quelque autre forme inférieure.

On ne peut s'empêcher de le proclamer, Darwin a déployé dans ses œuvres une sagacité rare, un vrai talent de séduction ; mais il n'a certainement pas prouvé que l'homme soit le résultat d'une série de transformations opérées pendant les quelques centaines de siècles qui ont précédé l'époque actuelle. Nous pensons que celui-ci, comme les divers animaux, a éprouvé, au point de vue physique, des changements : nous pensons que ces changements incapables d'altérer l'économie du plan général, ont été nécessaires pour adapter le corps aux modifications successives que notre planète a dû subir. Car il est certain que, pour les êtres vivant à la surface du globe, les conditions d'existence ont dû varier notablement à mesure qu'augmentait l'épaisseur de la croûte terrestre. La composition de l'air atmosphérique et la température générale se sont nécessairement ressenties de ces variations.

L'étude comparative des facultés mentales nous a amené à reconnaître qu'il était impossible de retrouver chez l'animal cet admirable enchaînement qui caractérise l'économie de notre constitution intellectuelle. Elle nous a permis de constater l'exagération des théories de Darwin en ce qui concerne l'origine et le développement graduel des facultés dans la série zoologique. Nous avons vu qu'il a bâti son système sur des assertions vagues, sur des appréciations hasardées et que, pour trouver à tous les vertébrés un ancêtre commun, il vogue à pleines voiles dans le champ des conjectures.

IV. — De la fixité des types organiques.

Nous demeurons donc convaincu de la vérité du grand principe posé par Cuvier : nous admettons l'immutabilité des espèces, la fixité des types organiques. Et nous ne saurions considérer comme irréfutable l'argument tiré de nos animaux domestiques et des plantes cultivées pour fournir la preuve de la non-fixité des espèces. Car pour que l'argument eût ce caractère il faudrait qu'on démontre ce qui n'a jamais été démontré, que tous les animaux que nous désignons par un même nom sont issus d'un tronc commun. Rien ne prouve que les différentes races d'animaux domestiques aient été primitivement des espèces distinctes. Nous avons le droit de penser que les modifications, survenues dans une espèce ne sont que momentanées, que la reproduction des hybrides n'est pas indéfinie. Ecoutons Agassiz qui, selon son habitude, tranche la question : « Les races domestiques sont le résultat des soins constants de l'homme ; soit ! elles sont donc le produit de l'influence bornée du faible contrôle que l'esprit humain peut exercer sur les êtres organisés ; elles ne sont pas le produit arbitraire de la pure activité des causes physiques. Il est prouvé, par conséquent, que même les modifications les moins importantes qui puissent avoir lieu pendant la durée d'une seule période cosmique, chez les animaux et les plantes, sont déterminées par une puissance intelligente et ne résultent pas de l'action immédiate des forces brutes... Les modifications quelconques ayant eu lieu dans le cours des temps chez les êtres organisés apparaissent comme l'action d'une puissance intelligente. Elles donnent, par conséquent, une base matérielle au jugement qui, dans les différences observées chez ces êtres finis, voit une institution de l'Intelligence suprême et non le produit des causes physiques. »

Les variations et les modifications survenant dans les espèces sauvages sont donc, pour Agassiz, l'œuvre d'une haute intelligence : d'après lui, cette sélection a été dirigée par une puissance supérieure à l'homme et supérieure à la nature. Mais Darwin et M. Duval estiment que la nature a produit, seule, une sélection plus efficace que celle réalisée par l'homme. Les espèces dériveraient des races de plus en plus différenciées, et les races elles-mêmes seraient constituées par des variations accentuées et devenues héréditaires. C'est sous l'influence des causes extérieures réagissant sur l'organisme que se serait produite l'adaptation des organes aux milieux où ils doivent vivre. De sorte que l'existence et le fonctionnement de ces organes seraient une conséquence des conditions dans lesquelles ces organes vivent. Les causes naturelles agiraient seules dans la formation des espèces. Il n'y aurait point de puissance occulte et non analysable, mais simplement la nature, c'est-à-dire l'action combinée et le résultat complexe des lois naturelles qui ne seraient que *la série nécessaire des faits telle qu'elle nous est connue aujourd'hui.*

La doctrine que nous professons diffère essentiellement de celle-là qui a, selon nous, un vice fondamental, c'est de rendre impossible toute classification, tout groupement des êtres, selon leur conformité, en races et espèces. Pour nous, l'espèce est absolument distincte de la race : les espèces sont fixes ; elles ont été créées une fois pour toutes, et les types qui les représentent, issus d'un couple primitif, reproduisent toujours ce type primitif dans la série des temps. Chaque être est créé pour le milieu où il doit vivre, chaque organe, pour la fonction qu'il doit remplir. C'est la doctrine des *causes finales* ou *téléologiques* impliquant l'intervention d'une puissance surnaturelle.

Examinée de près la théorie de la sélection naturelle ne diffère pas de la téléologie. Le professeur Kœlliker a soutenu cette opinion et voici comment il la formule : « Darwin est, dans toute l'acception du mot, un téléologiste. Il dit sans ambiguités que toutes les particularités de la structure d'un animal ont été créées pour son bien et il considère toute la série des formes animales à ce point de vue seulement. » A quoi Huxley répond : « Pour le téléologiste un organisme existe parce qu'il a été façonné pour les conditions où il se trouve. Pour le darwiniste un organisme existe parce que, seul parmi beaucoup d'autres organismes de même sorte, il a pu résister dans ces conditions. Les chats prennent très bien les souris, les petits oiseaux et d'autres animaux de même taille. La téléologie nous dit qu'ils les attrapent si bien parce qu'ils ont été expressément construits pour les prendre, parce que ce sont des pièges à souris. Le darwinisme affirme, au contraire, qu'il n'y a nullement une construction intentionnelle, mais que, parmi les variations innombrables de la souche féline, dont un bon nombre a disparu par défaut de capacité pour résister aux influences contraires, les chats se sont trouvés mieux disposés que d'autres pour prendre les souris. Les chats ont donc persisté et ont prospéré en raison de l'avantage qu'ils avaient ainsi sur les variétés de même origine. Loin de croire que les chats existent à seule fin de bien attraper les souris, le darwinisme *suppose* qu'ils existent parce qu'ils les attrapent bien, la chasse aux souris n'étant pas le but, mais la condition de leur existence. » Précisons la question : Si les chats prennent bien les souris c'est qu'ils sont organisés *ad hoc*; cela n'est pas douteux. Maintenant, d'où leur vient cette organisation spéciale ? La téléologie nous dit que ces animaux ont été intentionnellement créés pour ce but; le darwinisme prétend que cette variété mieux douée que bien d'autres ayant la même origine leur a survécu et que la capture des souris est la condition de son existence. Mais cette supériorité d'organisation qu'ont eue les chats sur les autres variétés, ils la doivent à la sélection qui a insensiblement façonné cette espèce, de manière à ce qu'elle pût amener la destruction des espèces semblables. En d'autres termes, pour les uns il y a une création intentionnelle ; pour les autres, il y a eu un travail d'adaptation progressive qui a tous les caractères d'un travail intentionnel puisqu'il atteint un but qui est l'extinction des souris. Il nous semble donc bien difficile de fixer la distinction de Huxley.

En principe, nous ne considérons pas comme impossible la théorie des transformations : il est évident, pour nous, qu'il eût été au pouvoir de Dieu de poser des lois et de créer des forces capables de produire ces transmutations. A son activité créatrice aurait certainement pu s'ajouter une énergie transformatrice susceptible de faire dériver d'un proto-organisme soit une plante, soit un animal. Mais nous ne croyons pas que ces conditions soient celles dans lesquelles s'est accompli l'acte divin ; et cela, parce que le fait n'est point confirmé par les observations, parce que les sciences naturelles sainement interprétées condamnent cette théorie, parce que tous les témoignages scientifiques accusent l'invariabilité des espèces.

V. — **Le progrès et la perfectibilité : Prétentions injustifiables du transformisme.**

En refusant notre adhésion au système de Darwin nous fermons les yeux à la lumière, nous nous obstinons à ne pas voir le progrès, dit

M. C. Flammarion. Mais où donc est le progrès qui s'est réalisé dans les temps paléontologiques? L'organisme de l'éléphant est-il plus parfait que celui du mastodonte? Au point de vue de la conservation individuelle et de la conservation de l'espèce les scorpions du terrain houiller étaient-ils moins bien doués que ceux de notre époque? Les oiseaux et les mollusques du terrain pénéen étaient-ils moins bien constitués que ceux qui vivent aujourd'hui? Enfin les animaux caractéristiques des terrains tertiaires inférieurs le cédaient-ils, quant à l'organisation, à ceux qu'on trouve dans la molasse et dans le terrain subapennin? Non, le progrès n'a pas une marche incessante, uniforme; non, l'animalité ne s'élève pas d'une façon continue. Sans doute le lion a de la fierté, de la force, de la majesté; sans doute le tigre nous présente de magnifiques rayures. Mais là n'est pas, pour nous, le progrès : et il est certain que ces puissants organismes sont moins industrieux et se rendent moins utiles que certains animaux des classes inférieures.

Cette prétendue loi du perfectionnement des organismes ne repose pas sur une observation rigoureuse ; elle n'a une apparence de vérité que quand on considère les ordres supérieurs de la classe des vertébrés qui, en effet, ne se rencontrent que dans les étages des époques relativement modernes et qui manquent complètement dans les étages les plus anciens. Mais elle ne résiste pas à l'examen attentif de chaque classe ou de chaque ordre en lui-même.

Et l'on vérifie aisément ce fait en comparant les familles qui composent chaque ordre et les ordres qui composent chaque classe dans leur relation avec les couches géologiques auxquelles appartiennent les fossiles.

A vrai dire, le progrès ne se manifeste qu'avec l'humanité : c'est quand l'homme se montre sur la terre et qu'avec lui surgit la croyance en Dieu et à l'immortalité de l'âme, c'est quand paraît le sentiment du devoir, c'est alors seulement que se révèle le progrès; c'est de ce jour que se définit et s'accentue la perfectibilité au point de vue physique, intellectuel et moral. Nous voyons, en effet, que la satisfaction d'un besoin physique est immédiatement suivie, chez nous, de la naissance d'un nouveau besoin qui sollicite notre activité. Il n'est pas moins évident qu'après avoir découvert une vérité, obéissant à notre désir insatiable de connaître, nous courons à la recherche d'une autre vérité. Sans aucun doute la diffusion des idées morales s'unissant à une intelligence supérieure des rapports qui subsistent, soit entre les membres d'une même société, soit entre les différentes nations, porte l'homme à réformer progressivement et à améliorer ses coutumes, ses lois, ses institutions économiques et politiques. Or, nos besoins sont indéfinis : le champ fouillé par notre intelligence est infini, et l'horizon moral qui se développe devant notre âme est sans limites. Est-ce à dire que, dans un avenir plus ou moins éloigné, tous nos besoins seront comblés ?

Est-ce à dire qu'un jour la nature nous doive livrer tous ses secrets ? Gardons-nous de le croire ; pas plus que l'homme n'est appelé à atteindre la perfection, *cet idéal qui recule sans cesse à mesure que nous avançons.*

Nous croyons donc à la perfectibilité : nous voulons même croire, avec M. Flammarion, que celui qui reviendrait dans cent mille ans aurait de la peine à en reconnaître l'humanité ; nous consentons à admettre que la civilisation aura pénétré dans les pays les plus sauvages et que tous les peuples ne formeront plus qu'une vaste association fraternelle. Peut-être même les habitants de la terre en arriveront-ils à converser, à l'aide d'un télégraphe photophonique, avec les habitants des planètes voisines. Mais, avec le plus illustre représentant de l'école allemande, avec le philosophe Hartmann, nous pensons que *le progrès dans l'organisation n'a pu exister qu'en vertu d'un plan déterminé, d'une loi d'évolution interne, d'une impulsion formatrice; qu'on ne peut le concevoir en dehors de l'action permanente d'une intelligence qui a conçu l'ordre, d'une volonté qui l'a voulu, d'une puissance qui le réalise.* Nous nous refusons à faire consister le progrès dans la transformation des espèces. Il y a plus : cette transformation, à nos yeux, ne marquerait même pas un progrès physique. Car chaque animal a été, dès le principe, admirablement organisé pour vivre dans les conditions où il était, pour lutter contre les influences délétères des milieux dans lesquels il se trouvait. Bien moins encore constituerait-elle un progrès moral, et nous demeurons pleinement convaincu de cette vérité quand nous comparons les carnassiers à l'humble classe des insectes. Les premiers, très forts, très gracieux, très majestueux même quelquefois, ne sont bons qu'à détruire ; les autres, essentiellement industrieux, qui créent et sont réellement utiles à l'humanité. Un simple ver, presque imperceptible, produit la soie qui nous vêt, l'abeille donne le miel que nous savourons et la cire qui nous éclaire.

Cette idée de progrès universel, de progrès illimité est devenu une sorte de foi populaire, un des dogmes chers à la philosophie de notre époque. Mais est-il donc possible de l'admettre ? est-il possible que, sous l'impulsion d'une loi générale, le progrès s'accomplisse en suivant une marche uniforme, continue, sans intermittences, sans retours, sans défaillances ?

L'histoire est là pour établir que, durant le cours des âges et dans le cercle de ses évolutions, l'humanité n'a pas échappé à la grande loi des réactions : elle nous montre les grands empires, les villes fameuses de l'antiquité disparaissant tour à tour de la scène du monde : elle démontre que progrès et décadence sont, en quelque sorte, deux voies sur lesquelles l'homme chemine alternativement. Et cette marche n'est-elle pas la conséquence de sa nature même ? Car l'homme n'est faillible que parce qu'il est libre, et il n'est libre que parce qu'il est faillible. Du reste, en affirmant le progrès continu, en voulant donner au progrès une extension illimitée nos modernes sophistes ne songent pas qu'ils en arrivent à la négation même du progrès. Car si, obéissant nécessairement à cette loi générale, nous ne pouvions pas faillir ce n'est pas l'homme qui ferait le progrès, mais bien le progrès qui ferait l'homme. Or le progrès ainsi compris n'est autre chose que le fatalisme, c'est-à-dire la négation du libre-arbitre. En résumé nous dirons que ce que l'on nous présente comme une réalité n'est qu'une chimère ; car, pour l'homme, le progrès ne peut exister que dans la mesure même de sa perfectibilité ; et cette perfectibilité, nous ne pouvons que l'ébaucher ici-bas, et encore à l'aide de force tâtonnements, au prix de chutes nombreuses.

Darwin n'a pas tranché la grande question de l'origine de l'homme ; cette question reste entière : elle est et demeurera sans doute inaccessible à notre raison. Il ne nous démontre pas, en effet, comment les formes organiques adaptées à un but peuvent se développer sans l'intervention d'une cause agissant dans ce sens. Il n'a pas, quoi qu'en puisse dire M. Duval, relié les faits accumulés par ses prédécesseurs et par lui-même ; il n'a pas donné une réalité scientifique et démonstrative aux idées conçues par ses devanciers. Sa doctrine exprime une loi de succession fortuite, et nous affirmons une cause. A un monde créé et périssable nous opposons un Dieu créateur et éternel.

Du reste, si l'on examine les enseignements de la science, les découvertes les plus récentes de la géologie et qu'on les rapproche des documents bibliques, on est porté à reconnaître que le développement de la vie s'y trouve envisagé de la même façon. Je n'ai nulle intention d'aborder une semblable étude, cette question ayant été, d'ailleurs, très remarquablement traitée par M. Fabre d'Envieu. Je me bornerai à dire que de la cosmogonie attribuée au législateur juif, se dégagent deux idées que les études modernes sont venues consacrer ; l'idée d'un développement progressif et celle d'une différenciation graduelle de la matière primitivement simple. Eh bien, je le demande, est-il possible d'admettre que cette « idée grandiose » du développement progressif qui résume l'échafaudage scientifique si péniblement constitué trois mille ans après, soit autre chose que l'effet d'une manifestation surnaturelle ? Ces grandes vues, ces lignes maîtresses jetées dans un coin du monde et précédant de vingt-sept siècles les premières lueurs d'une science toute moderne peuvent-elles émaner d'un autre que de celui qui a conçu le plan et qui en a réglé l'exécution ? Cette lumineuse affirmation de la *permanence des espèces*, si peu en rapport avec la culture intellectuelle de l'époque où elle s'est produite décèle bien moins une connaissance acquise qu'une simple révélation.

Mais pourquoi refuser à l'homme une grande origine quand on est obligé de lui concéder une haute mission et une noble destinée ? Pourquoi ne pas admettre *naïvement* qu'il est sorti avec son organisation complète des mains du Créateur, ou, tout au moins, que l'organisme humain, de tous le plus complexe, n'a aucun lien génésique avec les organismes inférieurs, qu'il est venu à son heure en vertu de cette marche ascendante dont le créateur avait fait la foi fondamentale de son œuvre ? En agissant ainsi on épargnerait bien des violences au bon sens et à la saine logique.

On reproche à notre doctrine de ne pas reposer sur des bases d'ordre scientifique. Mais les darwiniens y songent-ils donc ? Et l'intervention du hasard qui constitue le fondement de leur édifice n'est-elle pas absolument anti-scientifique ? Car ils ne peuvent pas échapper à ce dilemme ; ou bien l'ordre dans la nature, ordre qu'ils reconnaissent, ne se rattache pas intimement à l'essence des lois naturelles et n'existe dès lors *qu'accidentellement*, ou bien il est du domaine de ces lois, il ressort de leur nature même, et alors il est absolument téléologique.

Du reste, l'échec des tentatives faites pour établir scientifiquement notre descendance, les écueils insurmontables que rencontre l'esprit humain quand il poursuit la solution de la plupart des grands problèmes biogénésiques prouvent jusqu'à l'évidence que la foi a sa place dans l'ordre de la science tout aussi bien que dans celui de la tradition. « Je ne serais pas de mon temps, dit M. de Quatrefages, si je ne comprenais et ne partageais la curiosité anxieuse avec laquelle tant d'intelligences élevées ou vulgaire, interrogent aujourd'hui la création au nom de la science sur les secrets de son origine et de sa fin. Avouer que le savoir humain ne peut pas même encore aborder ces problèmes m'est aussi pénible qu'à tout autre... Si nous voulons vraiment préparer l'avenir, sachons réprimer nos ardeurs et nos impatiences. »

Il faut convenir que les prétentions des tranformistes sont bien singulières : ils repoussent notre doctrine parce qu'elle repose sur un fait insaisisable, sur une croyance amplement justifiée, d'ailleurs, par les attributs de la divinité, après quoi ils se donnent, avec une pompeuse assurance, comme ayant pénétré le secret de l'apparition successive des êtres. Mais comment ne voient-ils pas qu'ils ne font que substituer à l'hypothèse des créations distinctes l'hypothèse inadmissible des transformations lentes des espèces ? Comment ne voient-ils pas que la cause des êtres supérieurs ne saurait se trouver dans les êtres inférieurs ? Notre système, du reste, a, sur tout autre, l'avantage de la simplicité et c'en est un : car, selon l'expression de Boërrhave, *la simplicité est le signe du vrai.*

Et maintenant, la sélection aura-t-elle pour effet la production d'une espèce morphologiquement, physiologiquement et moralement supérieure à l'espèce humaine ? Ou bien la tendance progressive s'affaiblira-t-elle assez pour que la sélection, par voie de lutte pour l'existence, n'aboutisse qu'à éliminer les variations régressives? Y aura-t-il un temps d'arrêt, une forme stationnaire ? Telle est la question qui se présente à notre esprit quand nous analysons la doctrine transformiste ; car rien ne nous dit que la sélection ait achevé son œuvre, rien ne nous prouve qu'elle doive, dès aujourd'hui, concentrer tous ses efforts dans l'amélioration physique et morale de l'homme qui serait le type le plus accompli pouvant naître de ses combinaisons. S'il en est ainsi, et que les espèces continuent à disparaître par voie de transformation il sera utile que la sélection restreigne ses effets : il sera désirable que le *combat pour l'existence* n'ait pas pour résultat l'extinction de l'homme. Car c'est de lui que les espèces ultérieures apprendront à construire des chemins de fer, à établir des lignes télégraphiques, à calculer le mouvement des astres, à faire de l'océan la *grande route des nations* ; c'est de lui que les espèces futures connaîtront les lois morales et le sentiment du devoir ; c'est chez lui, enfin, qu'elles puiseront la croyance en Dieu, cette croyance qui est le fondement de toute philosophie et la base de toute société. On le voit, l'espèce-mère aurait droit à la gratitude de sa fille : elle lui léguerait un riche patrimoine dont elle serait, d'ailleurs, l'unique artisan. Car je ne pense pas que nos ancêtres, les gorilles et les gibbons, puissent réclamer une part du bagage scientifique, moral et religieux réalisé par l'homme. Je ne connais pas de question économique, scientifique ou industrielle dont la solution puisse leur être imputée. L'anthropopithèque lui-même, dont on suppose fort gratuitement l'existence, ne nous a pas laissé vestige de ses connaissances même très élémentaires en philosophie ou en géométrie. Peut-être nous objectera-t-on que l'œuvre a pu, comme l'ouvrier, disparaître sans laisser la moindre trace. Mais ne nous attardons pas à ces puérilités. C'est à l'homme que Dieu a assigné la mission de créer et de développer les sciences et les arts : et, au risque de nous répéter, disons que le vrai progrès intellectuel et moral est le fait de l'homme, qu'il ne date que de lui.

D'un autre côté, admettre, au point de vue de notre amélioration, les effets continus de la sélection (et l'on ne voit pas pourquoi elle s'arrêterait en si beau chemin) admettre que nous puissions par ce moyen, modifier et améliorer, d'une manière incessante, notre constitution physique, c'est entrevoir la réalisation de l'hypothèse absurde formulée par Condorcet sur la prolongation indéfinie de la vie humaine. Or le passé n'est pas, pour nous, un sûr garant de pareil résultat ; car je ne sache pas que, jusqu'ici, la sélection ait accru la longévité. Et s'il est vrai, comme l'affirme Darwin, que notre impulsion primordiale vers la vertu provienne des instincts sociaux ; s'il est vrai que nous n'ayons pas à craindre de voir ces instincts sociaux s'affaiblir chez les générations futures ; si nous admettons, avec lui, que les habitudes vertueuses croîtront et se fixeront par l'hérédité, nous sommes autorisés à prévoir l'heureux pour où il n'y aura plus que des hommes vertueux.

Mais il y a là une utopie dont la réfutation est aisée. Le progrès ne saurait s'affranchir des conditions de la réalité : et il est constant que la plus grande partie des maux qui affligent l'humanité trouvent leur source dans l'usage que fait l'homme de sa liberté morale, cette grande et noble faculté qui complète la personnalité humaine. Connaissant le bien par une intuition rationnelle, aimant le bien par un instinct supérieur, l'homme, grâce à sa liberté morale, peut réaliser ce bien et s'élever lui-même dans la voie que la raison lui montre. Mais il faut bien compter avec notre imperfection et le caractère inférieur de quelques-uns de nos penchants Dès lors, l'œuvre ne s'accomplit pas sans défaillances, sans erreurs et sans égarements. L'homme choisit souvent le mal quoiqu'il aime et connaisse le bien. De plus, sa liberté morale est indestructible. Il faudrait donc, pour faire disparaître de la surface du globe, les vices, les crimes, les misères et les souffrances, il faudrait que le bien et le mal, l'activité et la presse, l'incurie et la prévoyance, l'égoïsme et le désintéressement produisissent exactement les mêmes résultats.

Certainement ce grand mécanisme qu'on appelle l'ordre social, et les institutions qui en sont, en quelque sorte, les rouages sont soumis à la loi de perfectibilité. Mais il ne faut pas en déduire que les bases même de la société ne soient pas immuables et que le mal puisse disparaître de la surface de la terre. »

VI. — Appréciation de l'œuvre de Darwin. — Les créations successives.

Nous pouvons maintenant, ce nous semble, formuler une conclusion. Le système de la sélection exposé par Darwin est présenté avec une grande habileté : il révèle, chez son auteur, une prodigieuse érudition et un talent d'interprétation peu commun. Mais il a le tort grave de vouloir fermer la porte à toute explication métaphysique et de rejeter le bagage scientifique déjà acquis pour s'approprier et mettre en évidence ce qui peut être utile à la doctrine. Les darwinistes, ainsi que nous l'avons déjà fait remarquer, ne déterminent pas, à l'aide des faits, le caractère des généralisations. Aussi les voyons-nous violenter un axiome physiologique et poser en principe que, au lieu de se ressembler constamment, les êtres organisés de générations successives tendent à se différencier de plus en plus les uns des autres.

En ce qui concerne la descendance de l'homme ce système ne peut vraiment nous satisfaire ; il ne s'impose pas à notre raisonnement. « C'est grandiose en théorie, c'est stérile en face des choses. » Nous l'avons déjà dit, il pivote sans cesse sur l'hypothèse, il nous fait tournoyer dans le vide. Et il est à remarquer que l'observation témoigne contre lui tout aussi bien que l'argumentation. Ainsi les *hypogées* de l'ancienne Égypte ont conservé des organismes identiques avec ceux de leurs congénères actuels. Et, ce qui est bien pire encore, c'est qu'il est dans la destinée de ce système de reposer éternellement sur une base hypothétique : jamais il ne vérifiera ses données par l'expérience qui est pourtant l'unique critérium de certitude. Car, d'après ses propres enseignements, le travail d'évolution n'aboutira à une nouvelle transformation que lorsque l'époque géologique de l'homme aura disparu. Mais si nous repoussons la doctrine transformiste, si nous lui reprochons, à bon droit, de ne pas concorder avec les faits acquis et de ne constituer, en définitive, qu'une hypothèse indémontrable, nous devons reconnaître que jamais hypothèse n'a été plus féconde et n'a mis en jeu plus activement la fibre productrice des hommes de science et d'observation.

Nous ne sommes certainement pas des partisans irréfléchis des enseignements hexamériques. Nous professons pour la Bible le plus profond respect ; mais nous ne la tenons pas pour le manuel inspiré de toutes les sciences. Nous n'allons pas jusqu'à croire, avec M. de Bonald, que Moïse soit le plus savant des géologues, et nous pensons qu'en demandant à ce livre l'histoire de la terre, on lui demande ce qu'il ne promet pas, ce qu'il ne saurait donner. Il est donc certaines croyances traditionnelles que nous repoussons comme étant par trop en opposition avec les données de la science rationelle et positive. Ainsi en est-il du déluge mosaïque dont l'universalité nous paraît contestable, non seulement en ce qui concerne la surface submergée, mais en ce qui touche aux espèces détruites. Il ne nous en coûterait donc pas d'abandonner ce qui fut la vieille foi de nos pères ; il ne nous répugnerait pas de modifier nos convictions quant au dogme de la création ; nous négligerions tout aussi bien la violence infligée à notre amour-propre et la blessure faite à nos sentiments intimes si le système qu'on nous oppose montrait de la précision scientifique dans les faits qu'il invoque et de la rigueur dans les arguments qu'il fournit. Mais, nous l'avons établi, les idées émises par le savant naturaliste anglais sont d'ordre purement spéculatif. Or, il est à peine besoin de le dire, une connexion génésique ne peut être établie que sur des faits précis.

Quiconque étudie avec soin et sans parti-pris la doctrine de Darwin est obligé de confesser qu'elle pèche par la base et qu'il lui manque l'autorité des faits sainement appréciés. Quel est, en effet, son fondement ? C'est la transformation des espèces, avons-nous dit. Or ce principe est absolument faux de par le raisonnement et de par l'expérience. L'examen des couches terrestres démontre que les espèces animales se sont succédé, et des témoignages scientifiques de la plus haute valeur permettent d'affirmer qu'il n'existe entre elles aucun rapport de filiation ou de parenté. Tout porte à penser que des catastrophes géologiques ont présidé à ces destructions successives des espèces et que des créations nouvelles ont eu lieu conformément aux nouvelles conditions climatériques ou de milieux. Dès lors, l'homme actuel n'aurait aucune parenté avec l'homme tertiaire admis par M. de Mortillet, et l'on peut supposer qu'ils ont été, l'un et l'autre, l'être le plus parfait d'un cycle de créations.

La concurrence vitale si habilement exploitée par Darwin ne suffit pas à donner de ces faits une explication satisfaisante. La sélection naturelle qu est le procédé suivi pour amener la transformation est impuissante, nous l'avons démontré, à produire semblable résultat. La sélection artificielle elle-même, soumise cependant à une direction intelligente, n'a jamais pu amener la transmutation d'une espèce.

Nous avons également mis en évidence que l'origine de la vie n'a d'explication plausible que par le souffle du créateur et que les êtres organisés ne trouvent pas dans les seules forces de la nature leur raison d'exister.

En ce qui concerne spécialement notre origine, les partisans de la descendance sont contraints de reconnaître que la distance entre le gorille ou le chimpanzé et l'homme est encore trop grande pour que ce dernier puisse provenir directement des singes les plus élevés. L'un d'eux, Robert Wallace, dit catégoriquement que la *sélection naturelle est absolument insuffisante à rendre compte de l'apparition de l'homme.* Alors ils ont cherché une organisation intermédiaire. Ne la trouvant pas, ils ont dit qu'elle avait dû s'éteindre. Ce sont toujours de nouvelles hypothèses, comme si l'on résolvait un problème en multipliant le nombre des inconnues.

Rien ne prouve qu'il ait existé une variété de singes dont les caractères se seraient perdus insensiblement en convergeant vers la forme humaine. Du reste, découvrirait-on des animaux ayant avec l'homme une ressemblance anatomique plus grande que celle des singes on ne pourrait pas conclure à une parenté, à une descendance directe. Ne serions-nous pas encore en droit d'invoquer l'abîme intellectuel et moral qui sépare l'homme des quadrumanes et que nous avons cherché à mettre en relief ? Ne serions-nous pas autorisé à dire que le perfectionnement des organismes n'a pas pu aboutir à la constitution de l'homme ? Ne serions-nous pas autorisé enfin à proclamer bien haut que l'être qui a le sentiment de l'infini, la notion du bien et du mal, l'être qui jouit de la liberté morale et qui croit en Dieu ne saurait avoir une origine bestiale ?

Nous n'avons pas, il est vrai, un système scientifique à mettre à la place de celui que nous combattons. Pourquoi le regretterions-nous ? L'intervention divine nous explique tout. Par elle, et par elle seulement, nous concevons l'avènement de cette première cellule, de cette vésicule que les transformistes prétendent être le produit de la *nature*. Le mot *nature* ne nous dit rien, et ce qu'on nomme les *lois naturelles* n'est pour nous que l'expression de la volonté du créateur. Du reste, si la nature avait eu primitivement le pouvoir de former une cellule susceptible de donner naissance à un être organisé, pourquoi n'aurait-elle pas encore aujourd'hui ce pouvoir? Sa puissance serait bien éphémère ; elle se serait éteinte avec sa première production, elle se serait bornée à un seul jet. Car elle n'a pas relevé le défi que lui a porté, il y a quelques années, M. Donné (1). Cet habile observateur s'est livré à des expériences dont il a déroulé les résultats devant l'Académie des sciences et que M. Fabre d'Envieu résume en ces termes : « Les observateurs des divers pays ont cherché à produire jusqu'à présent des êtres très simples quand on les compare aux êtres plus élevés dans l'échelle, mais déjà bien complexes dans l'ordre de la création : une mousse végétale, un infusoire animal sont des organismes déjà pourvus de parties compliquées. Or, la création, dans l'idée des naturalistes, a dû commencer par quelque chose de plus simple. On serait porté à croire aujourd'hui que tout est sorti du sein de la mer, quand les eaux étaient encore chaudes. Ces êtres étaient composés uniquement d'albumine, sans aucune enveloppe, sans aucune trace d'organisation intérieure. Essayons donc de nous placer dans des conditions analogues à celles qui existaient à l'origine, et voyons si nous pouvons donner naissance à ces premiers linéaments de l'organisation,

---

(1) *Bulletin de l'Académie des sciences.* Novembre 1872.

à des êtres tellement simples qu'ils ne sont ni des végétaux, ni des animaux, qui vivent sans organes proprement dits, en absorbant par leur surface, et qui se reproduisent par segmentation. Dans cette expérience, on n'aura pas à se préoccuper des germes extérieures ; car si l'on produit des êtres nouveaux qui n'existent plus aujourd'hui, des êtres semblables à ceux par lesquels la création a débuté et dont les anciennes couches géologiques ont seules conservé les empreintes, il est évident qu'on ne pourra les attribuer à des germes répandus dans l'air, puisque ces germes ont disparu. Le Dr Donné avait, depuis six mois, des vases remplis d'eau de mer avec un fond de sable marin. Ces vases contenant, en même temps, les uns de la matière albumineuse de l'œuf, les autres, de la fécule, quelques-uns, des débris de crustacés marins, plusieurs, du lait, ont été exposés à une température de 40 à 50 degrés, dans une étuve, ou à la chaleur de l'été à Montpellier. Or, dans tous ces vases, l'expérimentateur a vu naître les animalcules propres aux infusions des subsistances organiques, mais jamais rien de nouveau, rien qui rappelât ces premiers vestiges d'organisation décrits sous le nom de *monères*, dont on retrouverait les traces dans les couches primitives du sol. Il faut donc encore une fois conclure de là que les sciences naturelles n'ont aucun argument qui établisse les générations spontanées. »

L'intelligence infinie de l'être créateur se révèle dans l'admirable organisation cosmique et tout aussi bien dans la structure de l'animal le plus infime. Sa prévoyance infinie éclate dans l'ordre de création dévoilé par la paléontologie. Il a voulu que les végétaux apparaissent tout d'abord sur la terre, parce que leur action était indispensable pour préparer l'installation des animaux ; il fallait, en effet, purifier l'atmosphère en absorbant le carbone et en dégageant l'oxygène nécessaire à la respiration animale. Si les animaux à sang froid ont été les premiers à se montrer sur notre globe, c'est que l'air primitif chargé d'acide carbonique était irrespirable pour les animaux à sang chaud. L'ordre admirable qui préside à l'organisation du monde n'est pas un travail né, dans une longue continuité de siècles, de la rencontre fortuite des éléments qui le constituent : il est bien l'œuvre d'une main expérimentée. Les divers êtres qui le peuplent ont été appelés à l'existence, lorsque le moment favorable à leur développement était arrivé. Ici nous avons à nous expliquer sur ces apparitions successives d'espèces animales. Nous repoussons, comme étant dépourvu même de vraisemblance, le système de la descendance entre les espèces de deux couches différentes. Nous sommes bien obligés alors d'admettre des créations nouvelles à chacune des époques géologiques. Cette opinion est soutenue par bon nombre de savants et notamment par M. A. d'Orbigny : « Une première création, dit-il, s'est montrée avec l'étage silurien. Après l'anéantissement de celle-ci par une cause géologique quelconque, après un laps de temps considérable une seconde création a eu lieu dans l'étage dévonien ; et successivement vingt-sept fois des créations distinctes sont venues repeupler toute la surface de la terre de ses plantes et de ses animaux, à la suite de chaque perturbation géologique qui avait tout détruit dans la nature vivante. Tel est le fait, le fait certain, mais incompréhensible que nous nous bornons à constater sans chercher à percer le mystère surhumain qui l'environne (1). »

Cette opinion se heurte à des objections sérieuses qui n'ont point échappé à l'esprit sagace et judicieux de M. de Bonald. Voici comment il les formule dans un ouvrage ayant pour titre : *Moïse et les géologues.* « La raison ne justifie pas la nécessité de ces créations et de ces destructions successives pour arriver à l'ordre actuel. Moïse ne dit rien qui autorise à les admettre ; au contraire, son récit et la considération de la sagesse infinie qui a tout fait avec *poids et mesure* les repousse. » Et plus loin, il déclare formellement ne pas pouvoir admettre que « le créateur, l'être infiniment sage et puissant ait établi des lois qui devaient peu à peu et naturellement et régulièrement ravager, défigurer et détruire son ouvrage. » L'objection de M. de Bonald n'est pas irréfutable. En effet, la disparition des espèces créées rentre tout à fait dans l'ordre de choses établi par le créateur qui a donné à tout être

(1) *Cours de paléontologie.*

organisé une existence précaire, en assurant toutefois la pérennité des éléments qui le constituent. Et s'il n'est pas vrai de dire que Dieu a créé des espèces pour le plaisir de les détruire ensuite, il est, au moins, certain qu'il a créé des espèces dont les révolutions du globe devaient amener la destruction.

La science admet assez généralement ces rénovations d'espèces par voie de créations distinctes, et c'est ainsi qu'on explique l'homme tertiaire avec lequel nous n'aurions aucun lien de filiation. M. Fabre d'Envieu s'est constitué le défenseur de cette doctrine et il s'est, disons-le, magnifiquement acquitté de sa tâche. Qu'il nous soit cependant permis de dire que lorsqu'il a voulu mettre la science d'accord avec la Bible, il a fait une part trop large à l'hypothèse. Il est vrai qu'on peut supposer bien des choses quand on a Dieu de son côté.

VII. — Exagérations des disciples de Darwin.

Après avoir discuté l'œuvre de Darwin nous avons le devoir de déclarer hautement qu'elle nous paraît être l'œuvre d'un homme convaincu. En peut-on dire autant de la doctrine propagée par ses continuateurs, et celle-ci ne mérite-t-elle pas un jugement plus sévère ? D'après Darwin, dans l'obscurité du passé, on entrevoit que *l'ancêtre de tous les vertébrés a dû être un animal aquatique.* Mais Hœckel et le monisme contemporain qui a pris la suite affirment sans tergiversations que *les origines de l'humanité plongent dans le monde indivisible des êtres vivants.* Ce qui revient à dire que la vie s'est élevée progressivement de la monère à l'homme, et que celui-ci est tout simplement une note de la gamme formée par les divers êtres organisés.

Darwin, après avoir tenté de démontrer la variabilité des espèces et le passage de l'une à l'autre par transformation n'a osé se prononcer, comme nous l'avons déjà dit, ni sur le nombre, ni sur la nature des types : ainsi il admet quatre ou cinq origines pour le règne animal. « Il se peut, dit-il, que toutes les variétés du règne animal dérivent d'un seul prototype, d'une forme qui serait intermédiaire entre l'animal et le végétal. » Mais il ne croit pas à la possibilité d'arriver, sur ce point, à une démonstration sérieuse. Hœckel, lui, aborde cette démonstration, et c'est à l'embryologie, à la doctrine de l'épigénèse qu'il emprunte la presque totalité de ses arguments. Nous avons déjà discuté la valeur de ces prétentions. Nous avons admis une ressemblance entre les cellules de la première heure : nous comprenons tout aussi bien la segmentation, la subdivision cellulaire et les feuillets qui en proviennent, enfin la naissance de bourgeons qui doivent constituer les divers organes. Mais la conséquence que nous tirons de cette concordance dans les phénomènes de processus embryonnaire est différente de celle qu'en déduisent les transformistes. Pour nous, le créateur a procédé d'après un plan identique, et nous trouvons naturel que, pour arriver à son exécution, il suive la même marche. Mais nous ne voyons pas dans ce processus une démonstration de notre ancien état : cela ne prouve pas que le vertébré, avant d'arriver à cet état, ait été une éponge, un zoophyte, un ver et un poisson. Dieu a réglé les choses de manière à ce que chaque variété eût son travail d'évolution organique, et que ce travail aboutît à des résultats différents selon les espèces. Car le transformisme ne réussira pas à fournir l'explication de ce fait, qu'un bourgeon latéral se formant sur le feuillet externe du blastoderme donne, selon les cas, une main ou une patte.

Ce que nous venons de dire constitue un argument contre le fond même du déterminisme scientifique : car il est constant que l'observation des mêmes faits sert à établir des thèses contradictoires. Ainsi, là où nous voyons de quoi démontrer l'unité de plan les transformistes trouvent de quoi formuler la thèse de la descendance.

Kant admet ce dernier principe et il considère la descendance comme un « véhicule mécanique servant à réaliser le but de la nature ». Seulement, en philosophe sérieux, il confesse que le simple mécanisme de la nature est insuffisant à expliquer les produits organiques.

Nous ne voulons pas clore cette discussion sans dire un mot d'une théorie absolument bizarre, les *arbres généalogiques* de Hœckel. Pour Darwin, un très petit nombre de formes primitives auraient, par voie de descendance, produit tous les végétaux et tous les animaux. La conclusion logique à tirer de là c'est que « le système naturel est un arrangement généalogique ». Hœckel s'est emparé de ces idées et il est parti de là pour procéder à la classification des êtres organisés. Son raisonnement suppose possible la transition d'un type spécifique à un autre, mais il ne la démontre jamais. Pour figurer la filiation des types du règne végétal et du règne animal il a imaginé une série d'arbres généalogiques en prenant pour point de départ un être *autogène* (né de lui-même) duquel naissent trois branches. La première constitue *l'archétype végétal*, la troisième, *l'archétype animal* ; l'autre serait une branche intermédiaire comprenant les *protistes*, êtres singuliers qui n'appartiendraient ni au règne végétal, ni au règne animal. D'autres tableaux sont affectés aux généalogies spéciales. M. Schmidt, un partisan résolu de la descendance animale, donne une analyse assez détaillée du système de Hœckel. Il part, comme le maître, de ce principe, que l'histoire du développement des individus fournit les indications les plus importantes pour l'arbre-souche des espèces. Il suppose une souche inconnue de vertébrés primitifs issue elle-même de quelque rameau de la division des vers qui comprend des formes nombreuses. De cette souche se sont séparés, d'une part les animaux à manteau dit *Tuniciers* que l'on peut d'ailleurs considérer comme des vertébrés manqués, et d'autre part, les vertébrés proprement dits. Le vertébré le plus inférieur serait l'amphioxus, animal qui a bien pour tout squelette la *chorda dorsalis* et quelques baguettes cartilagineuses de la bouche et des branchies, mais qui n'a ni membres, ni cerveau, ni organes des sens. Sa structure, en un mot, est si simple qu'on ne peut pas le ranger parmi les poissons, « La différence, dit M. Shmidt, est si grande entre cet animal et les autres poissons proprement dits qu'il demeure possible que la voie de développement parcourue par les poissons n'ait pas renfermé de périodes à forme d'amphioxus. » La filiation de l'amphioxus aux poissons ne se trouve donc pas démontrée. Il en est de même des poissons osseux connus sous le nom de dipnoïens qui auraient donné naissance aux amphibies. Car M. Schmidt déclare, sans détours, que « pour les ordres des cœciliens et des grenouilles il faut confesser notre complète ignorance de leurs ancêtres proprement dits ».

La même incertitude règne quant à l'origine des reptiles pour lesquels « on ne peut pas indiquer les genres fossiles avec lesquels commence l'évolution. » ..... « Il n'est pas jusqu'aux Ichthyosaures et Plésiosaures, si fréquemment nommés ensemble, qui ne s'écartent les uns des autres par des caractères si importants que leur problématique communauté d'origine en est reportée bien loin en arrière. »

En revanche, d'après nos adversaires, les oiseaux se rattacheraient anatomiquement aux reptiles d'une manière très étroite : la première ébauche de l'écaille et de la plume serait absolument pareille;

le crâne des oiseaux présenterait les caractères généraux des crânes de reptiles. « Quant à la preuve que l'oiseau descend du reptile, dit M. Schmidt, elle est devenue inattaquable depuis les découvertes éparses des intermédiaires fossiles. On a trouvé dans les schistes de Solenhofen un oiseau qui présente un degré intermédiaire très désiré et très intéressant entre la queue du reptile et celle des oiseaux. Je veux parler de l'archooptérix. Malheureusement cet exemplaire est incomplet et a été considérablement détérioré par la pression. L'archooptérix nous présente une longue queue munie de deux rangées de plumes rigides. Le crâne est tellement endommagé qu'il est bien difficile de se faire une idée de sa structure. On ne peut décider notamment si les mâchoires portaient des dents. » De sorte que la parenté généalogique se trouve établie entre les oiseaux et les reptiles par cette empreinte laissée sur le schiste, par ce caractère fort insignifiant en lui-même. Et les partisans de la descendance, peu difficiles en matière de précision, triomphent bruyamment en nous disant que « l'oiseau est un reptile accommodé à la vie aérienne et que les oiseaux que nous voyons le plus éloignés du vol n'ont acquis que par voie de formation rétrograde les propriétés qui se rattachent à la plus ou moins grande incapacité de voler ».

Enfin l'arbre-souche des mammifères embarrasse sensiblement les darwiniens. Les restes fossiles les plus anciens se trouvent dans le trias et ils appartiennent presque tous aux marsupiaux. Or ceux-ci, par rapport aux vertébrés des classes inférieures dont on les fait descendre, sont parvenus à un développement très élevé ; et certains monotrèmes (les ornithorinques, par exemple) sont des mammifères très inférieurs aux marsupiaux. De telle sorte que nos adversaires en sont réduits « à des suppositions et à des déductions relativement à l'origine des mammifères ». Et M. Schmidt a pu dire : « l'arbre-souche dans lequel nous groupons les mammifères fossiles les plus exactement connus et ceux qui vivent actuellement contient des lacunes considérables et repose en bonne partie sur l'hypothèse. » Comme si tout, dans leur système, n'était pas hypothèse.

Il suffit d'énoncer de semblables opinions pour en faire ressortir le côté fantaisiste. Voici comment Agassiz les juge : « Ces rameaux sont entièrement le produit arbitraire du système : ils ne sortent point des faits... Hœckel n'a pas relié entre elles les différentes souches parce que les faits ne l'y autorisaient pas... Les arbres généalogiques de l'auteur allemand ajoutent au tableau de la nature un élément artificiel, factice, de son invention, capable de faire admettre par le lecteur inexpérimenté la réalité d'une liaison généalogique qui n'a, jusqu'à présent, d'existence que dans l'imagination de l'auteur. »

C'est donc à Hœckel que revient l'honneur d'avoir posé la nouvelle formule du *credo* darwinien et matérialiste : c'est lui qui, le premier, a osé ériger en principe la gradation, le passage de l'être inorganique à l'être organisé, à l'être vivant. Alors que bien d'autres avaient reculé devant des affirmations aussi téméraires, devant des assertions aussi peu justifiées, le naturaliste allemand a hardiment assigné à l'humanité son origine première et lui a dit que, comme tous les animaux, elle descendait d'un corps brut, d'un minéral quelconque.

Si l'on veut se faire une idée des exagérations de ce système il n'y a qu'à lire les récents travaux de M. C. Flammarion. Énonçant avec assurance, un principe qui n'est rien moins que certain, le parallélisme entre l'évolution individuelle et l'évolution de l'espèce, il dit : « La nature résume et reproduit, en quelques semaines, pour la formation de chacun de nous, sa grande œuvre des temps antiques. Chacun de nous a été, dans le sein de sa mère, mollusque, poisson, reptile, quadrupède : il ne devient enfant humain qu'après avoir passé par ces divers états antérieurs. « C'est l'analogie de l'embryon humain avec celui de la tortue, du poulet et du chien qui lui a suggéré une semblable énormité. Il y a là vraiment de quoi insurger la raison ! Comment ! voilà l'embryon humain qui est identique avec celui de ces trois espèces, et la femme ne met jamais au monde des tortues, des chiens ou des poulets ! Il faudrait véritablement être bien aveuglé par l'esprit de système pour accepter sans débats une semblable appréciation. Est-ce sérieusement qu'on nous parle de ces artifices, de ces prétendus calculs de la nature soucieuse de nous révéler le secret de ses œuvres? Peut-on attribuer la fixité, la permanence, l'invariabilité des résultats fournis par la marche ascensionnelle du germe, par le processus embryonnaire, à autre chose qu'à l'action continue de la force vitale, de cette force qui est là pour diriger le travail de constitution des diverses parties du corps à l'aide de la matière ambiante dont elle s'empare? Et dans le développement de ces germes identiques, développement toujours adéquate à des organismes déterminés est-il possible de ne pas retrouver l'exécution mystérieuse, mais indéniable, d'un dessein providentiel? Un peu plus loin, mettant à nu le principe sur lequel repose le morphologisme exagéré il s'écrie : « Oui, nous avons nos racines dans le passé : nous avons du minéral dans nos os et nous sommes plantes par certains aspects. Ne le sentons-nous pas au printemps quand la sève circule? » Nous avions raison de le dire, le maître est dépassé. A peine se reconnaîtrait-il dans la doctrine à laquelle ses travaux ont donné naissance. Car nous voilà, de par ses disciples, issus de quelque roche.

Si l'école positiviste propage de pareilles erreurs au nom d'une doctrine mal comprise ou faussement interprétée, la dépravation, ce qui est autrement grave, la dépravation s'avise de lui emprunter des arguments en vue de légitimer les plus noirs forfaits. Certes, Darwin était loin de prévoir qu'un jour on ferait de ses idées une semblable application. Il était loin de supposer que de grands criminels viendraient en cour d'assises nous dire froidement qu'ils s'étaient faits assassins par conviction philosophique, en vertu de théories par lui préconisées. Refusons dédaigneusement à ces théoriciens du crime les honneurs d'une réfutation. Disons seulement que l'assassinat ne trouve pas sa justification dans le combat pour l'existence, pas plus que le vol ne trouve la sienne dans le désir de niveler les situations, dans le prétendu dessein de réparer ce que nos utopistes appellent une injustice sociale. Ce sont là des expédients qui ne sauraient profiter d'ailleurs à celui qui les emploie ; car il est de toute évidence que les malfaiteurs les plus dangereux sont ceux qui raisonnent leurs méfaits ; il est certain que les voleurs les plus redoutables seraient ceux qui détrousseraient les passants en application d'un principe.

Quoi qu'il en soit la science n'a rien à voir à ces déviations du sens moral et les mânes de Darwin ne sauraient en être troublées. Naturaliste, il a démontré la lutte pour la vie ; philosophe, il l'a très habilement exploitée. Il a prouvé que, sur cette terre, le plus fort toujours dévore le plus faible, vérité déjà depuis longtemps accréditée dans le monde et que Lafontaine a voulu mettre en relief quand il a dit que :

La raison du plus fort est toujours la meilleure.

L'un et l'autre ont affirmé un fait ; mais il n'est venu à la pensée ni de l'un ni de l'autre d'éditer un axiome de morale. En d'autres termes ils ont tous deux signalé une loi de la nature, loi fatale que l'animal subit, à laquelle il se soumet, alors que l'homme réagit contre elle et en triomphe. Et, à ce propos, n'avons-nous pas le droit de retourner contre Darwin les armes dont il s'est servi pour nous combattre ? N'avons-nous pas le droit de dire que la lutte pour l'existence constitue une objection décisive au système de la descendance. Car si l'homme était un animal comme les autres, le plus faible serait inévitablement détruit par le plus fort. Or il n'en est rien. L'homme a compris, il a été le seul à comprendre que cette loi était absolument inique et il a résolu de s'y soustraire. Dans ce but il a décrété la protection du faible contre le fort; il a même élevé cette protection à la hauteur d'un droit. En un mot, il a créé la civilisation ; il a inventé la morale et il les a victorieusement jetées en travers des fatalités de la nature.

Au dire des transformistes modernes l'animal proviendrait donc du végétal : ce serait un progrès réalisé par la nature. Soutenir une pareille opinion c'est faire échec à la logique, changer le sens des mots, et voir le progrès là où il n'est point. En effet, le mot *progrès* signifie marche en avant, amélioration. Mais on ne conçoit la marche ascendante d'une chose qu'autant que cette chose existe, et le mot amélioration n'impliqua jamais le changement de nature. Le végétal a la force de naître d'un germe, de croître et de se reproduire. Cette force végétative de la plante est une et immatérielle tout comme la force physiologique de l'animal. Eh bien du plus ou moins de puissance avec laquelle agira la force vitale, pourvu qu'elle agisse dans les limites de l'ordre du type, dépendra le plus ou moins de beauté d'un végétal : Si elle va au delà de ces limites elle donne naissance à des monstruosités. Mais jamais l'action n'arrivera à produire les effets dus aux forces psychologiques qui manquent absolument à la plante ; jamais l'intelligence, la sensibilité et la puissance locomotrice, qui sont les caractères essentiels de l'animalité, ne naîtront des efforts réalisés par la nature dans le domaine végétal.

Qu'est-ce qui a pu inspirer à nos adversaires de semblables conceptions ? Eh quoi, parce que l'analyse d'un végétal fait découvrir dans sa texture une partie minérale, parce que l'animal aura quelque chose de la manière d'être de la plante, ils osent conclure à une filiation ! N'est-il pas beaucoup plus naturel de penser que, dans ce mouvement ascensionnel de la vie, Dieu a utilisé les matériaux résultant d'une première création pour en réaliser une seconde ? Où trouve-t-on, d'ailleurs, les liens de cette prétendue filiation, où sont, dans les deux règnes, les caractères suffisamment voisins pour la justifier ? Dans le règne végétal on a prétendu retrouver la puissance locomotrice et la sensibilité. La faculté de se mouvoir a été établie par voie de comparaison avec l'état de certains animaux inférieurs qui sont fixés au sol, tandis que les embryons de fucus et de conferves peuvent se déplacer et se transporter d'un lieu à un autre. Mais on aurait dû remarquer que si la plus simple monade infusoire est incapable d'exécuter des mouvements de totalité, elle peut, du moins, réaliser des mouvements volontaires partiels, tandis que ceux qu'on observe dans la *conferva dilatata*, par exemple, sont accomplis aveuglément, celle-ci allant droit jusqu'à épuisement de son irritabilité. Quant à la sensibité, on l'a, bien à tort, attribuée aux plantes : ainsi on a dit que la sensitive exécutait des mouvements spontanés sous l'influence de certains stimulus. Nous avons déjà établi que tous les êtres vivants ressentent l'impression de stimulus et qu'ils en témoignent par une réaction de la partie stimulée. Nous avons donné à cette propriété le nom d'*irritabilité*. Chez l'animal, c'est dans la fibre musculaire qu'elle se manifeste par un plissement particulier appelé *contraction*. Or ce phénomène a lieu en dehors du système nerveux et de toute sensibilité ; car une portion de muscle enlevée à un animal vivant se contracte sous une action galvanique ou chimique. Mais c'est le système nerveux obéissant à la volonté qui est, le plus habituellement, la cause des contractions. Les végétaux ont, eux aussi, disons-nous, des partie irritables : c'est cette irritabilité qui fait que les plantes se penchent vers la lumière, qu'elles inclinent leurs étamines vers le pistil ou leur pistil vers les étamines ; c'est grâce à cette même propriété que certaines plantes ferment leurs folioles ou leurs feuilles, les unes au lever, les autres au coucher du soleil. Mais il est à noter que ces mouvements végétaux se distinguent essentiellement des mouvements volontaires observés chez les animaux en ce que les premiers ne se produisent que par l'influence d'un stimulus extérieur tandis que les autres sont déterminés par une impulsion interne. Nous avons donc le droit de conclure que c'est une fausse interprétation qui a suggéré la pensée d'établir, entre le végétal et l'animal, un rapprochement assez intime pour légitimer la croyance à un lien généalogique.

Si nous voulions descendre encore dans l'échelle des êtres nous aurions à réfuter cette autre opinion qui trouve dans le minéral la cause première du végétal. Il est de la dernière évidence que la pierre et le végétal n'ont absolument rien de commun et que l'on ne découvre dans le règne minéral aucune gradation qui permette d'asseoir l'idée d'un progrès et d'une tendance à l'amélioration des caractères. Du reste, si nous attribuons les facultés inhérentes au végétal à une force indivisible et immatérielle nous n'allons pas jusqu'à reconnaître une semblable origine aux propriétés des corps dépourvus de vie. Ceux-ci n'ont qu'une puissance, celle de résister aux agents extérieurs, et dire qu'il y a de l'âme jusque dans les minéraux ce serait, à coup sûr, révolter le bon sens et scandaliser tout homme sage.

En résumé, nous dirons que le progrès améliore des caractères existant déjà, que, sous son influence, le végétal devient plus beau, plus utile, plus agréable à l'œil; que l'animal marche vers le perfectionnement des facultés qui le distinguent; que le genre humain améliore indéfiniment ses œuvres, mais que son action ne saurait aller jusqu'à changer l'essence même des éléments sur lesquels elle s'exerce et jusqu'à imprimer à un genre les attributs d'un genre plus élevé.

Les idées que nous venons de combattre puisent dans leur étrangeté même le droit de vivre : elles subsisteront donc à titre de curiosités scientifiques. Seulement, comme ces fléaux légendaires dont l'histoire a consigné les ravages, elles feront force victimes, elles porteront le trouble dans bien des âmes, elles pervertiront bien des croyances, mais elles seront de courte durée. L'esprit humain pris momentanément de dégoûts bizarres et de lassitude maladive, reviendra au culte des grands principes méconnus. Quelque philosophe de forte race surgira pour renverser cet échafaudage d'erreurs et de sophismes et pour rendre leur légitime prestige à ces vérités fondamentales que les penseurs d'un autre âge avaient su frapper de discrédit.

La vie de l'humanité, d'ailleurs, est une oscillation perpétuelle ; c'est bien la roue mythologique qui ne s'arrête jamais et qui ramène fatalement vers le haut ce qui précédemment était dans le bas. Et pourquoi n'ajouterions-nous pas que nous entrevoyons déjà l'aurore de ce grand jour, qu'une aube de croyance et d'espérance blanchit l'horizon? Pourquoi ne dirions-nous pas que bien des hommes qui avaient cru que la science les condamnait à nier ou à douter s'avisent que la loi même de l'évolution révèle le mystère divin qui est dans l'univers? Pourquoi ne signalerions-nous pas le mouvement spiritualiste qui se dessine en Amérique, cette terre classique des idées réalistes où les jeunes sociétés, encouragées par des succès qu'elles ont obtenus contre les éléments physiques, semblent vouloir conquérir de haute lutte les éléments invisibles de la nature?

En dépit du positivisme nous voulons donc chercher la solution du problème des origines et des causes finales. Cette solution, nous ne comptons pas la trouver dans la science : nous savons que l'origine de l'univers dépasse la sphère dans laquelle s'agite la philosophie expérimentale. Mais de ce que les sciences physiques sont impuissantes à fournir ce résultat, à nous renseigner sur ce point, devons-nous donc nous renfermer dans le doute systématique, dans la négation absolue? Devons-nous repousser les enseignements de la morale et de la religion? Devons-nous fermer l'esprit aux conceptions philosophiques et théologiques? Nous ne le pensons pas. Malgré tout, l'homme est tourmenté par le désir fort légitime de savoir d'où vient le monde et où il va : il veut connaître sa propre origine et sa destinée. Dire avec Achille Comte que *les origines et les destinées nous sont cachées par un voile impénétrable,* proclamer avec M. Littré qu'*il est inutile de rechercher les causes premières et finales,* tout cela ne peut nous suffire. Il n'y a là qu'une négation et une négation ne fut jamais une explication. Nous ne trouvons pas davantage satisfaction dans ce matérialisme grossier propagé par Hœckel qui nous assignerait pour origine première le monde inorganique et qui, comme destinée, nous garantirait l'ineffable perspective d'alimenter l'intarissable source de matière fertilisante. Mais si les naturalistes, les physiciens et les chimistes sont impuissants à trancher ces graves questions il ne s'ensuit pas, encore une fois, que nous devions céder au découragement. Loin de là, nous devons faire appel à la philosophie et, guidés par elle, marcher résolûment à la recherche de la vérité absolue, de la cause première et ne nous arrêter qu'au seuil de l'Infini. La raison et la foi nous donneront le secret de notre origine et de notre fin. En cosmogonistes sérieux nous devons proscrire le dogme insensé de l'éternité du monde, la théorie insoutenable des générations spontanées et le système dégradant du transformisme. Cela fait, nous avons le devoir de nous adresser à la philosophie et d'apprendre d'elle quel est l'horloger qui a construit l'horloge, quel est l'ouvrier qui a élaboré et ajusté les diverses pièces de ce grand édifice qu'on appelle le monde, quel est celui qui a imprimé à cette admirable machine son mouvement initial et qui en a assuré la pérennité ainsi que la régularité. La philosophie nous fera remonter jusqu'à Dieu ; l'origine de la matière et de la vie n'étant pas du domaine de l'observation sensible et ne pouvant pas, dès lors, être expliquée par les sciences physiques.

Comme tous ceux qui apprécient la somme de grandeur morale dont l'humanité est redevable au spiritualisme nous appelons de nos vœux l'heure où disparaîtront les doctrines matérialistes qui, depuis un demi-siècle, règnent en souveraines maîtresses, et où le monde officiel cessera d'être voué, par prérogative d'emploi, à la diffusion de ces doctrines. Certes nous comprenons l'ardente et noble curiosité de l'esprit philosophique. Nous voulons bien qu'on respecte la libre pensée même dans ses défaillances. Mais est-il donc un sujet d'études plus attrayant et plus fécond que celui qui aurait pour but de réconcilier le savoir positif et les grandes aspirations de l'âme humaine? Et l'on ne peut se défendre d'un sentiment de tristesse lorsqu'on voit des intelligences d'un ordre élevé se mettre au service exclusif du positivisme, lorsqu'on trouve les Vogt, les Hœckel, les Strauss, les Lubbock, les Lyell, les Littré, les Flammarion conduisant dans le sentier de l'erreur une foule avide de nouveauté et éblouie par la trompeuse annonce de solutions couronnant des problèmes à bon droit jusqu'ici réputés insolubles. Annoncer bruyamment aux chercheurs déconcertés que la science est enfin en possession du mystère de notre origine, faire miroiter aux yeux des générations nouvelles instinctivement portées, d'ailleurs, vers le positivisme, qu'on a surpris le secret initial de la vie et qu'on peut se passer de Dieu, proclamer que, par elle-même, la vie moléculaire s'organise et se transforme en vie organique, il y a là vraiment de quoi séduire bien des gens et de quoi faire bien des adeptes. Mais lorsque sera passé cet affolement de la première heure, chacun appréciant, à leur valeur, les faits recueillis, pourra se convaincre que le raisonnement et l'observation condamnent, à égal titre, ces doctrines avilissantes et nul doute que l'indifférence ne prenne la place d'un engouement irréfléchi.

Quant à nous pour qui l'infini des mondes témoigne de la puissance infinie d'un Dieu créateur, nous pour qui l'âme est plus qu'une substance imaginaire, plus qu'une *résultante des mouvements de l'organisme humain*, nous qui avons la prétention de ne pas rentrer tout entiers dans la circulation incessante et universelle de la matière, nous pour qui le lendemain de la mort ne s'appelle pas le néant, nous tenons les doctrines matérialistes pour des écarts de raison, nous les considérons comme subversives de la vraie morale et nous les repoussons comme impuissantes à asseoir le calme de la conscience.

Dès son apparition le darwinisme a montré une certaine réserve : il a cotoyé avec une timidité bien apparente la plage matérialiste. Mais, comme il était, d'ailleurs, facile de prévoir, il n'a pas tardé à gagner la pleine mer, et aujourd'hui, il nous montre, triomphant, le nombre considérable d'adeptes qu'il a groupés autour de son drapeau. Ne nous laissons pas éblouir par la lueur éphémère d'un météore dont la trajectoire aboutira fatalement au dédain et à l'oubli. Certes, le peu de sévérité dans les procédés employés, le manque de précision dans les observations produites, le défaut de rigueur dans les déductions établies et l'arbitraire qui préside à l'interprétation des faits nous avaient, depuis longtemps, donné le droit de rejeter ce système. Ce droit devient un devoir quand on examine les tendances qu'il accuse et les résultats qu'il proclame. Refusons donc avec fierté l'honneur qu'on accorde à l'espèce humaine d'être une métamorphose améliorée de la variété la plus parfaite des mammifères quadrumanes. Ne faisons pas le sacrifice de notre blason et laissons aux positivistes, laissons à ces philosophes dévoyés, le soin d'attendre patiemment de l'avenir les preuves que le passé et le présent refusent à leurs conjectures.

FIN

www.ingramcontent.com/pod-product-compliance
Lightning Source LLC
Chambersburg PA
CBHW050256170426
43202CB00011B/1707